FICHES détachables
Tout-en-un

Tle STI2D

BAC

Mes épreuves finales du Bac

Ingénierie, Innovation et Développement Durable
Fethi BENGUELLA
Bruno CIREFICE
Moez MASMOUDI
Luc NADALON
Sahed YAHI

Mathématiques
Fabrice FRATTINI
Denise BLANC
Bernard BLANC

Physique-Chimie
Luc RÉJAUD
Marie-Pierre REY-NONY

Philosophie
Mikaël GARANDEAU
Éric MARQUER

Grand Oral
Sylvie BEAUTHIER
Isabelle de LISLE

hachette
ÉDUCATION

Pour réviser efficacement mes 4 épreuves du Bac !

Des fiches synthétiques et complètes

Le cours concis et complet

Des schémas pour bien comprendre

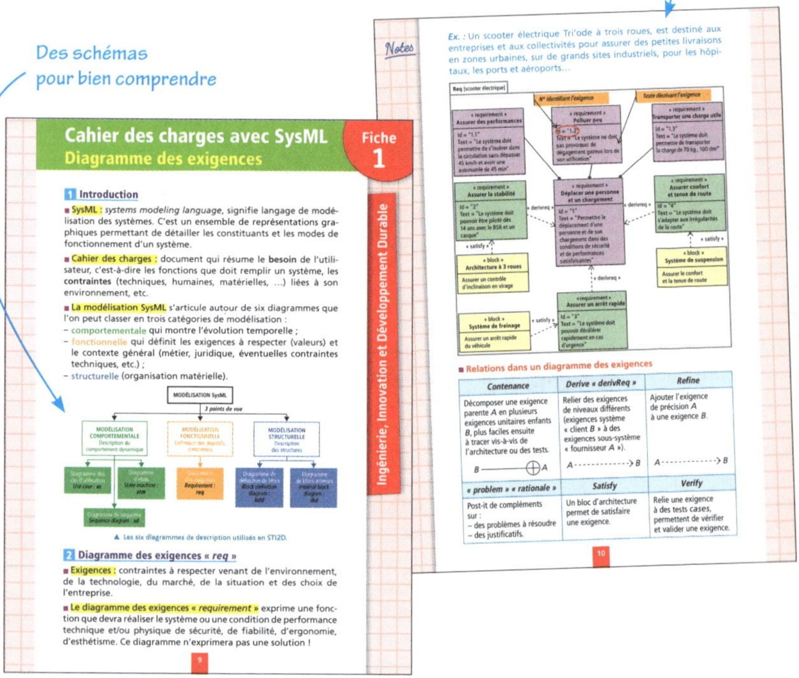

Cahier des charges avec SysML
Diagramme des exigences

Fiche 1

Ingénierie, Innovation et Développement Durable

1 Introduction

■ SysML : *systems modeling language*, signifie langage de modélisation des systèmes. C'est un ensemble de représentations graphiques permettant de détailler les constituants et les modes de fonctionnement d'un système.

■ Cahier des charges : document qui résume le **besoin** de l'utilisateur, c'est-à-dire les fonctions que doit remplir un système, les **contraintes** (techniques, humaines, matérielles, …) liées à son environnement, etc.

■ La modélisation SysML s'articule autour de six diagrammes que l'on peut classer en trois catégories de modélisation :
– comportementale qui montre l'évolution temporelle ;
– fonctionnelle qui définit les exigences à respecter (valeurs) et le contexte général (métier, juridique, éventuelles contraintes techniques, etc.) ;
– structurelle (organisation matérielle).

▲ Les six diagrammes de description utilisés en STI2D.

2 Diagramme des exigences « *req* »

■ Exigences : contraintes à respecter venant de l'environnement, de la technologie, du marché, de la situation et des choix de l'entreprise.

■ Le diagramme des exigences « *requirement* » exprime une fonction que devra réaliser le système ou une condition de performance technique et/ou physique de sécurité, de fiabilité, d'ergonomie, d'esthétisme. Ce diagramme n'exprimera pas une solution !

9

Notes

Ex. : Un scooter électrique Tri'ode à trois roues, est destiné aux entreprises et aux collectivités pour assurer des petites livraisons en zones urbaines, sur de grands sites industriels, pour les hôpitaux, les ports et aéroports…

■ **Relations dans un diagramme des exigences**

Contenance	Derive « derivReq »	Refine
Décomposer une exigence parente *A* en plusieurs exigences unitaires enfants *B*, plus faciles ensuite à tracer vis-à-vis de l'architecture ou des tests.	Relier des exigences de niveaux différents (exigences système « client *B* » à des exigences sous-système « fournisseur *A* »).	Ajouter l'exigence de précision *A* à une exigence *B*.
« problem » « rationale »	Satisfy	Verify
Post-it de compléments sur : – des problèmes à résoudre – des justificatifs.	Un bloc d'architecture permet de satisfaire une exigence.	Relie une exigence à des tests *cases*, permettent de vérifier et valider une exigence.

10

Conception graphique
Couverture : Stéphanie Benoit
Intérieur : Mélissa Chalot

Dépliant : Christelle Defretin

Réalisation
Couverture : Stéphanie Benoit
Mise en pages : Desk, Grafatom
Responsable de projet : Adeline Pécout
Illustrations : Julien Flamand
(Partie Grand Oral – p. 312, 314, 316, 318)

www.parascolaire.hachette-education.com
ISBN : 978-2-01-790139-6

Achevé d'imprimer en mars 2025 en Slovaquie par Polygraf - Dépôt légal : avril 2025 - Édition 01

Sommaire général

INGÉNIERIE, INNOVATION ET DÉVELOPPEMENT DURABLE

MATHÉMATIQUES ET PHYSIQUE-CHIMIE

PHILOSOPHIE

GRAND ORAL

Crédits Photographiques

Intérieur

© **Photothèque Hachette :** pp. 251, 252, 253, 254, 255 (bas), 258 (haut), 259, 260 (haut et bas), 262, 263, 264, 265, 266, 268.
© **Albert Harlingue/Roger-Viollet :** pp. 255 (haut), 256, 257, 267.
© **Bridgeman :** 250 (bas) : © Louis Monier/Bridgeman Images.
© **D.R. :** p. 250 (haut).
© **Getty Images :** p. 258 (bas).
© **Image Forum :** p. 261.
© **Shutterstock** : p. 25 et 27.
Toutes les images non créditées pour la partie 2I2D appartiennent aux auteurs.

Dépliant

© **Photothèque Hachette :** pp. 2 (haut et bas), 3, 4 (haut, milieu haut et bas), 5 (haut, milieu haut et milieu bas), 6 (haut et milieu bas).
© **Albert Harlingue/Roger-Viollet :** pp. 1 (bas), 2 (milieu bas).
© **D.R.** : pp. 1 (haut), 4 (milieu bas), 6 (milieu haut).
© **Costa/Leemage :** p. 5 (bas).
© **Philippe Matsas/Opale/Leemage** : p. 1 (milieu).
© **Shutterstock** : pp. 2 (milieu haut), 6 (bas).

Présentation des épreuves de spécialité

INGÉNIERIE, INNOVATION ET DÉVELOPPEMENT DURABLE

1 L'épreuve écrite

Épreuve écrite
Durée : 4 h
Coefficient : 16

A. Les modalités de l'épreuve

- L'épreuve est notée sur 20 points.
- L'épreuve se décompose en **deux parties indépendantes** :
  - la première partie aborde les trois domaines « matière, énergie, et information » relatifs au contenu commun des quatre enseignements spécifiques de la spécialité.
  - la deuxième partie concerne l'enseignement spécifique choisi (ITEC/SIN/EE/AC).
- Un unique produit peut servir de support aux deux parties de l'épreuve.
- Le sujet comporte des documents techniques qui mettent en situation le ou les supports et indiquent leurs principales performances ainsi que les éléments déterminants de leurs cahiers des charges.

B. Le déroulement et les compétences requises

	Partie commune	Enseignement spécifique
Programme	La totalité des thèmes de première et de terminale.	
Travail à réaliser	Analyser un produit pluritechnologique	Résoudre un exercice avec une problématique technologique.
Compétences requises	• exploiter des graphes, tableaux de données, chronogrammes, résultats de simulations numériques ou d'acquisition de grandeurs physiques ; • réaliser des schémas, croquis et algorithmes ; • analyser des solutions constructives ; • valider des modèles et analyser des écarts avec la réalité ; • argumenter ses choix ; • rédiger des commentaires et argumentaires, des synthèses en mobilisant la terminologie adéquate.	

MATHÉMATIQUES ET PHYSIQUE-CHIMIE

1 Mathématiques

Épreuve écrite
Durée : 2 h

Le contrôle continu

■ Elle est composée de **deux parties** :

- un **test de maîtrise des automatismes** (20 min) : questions flash indépendantes et à réponses rapides (QCM). Le test peut nécessiter selon les sujets de diaporama et d'un environnement informatique ; la calculatrice est interdite.
- **trois exercices indépendants** les uns des autres. Certains exercices peuvent requérir l'usage d'un outil numérique. L'usage de la calculatrice, dans les conditions précisées par les textes en vigueur, est autorisé.

■ Chaque épreuve est notée sur **20 points**. La première partie est notée sur 5 points, la seconde partie est notée sur 15 points.

2 Spécialité Physique-Chimie et Mathématiques

L'épreuve finale

Épreuve écrite
Durée : 3 h
Coefficient : 16
Quand ? En juin

■ Le sujet comporte de **trois à cinq exercices indépendants** les uns des autres.

■ L'un au moins des exercices :

- propose **l'étude d'une situation où les mathématiques et la physique-chimie interagissent et se complètent** pour apporter chacune son éclairage,
- comporte une partie d'**évaluation des compétences expérimentales**, d'instrumentation et de mesures, adaptée aux contraintes de l'épreuve écrite. Ils peuvent contenir des documents à analyser ou des données expérimentales à exploiter.

■ Les autres exercices permettent d'évaluer les connaissances et les compétences propres à chacune des disciplines.

■ Le sujet précise si l'usage de la calculatrice est autorité.

■ L'épreuve est notée sur **20 points** : 6 points pour les compétences propres aux mathématiques et 14 points pour les compétences propres à la physique-chimie.

3 Le Grand Oral

Durée : 20 min
Présentation de la question : 10 min
Échange : 10 min
Coefficient : 14

■ Cette épreuve permet d'évaluer la qualité d'expression orale du candidat, mais aussi sa capacité à mobiliser ses connaissances, à développer son propos et à échanger.

■ Durant l'année, deux questions seront formulées et préparées.

Ingénierie, Innovation et Développement Durable

FICHES | Pages

FICHES | Pages

Cahier des charges avec SysML
Diagramme des exigences

1 Introduction

■ SysML : *systems modeling language*, signifie langage de modélisation des systèmes. C'est un ensemble de représentations graphiques permettant de détailler les constituants et les modes de fonctionnement d'un système.

■ Cahier des charges : document qui résume le **besoin** de l'utilisateur, c'est-à-dire les fonctions que doit remplir un système, les **contraintes** (techniques, humaines, matérielles, ...) liées à son environnement, etc.

■ La modélisation SysML s'articule autour de six diagrammes que l'on peut classer en trois catégories de modélisation :
- comportementale qui montre l'évolution temporelle ;
- fonctionnelle qui définit les exigences à respecter (valeurs) et le contexte général (métier, juridique, éventuelles contraintes techniques, etc.) ;
- structurelle (organisation matérielle).

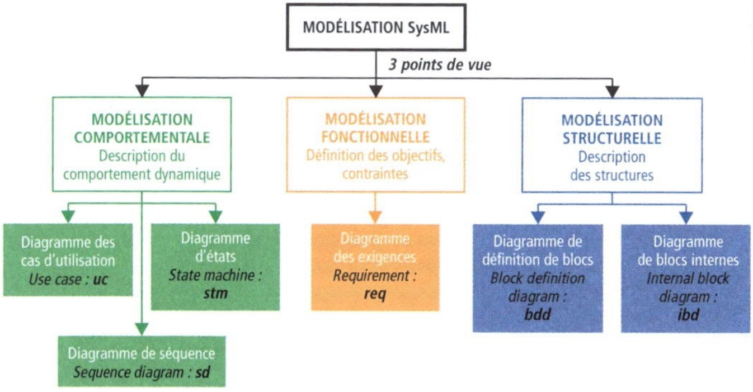

▲ Les six diagrammes de description utilisés en STI2D.

2 Diagramme des exigences « *req* »

■ Exigences : contraintes à respecter venant de l'environnement, de la technologie, du marché, de la situation et des choix de l'entreprise.

■ Le diagramme des exigences « *requirement* » exprime une fonction que devra réaliser le système ou une condition de performance technique et/ou physique de sécurité, de fiabilité, d'ergonomie, d'esthétisme. Ce diagramme n'exprimera pas une solution !

Notes

Ex. : Un scooter électrique Tri'ode à trois roues, est destiné aux entreprises et aux collectivités pour assurer des petites livraisons en zones urbaines, sur de grands sites industriels, pour les hôpitaux, les ports et aéroports...

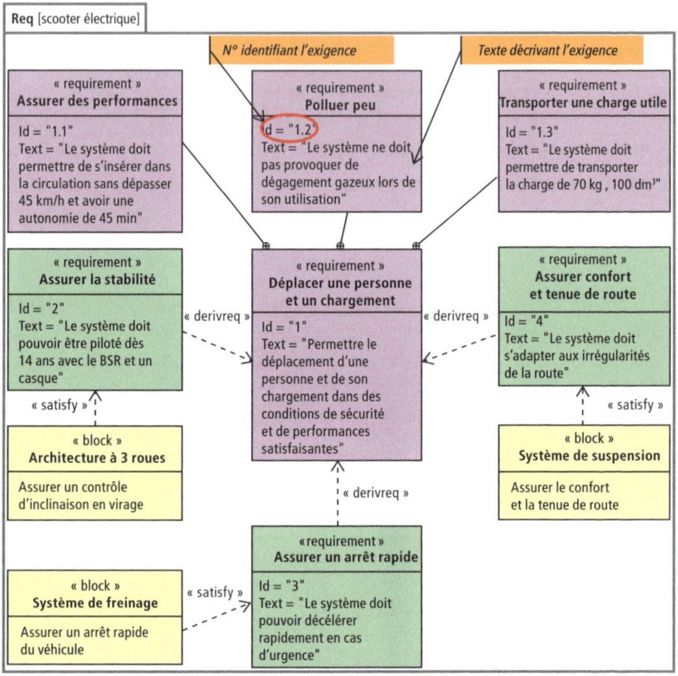

Relations dans un diagramme des exigences

Contenance	*Derive « derivReq »*	*Refine*
Décomposer une exigence parente *A* en plusieurs exigences unitaires enfants *B*, plus faciles ensuite à tracer vis-à-vis de l'architecture ou des tests. *B* ——⊕ *A*	Relier des exigences de niveaux différents (exigences système « client *B* » à des exigences sous-système « fournisseur *A* »). *A* - - - - - -> *B*	Ajouter l'exigence de précision *A* à une exigence *B*. *A* - - - - - -> *B*
« problem » « rationale »	***Satisfy***	***Verify***
Post-it de compléments sur : – des problèmes à résoudre – des justificatifs.	Un bloc d'architecture permet de satisfaire une exigence.	Relie une exigence à des tests *cases*, permettent de vérifier et valider une exigence.

Cahier des charges avec SysML

Diagramme des cas d'utilisation et de séquence

Fiche 2

1 Diagramme des cas d'utilisation « uc »

■ Cas d'utilisation : fonction visible de l'extérieur qui exprime un service rendu par le système sans imposer le mode de réalisation. L'ensemble de tous les *use cases* définit tous les comportements d'un système assurant aux acteurs que leurs objectifs vont être réalisés.

■ Le diagramme des cas d'utilisation « *use case* » exprime les services rendus en autonomie par le système aux utilisateurs (acteurs).

Il délimite la frontière du système, montre les interactions fonctionnelles, décrit ce que fera le système sans spécifier comment.

Ex. :

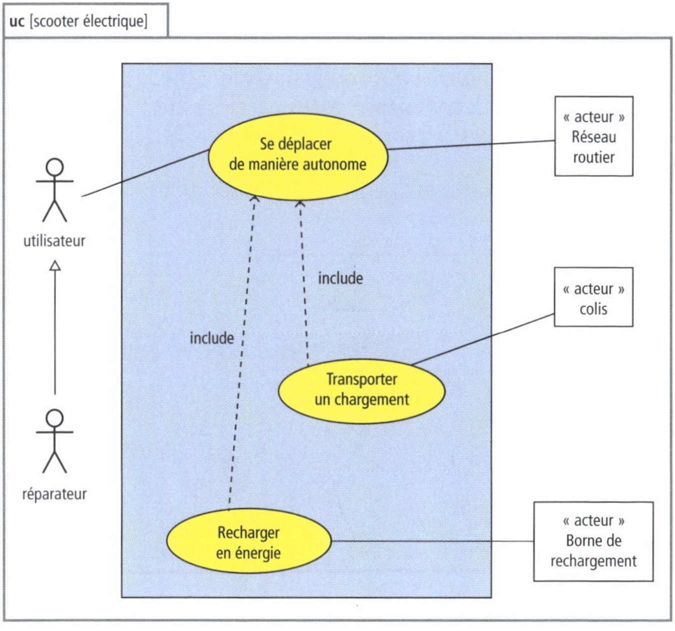

■ Acteur : rôle joué par une personne externe, un processus ou une chose qui interagit avec le système pour atteindre un objectif.

Notes

■ Relations dans un diagramme de cas d'utilisation :

Relation d'inclusion	**Relation d'extension**	**Relation de généralisation** (entre acteurs ou entre cas d'utilisation)
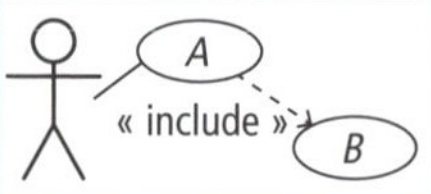	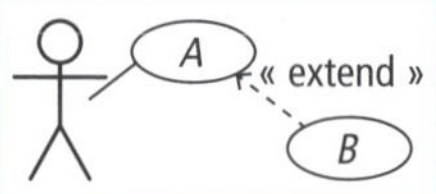	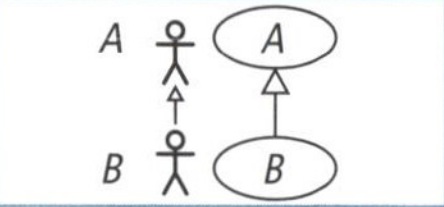
Un cas *A* inclut le cas *B*. Lorsque *A* est sollicité, *B* l'est obligatoirement, comme une partie de *A*.	*B* est une extension (option possible) du cas *A*.	Si *A* est une généralisation de *B*, *B* a les mêmes droits que *A* mais pas l'inverse.

2 Diagramme de séquence « *sd* » ou « *seq* »

■ Scénario : succession chronologique d'actions, représentant les échanges de messages passés entre blocs, permettant la réalisation du cas d'utilisation.

■ Le diagramme de séquence « *sequency diagram* » décrit un scénario de fonctionnement d'un cas d'utilisation qu'il décrit de manière dynamique (il évolue dans le temps) :
- le temps se déroule du haut vers le bas, sans échelle particulière ;
- les éléments actifs sont représentés par des blocs ;
- les « lignes de vie » représentent les périodes d'activités de l'élément ;
- les flèches horizontales : l'envoi et la réception de « messages ».

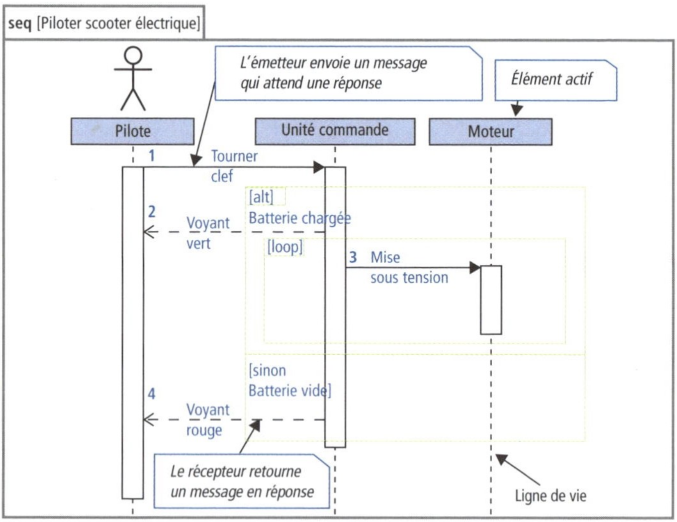

Diagramme d'états « *stm* »

■ État : situation d'une durée finie durant laquelle un système exécute une activité, satisfait à une condition ou est en attente d'un événement.

■ Le diagramme d'états « *state machine* » sert à décrire le fonctionnement d'un programme. Il permet de représenter les différents états successifs d'un objet, en réaction à des événements : **les transitions**.

Ce sont les événements qui provoquent les changements d'états.

Ex. : Le diagramme d'états « pilotage » montre comment la largeur d'impulsion *A* en provenance de la rotation de la poignée de commande détermine la tension d'alimentation moyenne du moteur.

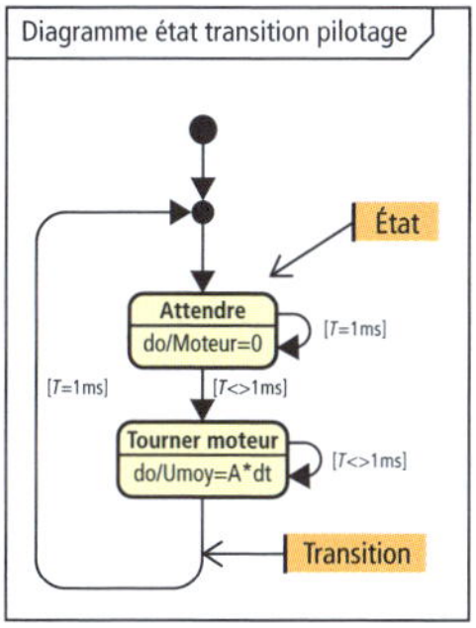

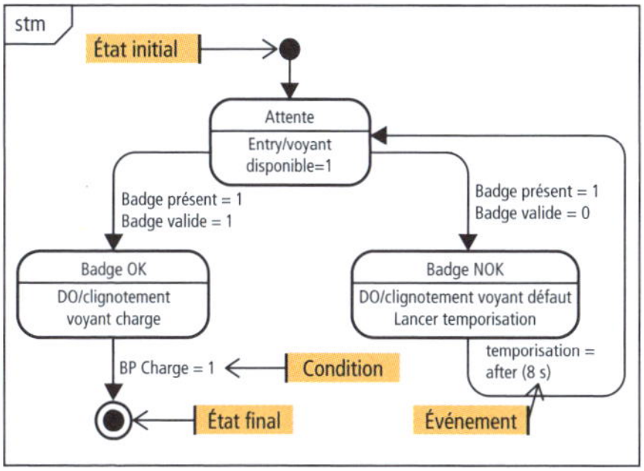

Notes

EXERCICE TYPE CORRIGÉ

On cherche à mettre au point une prothèse de genou pour permettre à une personne amputée de retrouver une marche proche de la marche pratiquée par les sujets sains.

La marche naturelle peut être décomposée comme une succession de phases où les deux pieds sont en contact avec le sol et de phases oscillantes où un seul des deux pieds n'est plus en contact avec le sol. Le cycle de marche est décrit par la figure ci-dessous :

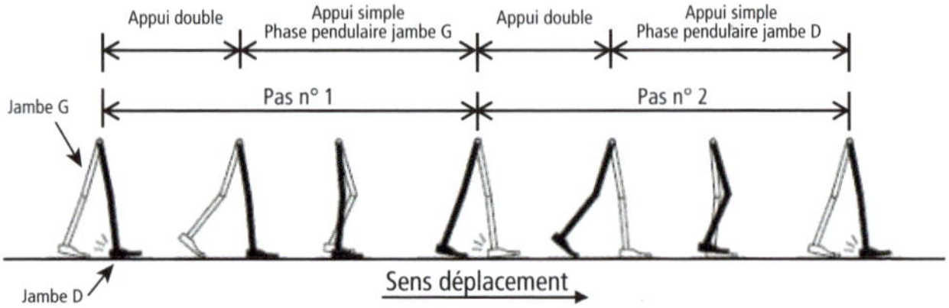

Pour décrire l'enchaînement des événements nécessaires à la marche, on cherche à établir un diagramme d'états.

	Événements		États
T_g	pose talon pied gauche	AD	appui double
T_d	pose talon pied droit	AS_g	appui simple jambe gauche
O_g	décollement orteils pied gauche	AS_d	appui simple jambe droite
O_d	décollement orteils pied droit		

Compléter la proposition de diagramme d'états décrivant le cycle de la marche humaine.

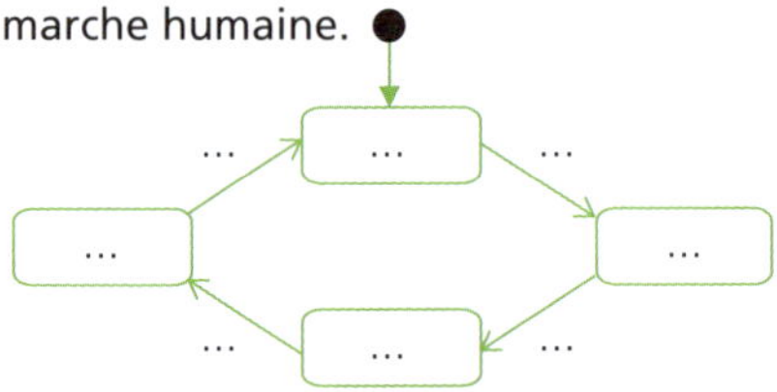

Corrigé

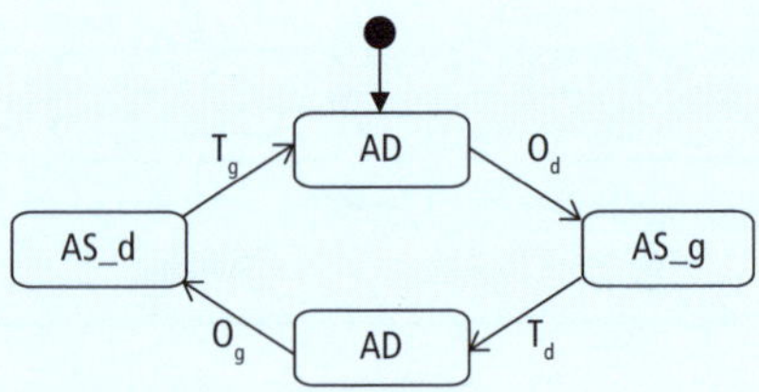

Cahier des charges avec SysML
Diagramme de définition et de blocs

1 Diagramme de définition de blocs « *bdd* »

Le diagramme de définition de blocs « *block definition diagram* » décrit l'architecture matérielle du système. Chaque bloc peut modéliser tout le système, un élément matériel ou logiciel. C'est une entité bien délimitée qui encapsule principalement des attributs (variables d'état), des opérations (procédures comportementales), des contraintes, des ports (échange de flux avec l'extérieur) et des « part » (sous-blocs internes).

Ex. :

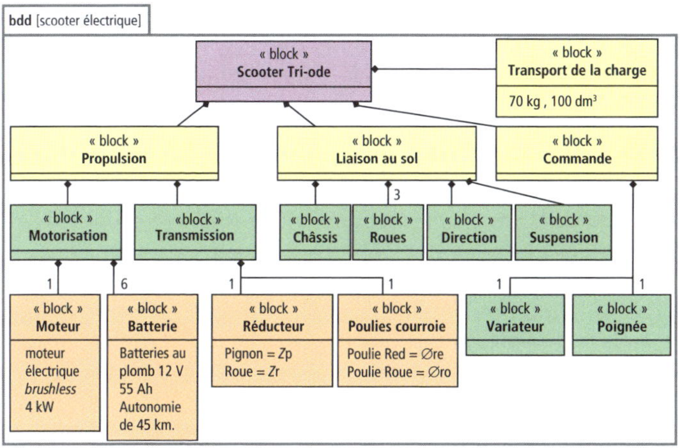

Types de liaison	Symboles
Association : relation entre deux « blocs » ou plus qui ont le même niveau conceptuel (aucun des deux n'est plus important que l'autre).	——
Association dirigée : flèche qui indique le sens de la relation. Personne +employé 1..* — travailler pour ▶ — +employeur 1 → Entreprise	——>
Agrégation : relation d'inclusion, structurelle ou comportementale d'un élément dans un ensemble. Le losange vide (◇) est situé du côté du bloc qui contient la structure ou le comportement de l'autre bloc.	◇——

Notes

Types de liaison	Symboles
Composition : contenance structurelle entre deux blocs. Le losange plein (◆) est du côté du bloc (agrégat) qui agrège la structure de l'autre bloc. À la différence de l'agrégation, la suppression du bloc agrégat entraîne la suppression du bloc en liaison. Entreprise ◇—— Camion ◆—— Moteur	◆——
Héritage : relation de classification/hiérarchisation entre un bloc général (bloc de base ou parent) et un bloc spécialisé (sous-bloc). Le bloc spécialisé comporte des informations supplémentaires (attributs, opérations, associations).	——▷
Dépendance : indique que la modification de la cible peut impliquer une modification de la source.	- - - - - - ->

2 Diagramme de blocs internes « *ibd* »

Le diagramme de blocs internes « *internal block diagram* » permet de représenter les échanges entre des blocs *via* un port :
- les échanges de matière/information/énergie entre blocs de même niveau se font grâce aux **ports de flux** ;
- les services invoqués par un autre bloc se font grâce aux **ports standards** et par extension toute entrée/sortie de contrôle/commande aussi.

Ce diagramme est utilisé pour décrire l'architecture matérielle du système. Il montre l'organisation interne d'un élément statique complexe. Il représente les composants (sous-blocs) d'un bloc du bdd et les circulations de flux de matière, d'énergie ou d'information (M.E.I.) entre les sous-blocs qui s'effectuent grâce aux connecteurs reliant leurs ports.

Ex. :

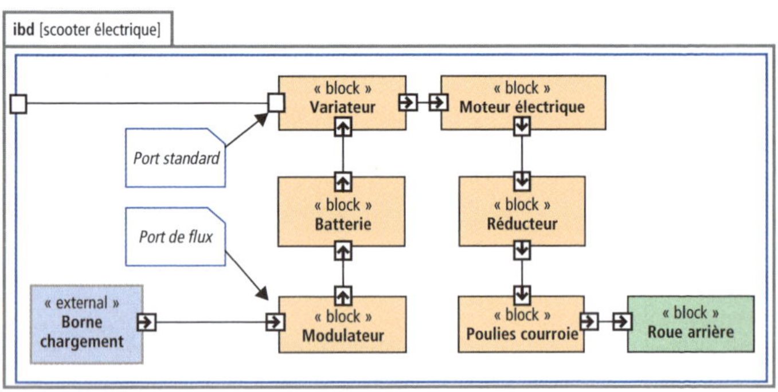

Écoconception

1 Introduction

■ Écoconception : démarche multicritère qui s'inscrit dans le cadre du **développement durable**. Elle vise à minimiser l'impact sur l'environnement d'un produit ou d'un processus, tout au long de son cycle de vie.

■ Cycle de vie d'un produit : l'ensemble des phases de la vie d'un produit pour cerner leurs effets sur l'environnement.

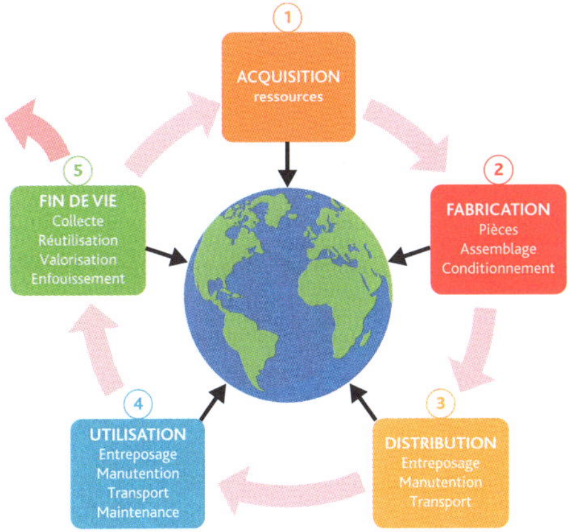

▲ Cycle de vie d'un produit

■ L'unité fonctionnelle (UF) d'un produit est un **service rendu** par un produit sur une durée donnée.

2 Épuisement des ressources matières de l'eau

■ L'exploitation d'un matériau destiné à la fabrication d'un produit à l'échelle industrielle peut être rendue difficile par :
- sa rareté (faibles ressources disponibles) ;
- son inaccessibilité (situées à des profondeurs trop importantes) ;
- son extraction trop couteuse (en termes d'énergie consommée et de rejet de polluants).

■ Dans l'industrie, l'eau est utilisée pour fabriquer les produits (pâte à papier, produits chimiques), pour refroidir les installations ou encore pour les nettoyer. L'indicateur eau comptabilise en litre (L) la quantité d'eau consommée par un produit tout au long de sa vie.

3 Utilisation des ressources énergétiques

■ L'énergie grise, E_{grise}, en mégajoule (MJ) :

$$E_{grise\ tot} = E_{consommées\ en\ production} + E_{consommées\ en\ utilisation} + E_{consommées\ en\ recyclage}$$

Soit

$$E_{grise\ tot} = \sum E_{grise/phase} \quad \text{et}$$

$$\sum E_{grise/phase} = \text{masse} \times E_{grise/kg}$$

Les matériaux les moins transformés et consommés à proximité de leur lieu de production consomment peu d'énergie grise.

4 Effets d'un produit sur l'environnement

■ Les Indicateurs climat donnent un ordre de grandeur de l'impact du produit sur la qualité de l'air, l'acidité des pluies et la production de gaz à effet de serre (GES) :

– **L'empreinte carbone,** *EC*, est la quantité de gaz rejeté tout au long du cycle de vie d'un produit.

Chaque gaz ayant un pouvoir de contribution à l'effet de serre différent, les quantités sont ramenées à leur équivalent en CO_2 : kg eq CO_2 (ou les tonnes équivalent carbone TEC).

$$EC_{eq\ CO_2} = \sum \text{Masses}_{eq\ CO_2/phase}$$

$$EC_{eq\ CO_2/phase} = \text{masse} \times EC_{eq\ CO_2/kg}$$

– **Acidification de l'atmosphère** : les rejets du dioxyde de soufre (SO_2) et le dioxyde d'azote (NO_2),

– **Eutrophisation de l'eau** : est exprimée habituellement en kilogramme équivalent phosphate (PO_4) ou azote (N) : kg eq PO_4 ou kg eq N.

Écoconception
Démarche et comportement

1 Démarche d'écoconception

■ Principales étapes de l'écoconception :

étape 1 La caractérisation du produit étudié
(dimension, poids, matériaux constitutifs, performances attendues)

↓

étape 2 L'établissement des unités fonctionnelles
(besoin à satisfaire durant une période donnée)

↓

étape 3 L'analyse du cycle de vie (A.C.V.) prenant en compte l'ensemble des étapes du cycle de vie d'un produit et permettant de quantifier ses impacts sur l'environnement

2 Comportement environnemental des matériaux

A. Recyclabilité et biodégradabilité des matériaux

■ Le recyclage des matériaux permet de les réintroduire dans le processus de production comme matière première secondaire.

■ La recyclabilité d'un matériau dépend :
- de la capacité qu'il a d'être remodelé (sans forte dégradation de ses propriétés initiales) ;
- de la présence de filières de recyclage industrielles ;
- de débouchés économiquement viables.

Les matériaux peuvent être dégradés en plusieurs étapes, par voie chimique, physique et/ou biologique.

■ La biodégradabilité est la capacité des matériaux à être décomposés par des micro-organismes (bactéries, champignons ou algues) sans effets dommageables sur le milieu naturel.

B. Éco-matériaux

■ L'éco-matériau est un matériau qui tout au long de son cycle de vie respecte l'environnement en répondant aux principes du développement durable :

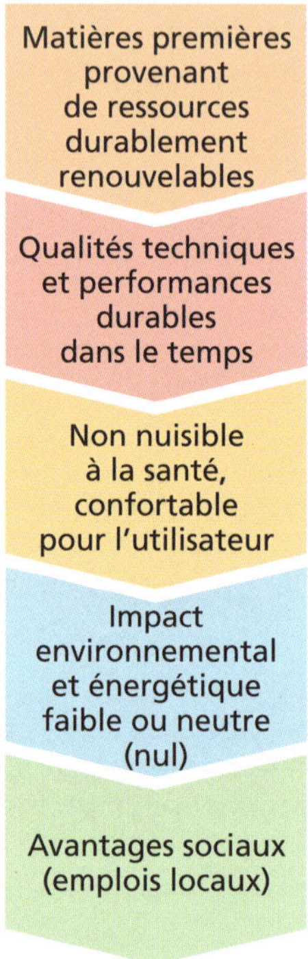

■ Un biomatériau est issu des produits et sous-produits des céréales (amidon, gluten), oléagineux et protéagineux ainsi que des plantes fibreuses (cellulose).

Comportement mécanique des matériaux

Fiche 7

1 Introduction

Un matériau est une matière d'origine naturelle ou artificielle servant à réaliser un produit. On distingue quatre grandes familles de matériaux.

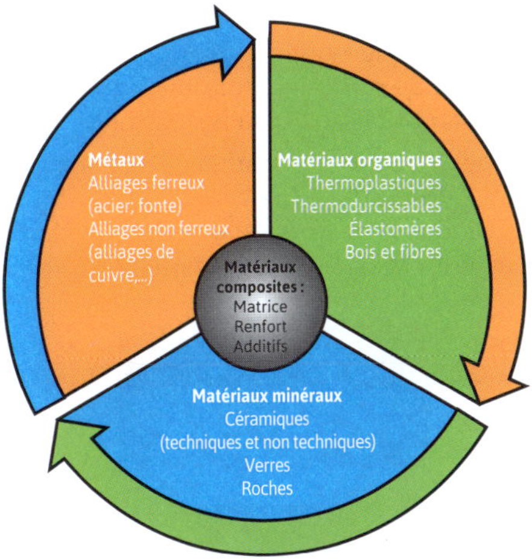

▲ Les quatre grandes familles de matériaux.

2 Comportement mécanique des matériaux

Pour comparer des matériaux, définir des masses pour un usage donné, déterminer la flottabilité d'un corps dans l'eau, on a besoin des formules suivantes :

- La masse volumique est définie comme étant le rapport de la masse d'un objet par le volume qu'il occupe :

$$\rho = \frac{M \leftarrow \text{kg}}{V \leftarrow \text{m}^3}$$

- La masse surfacique : $\sigma = \frac{M \leftarrow \text{kg}}{S \leftarrow \text{m}^2}$ utilisé pour des plaques.

- La masse linéique : $\mu = \frac{M \leftarrow \text{kg}}{L \leftarrow \text{m}}$ utilisé pour des barres ou des fils.

- L'essai de traction permet de déterminer les performances mécaniques d'un matériau.

Notes

– en abscisse les valeurs de l'allongement unitaire relatif (allongement de chaque tranche d'éprouvette d'une longueur de 1 mm) :

$$\varepsilon_x = \frac{\Delta L}{L}$$

(L en mm)

– en ordonnée la contrainte normale :

$$\sigma = \frac{N}{S_0}$$

Dans la zone du segment [*OA*], la déformation est proportionnelle à la contrainte c'est le domaine élastique.

■ La résistance élastique ou limite élastique notée R_e (en mégaPascal) est la valeur de contrainte maximale que l'éprouvette peut supporter en restant dans le domaine élastique.

■ La loi de Hooke $\sigma = E \cdot \varepsilon_x$ traduit la proportionnalité entre contraintes et déformations dans la zone élastique, avec *E* (en mégaPascal) le **module de Young** ou module d'élasticité longitudinal qui caractérise la raideur du matériau.

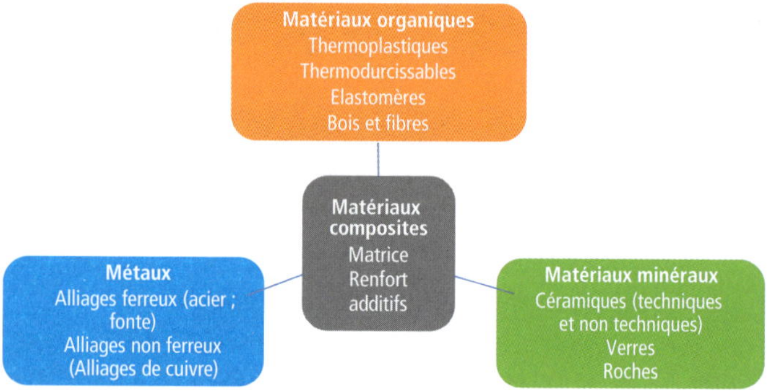

Contrainte appliquée à la pièce σ **soit inférieure à la limite élastique du matériau :** $\sigma < \frac{R_e}{C_s}$, C_s étant le coefficient de sécurité permettant d'avoir de la marge afin de ne pas dépasser le domaine élastique ($C_s > 1$).

Comportement électrique des matériaux

1 Comportement électrique des matériaux

■ **La résistivité** représente la capacité d'un matériau à s'opposer à la circulation du courant électrique.

$$\underset{\Omega}{R} = \underset{\Omega\cdot\text{m}}{\rho}\,\frac{\overset{\text{m}}{L}}{\underset{\text{m}^2}{S}}$$

■ **L'effet Joule** est utilisé pour convertir de l'énergie électrique en énergie thermique. Il est aussi responsable des pertes énergétiques dans les câbles lors du transport de l'électricité.

La puissance dissipée par effet Joule s'exprime par :

$$\underset{\text{W}}{P_J} = \overset{\Omega}{R} \times \underset{\text{A}}{I^2}$$

■ **La perméabilité magnétique** caractérise la faculté d'un matériau à modifier un champ magnétique.

Les matériaux ferromagnétiques sont ceux qui guident le mieux les lignes de champs, c'est pourquoi ils sont utilisés dans la conception des machines tournantes (moteurs et générateurs électriques).

■ **La perméabilité d'un matériau** s'exprime par le produit de la perméabilité du vide ($\mu_0 = 4\pi \times 10^{-7}\,\text{H}\cdot\text{m}^{-1}$) et de la perméabilité relative des matériaux :

$$\mu = \mu_0 \times \mu_r$$

En fonction de leur perméabilité relative, on peut classer les matériaux en 3 catégories :

- $\mu_r < 1$: matériaux diamagnétiques (carbone, cuivre, ...) ;
- $\mu_r > 1$: matériaux paramagnétiques (dioxygène, aluminium, ...) ;
- $\mu_r \gg 1$: matériaux ferromagnétiques (cobalt, fer, nickel, ...).

2 Comportement thermique des matériaux

■ **La température de fusion T_f**, en kelvin (K) ou en degrés Celsius (°C), correspond à la température à partir de laquelle un matériau passe de l'état solide à l'état liquide.

Proche de T_f un matériau se ramollit et lorsqu'il est très froid il devient cassant ; ceci a un impact direct sur la résistance mécanique d'un matériau.

■ **Un traitement ignifuge** sur un matériau permet d'accroître sa propriété de résistance à la chaleur.

Notes

■ La chaleur massique, ou capacité calorifique massique, se note c_p, en joule par kelvin par kilogramme ($J \cdot K^{-1} \cdot kg^{-1}$), est l'énergie qu'il faut apporter à un kilogramme de matériau pour élever sa température d'un degré.

- **Si c_p est élevée**, le matériau a une grande inertie thermique, il chauffe lentement et se refroidit lentement.
- **Si c_p est faible**, le matériau a une faible inertie thermique, il chauffe rapidement et se refroidit rapidement.

Cette propriété thermique est utilisée pour transporter la chaleur (l'eau, qui a une chaleur massique importante, est utilisée comme liquide caloporteur dans les installations de chauffage).

Transmission de la chaleur

Fiche 9

1 Les différents transferts

La conduction

La conduction thermique est un mode de transfert de chaleur provoqué par une différence de température sans déplacement de matière. La conduction est favorisée par les matériaux ayant une bonne conductivité thermique. Limiter la conduction à travers une paroi permet d'obtenir une bonne isolation.

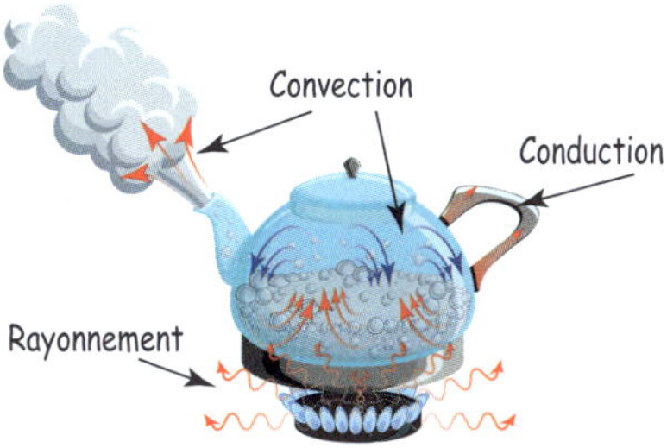

▲ Transferts de chaleur.

La convection

C'est un mode de propagation de la chaleur propre aux fluides ou aux gaz. Les molécules directement au contact d'un corps de température plus élevée s'échauffent.

Le rayonnement

C'est une émission d'énergie rayonnante entre deux corps de températures différentes.

Le transport de cette énergie ne nécessite aucun support matériel. C'est de cette manière que le Soleil transfère sa chaleur jusque sur la Terre.

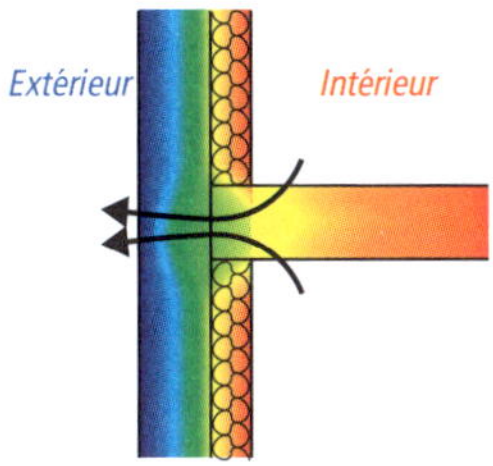

▲ Principe du pont thermique.

La conductivité thermique λ, correspond à la capacité d'un matériau à **conduire la chaleur.** Ainsi, le métal a une conductivité thermique élevée, c'est un bon conducteur, à l'inverse du bois dont λ est faible ce qui en fait un bon isolant. Si l'on met une barre métallique dans un feu et que l'on tient l'extrémité, au bout de quelques minutes on se brûle la main. Au contraire, avec une barre de bois, l'extrémité prendra feu sans que l'on se brûle.

Notes

- Si λ est élevée, le matériau conduira bien la chaleur mais sera un mauvais isolant ;
- Si λ est faible, le matériau conduira mal la chaleur mais sera un bon isolant.

2 Résistance et déperditions

■ La résistance thermique globale d'une paroi, notée R_{therm} (en $m^2 \cdot °C \cdot W^{-1}$), est l'inverse de la conductivité.

■ Les déperditions thermiques D d'une pièce se produisent à travers les parois (pertes surfaciques), par ponts thermiques et par renouvellement d'air :

$$D = D_{surf} + D_{pont\_Th} + D_{renouvelle\_air}$$

■ La déperdition surfacique d'une paroi

$$\underset{\text{W}}{D_{surf}} = \frac{\text{Surface de la paroi}}{R_{therm}}(\theta_i - \theta_e)$$

■ Le coefficient de dilatation linéaire α (alpha) donne la variation relative de longueur en fonction de la variation de température. Pour les faibles variations de température (α est en K^{-1}) :

$$\frac{\Delta L \ (\text{m})}{L_0 \ (\text{m})} = \alpha \Delta T \quad \text{ou} \quad L = L_0(1 + \alpha \Delta T) \quad (\Delta T \text{ en K ou °C})$$

■ Sous l'effet de la **chaleur**, un matériau se **dilate**, ses dimensions augmentent.

■ Sous l'effet du **froid**, un matériau se **rétracte**, ses dimensions diminuent.

Comportement cinématique des systèmes (1)

1 Caractériser le mouvement

■ Les mouvements rendus possibles par les contacts entre deux solides peuvent être définis en installant un repère orthonormé en un point judicieux de la liaison.

■ On associe au contact entre deux solides une liaison normalisée représentée par un symbole en perspective et des symboles plans auxquels sont liées des caractéristiques relatives aux mobilités que la liaison permet (mouvement et vitesse) ou supprime (actions mécaniques).

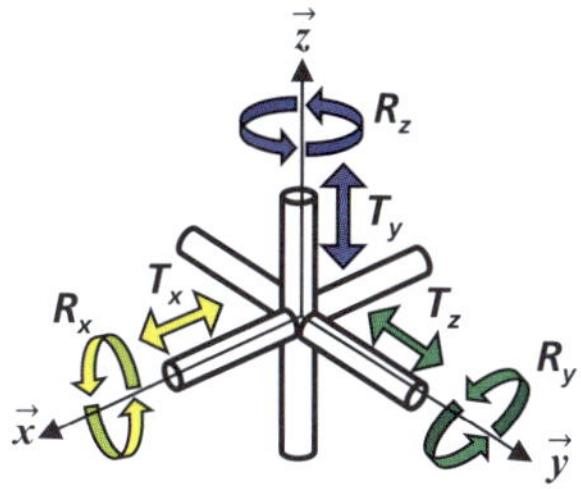

3 mouvements de **translation**
3 mouvements de **rotation**

▲ Représentation du repère orthonormé sur un solide.

2 Modéliser un mécanisme

■ Le graphe des liaisons permet de représenter l'organisation du mécanisme en sous-ensembles cinématiquement liés.

■ Le schéma cinématique minimal permet de représenter sous forme graphique l'agencement des liaisons entre les sous-ensembles cinématiquement liés. Il est réalisé à partir des schémas des liaisons mécaniques élémentaires. Il montre les possibilités de mouvement relatif entre les sous-ensembles cinématiquement liés.

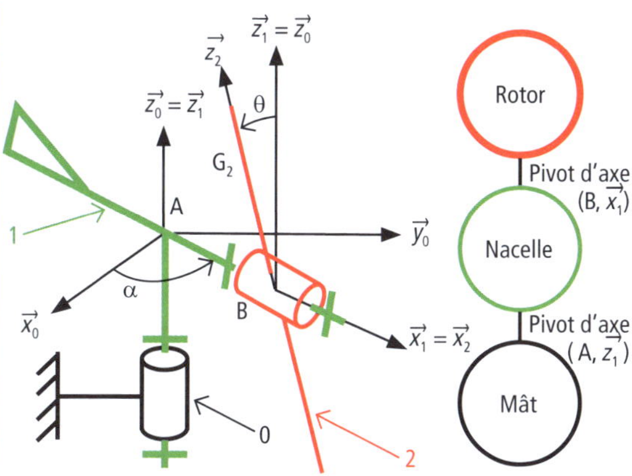

▲ Schéma cinématique et graphe de liaison d'une éolienne.

Notes

3 Mouvement d'un solide

■ Le mouvement décrit les positions successives de toute la pièce, c'est-à-dire un ensemble de point reliés par des longueurs constantes (pièce solide).

Ex. : Les pales d'un hélicoptère birotor contrarotatif tournent en sens opposé et se croisent trois fois par tour. Un point situé sur une pale décrit une trajectoire circulaire.

Mouvement de rotation d'un solide autour d'un axe fixe	Mouvement de translation rectiligne d'un solide
	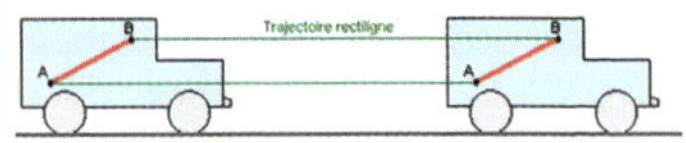
Les trajectoires de tous les points de la pièce sont des cercles concentriques ; le centre commun est le centre de rotation de la pièce.	Les trajectoires de tous les points de la pièce sont des droites parallèles entre elles.
$\{\vartheta_{S/R}\} = \begin{Bmatrix} \omega_1 & 0 \\ \omega_2 & 0 \\ 0 & 0 \end{Bmatrix}_{R(a1,a2,a3)}$	$\{\vartheta_{S/R}\} = \begin{Bmatrix} \omega_1 & 0 \\ \omega_2 & 0 \\ 0 & 0 \end{Bmatrix}_{R(a1,a2,a3)}$

■ La position d'un point M d'un solide par rapport à un repère d'origine O $(R_0(O\,;\,\overrightarrow{x_0},\overrightarrow{y_0},\overrightarrow{z_0}))$ est représentée par un vecteur position $\overrightarrow{OM(t)} = \begin{pmatrix} x(t) \\ y(t) \\ z(t) \end{pmatrix}_{/R0}$

■ La vitesse d'un point M est la variation de sa position par rapport au temps.

$$\overrightarrow{V_{M,S/R}(t)} = \frac{d\overrightarrow{OM(t)}}{dt}_{/R}$$

■ L'accélération d'un point M est sa variation de la vitesse par rapport au temps.

$$\overrightarrow{A_{M,S/R}(t)} = \frac{d\overrightarrow{V_{M,S/R}(t)}}{dt}$$

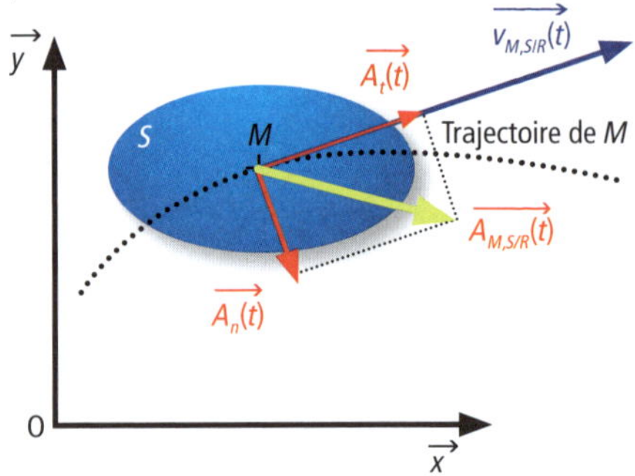

▲ Représentation graphique des vecteurs.

Comportement cinématique des systèmes (2)

1 Solide en translation

■ Un solide est en translation si tout segment joignant deux de ces points reste parallèle à lui-même au cours du mouvement. Les vecteurs vitesses linéaires de tous les points constituant le solide sont égaux.

2 Solide en rotation

■ Un solide est en rotation si au moins un de ses points est fixe, c'est-à-dire à une vitesse linéaire nulle.

Les vecteurs vitesses linéaires varient de façon linéaire avec l'éloignement au centre de rotation. La vitesse linéaire du centre de rotation est nulle.

La loi de vitesse, de type trapézoïdal, de l'ensemble (P) pour la phase de fermeture est donnée ci-dessous :

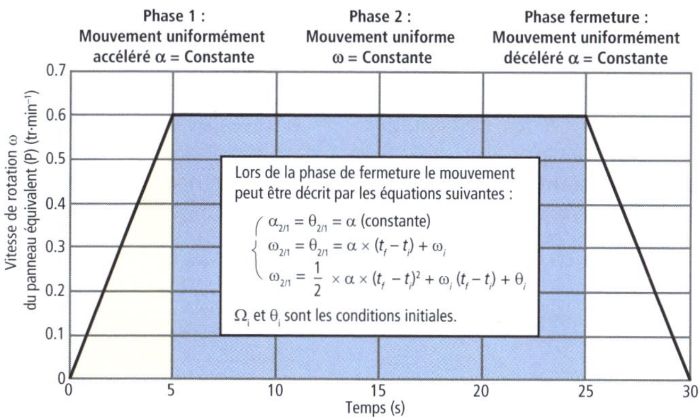

▲ Graphe de vitesse lors de la phase de fermeture.

La courbe représentative de $\theta(t)$ permettra de vérifier l'exigence de rotation de 90°.

■ La relation de Varignon (relation vectorielle) est l'expression de la vitesse linéaire d'un point du solide en fonction de sa vitesse angulaire :

$$V = R\omega$$

(R étant la distance entre le point considéré et le centre de rotation en mètre).

Notes

3 Lecture et interprétation d'un torseur cinématique

Les caractéristiques cinématiques d'un solide en mouvement, d'un torseur cinématique d'un solide S en mouvement par rapport à R_0 s'écrit :

1re colonne : les 3 composantes du vecteur vitesse de rotations $\overrightarrow{\Omega_{S/R}}$ du solide autour des trois axes du repère servant de référence.

2de colonne : les 3 composantes du vecteur vitesse linéaire $\overrightarrow{V_{M/R}}$ du point M choisi.

4 Loi entrée-sortie

■ **Un mécanisme** est une association de plusieurs pièces liées entre elles par des contacts physiques. Le mécanisme est utilisé pour créer une relation entre les paramètres d'entrée et de sortie appelée loi entrée/sortie (mouvements, efforts). Les paramètres pour décrire une rotation sont le couple et la vitesse angulaire, ceux pour décrire une translation sont la force et la vitesse linéaire.

■ **Le rapport de transmission** R caractérise la loi entrée/sortie :

$$R = \frac{\text{Vitesse de sortie}}{\text{Vitesse d'entrée}}$$

■ **Transmission par engrenages** (rotation en entrée, rotation en sortie). Un engrenage se compose d'un pignon (roue dentée de plus petit diamètre) et d'une roue. La fréquence de rotation de sortie est proportionnelle à la fréquence de rotation d'entrée :

$\omega_{entrée}$ → [Engrenage Rapport r] → $\omega_{sortie} = r\omega_{entrée}$

$$r = \frac{\omega_{sortie}}{\omega_{entrée}} = \mp \frac{Z_e}{Z_s}$$

avec $\omega_{entrée}$: vitesse de rotation de l'entrée (en $tr.min^{-1}$) ;
ω_{sortie} : vitesse de rotation de la sortie (en $tr.min^{-1}$) ;
Z_e : nombre de dents à l'entrée ;
Z_s : nombre de dents à la sortie.

■ **Transformation par pignon crémaillère** (rotation en entrée, translation en sortie) :

$\omega_{entrée}$ → [Pignon crémaillère Rayon r] → $V_{sortie} = r\omega_{entrée}$

avec ω_e : vitesse de rotation de l'entrée (en $tr.min^{-1}$) ;
V_s : vitesse de translation de la sortie (en $m.s^{-1}$) ;
r : rayon du pignon.

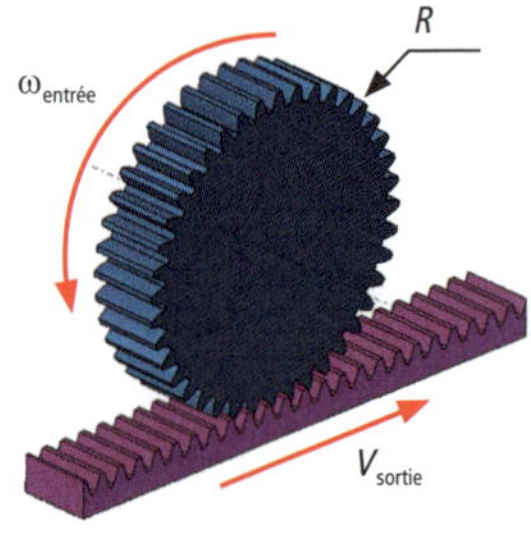

Modélisation des actions mécaniques

1 Modélisation des actions mécaniques

■ Action mécanique : concept permettant de décrire les phénomènes provoquant le mouvement d'un corps ; le maintien d'un corps au repos ; la déformation d'un corps.

On classe les actions en :

- Les actions de contact (d'un solide sur un autre par l'intermédiaire d'une surface de contact).
- Les actions à distance (le poids, les actions électromagnétiques…).

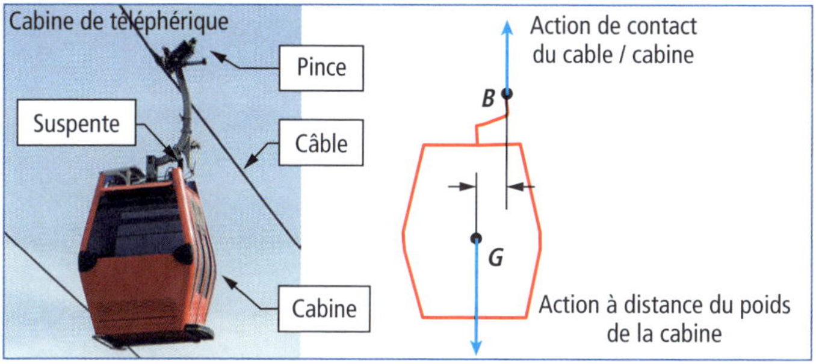

▲ Isolement d'une cabine de téléphérique.

Les mouvements et déformations peuvent être crées par :

- des forces qui tendent à pousser/tirer ou à étirer/comprimer (en Newton N) selon un axe.
- des moments ou couples qui tendent à faire tourner ou à tordre autour d'un axe (en Newton.mètre N.m).

■ La modélisation des actions mécaniques peut se faire grâce à des vecteurs car elles s'exercent en un point d'application ; selon ou autour d'une direction (axe) ; selon un sens ; avec une certaine intensité représentée par la longueur du vecteur.

$$\overrightarrow{F_{cycliste/pédale}} \begin{vmatrix} 0 \\ 0 \\ Fz \end{vmatrix}_{R(A,\vec{x},\vec{y},\vec{z})}$$

$$\overrightarrow{C_{moteur/pédalier}} \begin{vmatrix} 0 \\ Cm \\ 0 \end{vmatrix}_{R(A,\vec{x},\vec{y},\vec{z})}$$

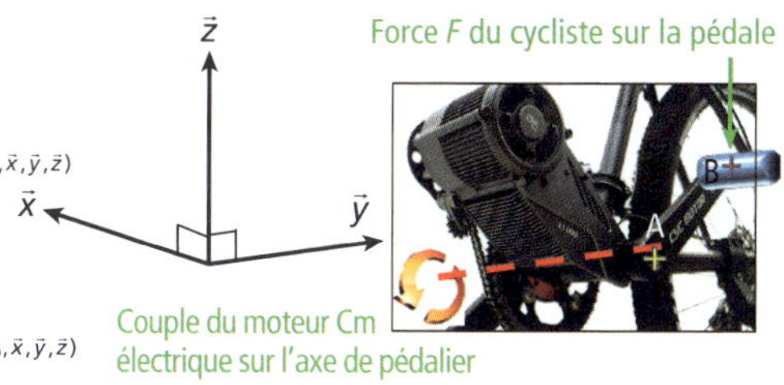

▲ Action sur un pédalier électrique de vélo

Notes

■ Les composantes des actions mécaniques peuvent être exprimées dans des torseurs :

$$\left\{T_{\overrightarrow{F_{cycliste/pédale}}}\right\} = {}_{B}\left\{\begin{matrix}0 & 0\\ 0 & 0\\ Fz & 0\end{matrix}\right\}_{R(A,\vec{x},\vec{y},\vec{z})} \qquad \left\{T_{\overrightarrow{C_{moteur/pédalier}}}\right\} = {}_{A}\left\{\begin{matrix}0 & 0\\ 0 & Cm\\ 0 & 0\end{matrix}\right\}_{R(A,\vec{x},\vec{y},\vec{z})}$$

Point d'expression

Repère d'expression

1re colonne = résultante des forces (en N), 2e colonne = couples (en N.m).

Pour changer le point d'expression du moment, on utilise la formule de Varignon :

$$\forall A,\quad B \in E,\quad \overrightarrow{M_A} = \overrightarrow{M_B} + \overrightarrow{AB} \wedge \vec{R}$$

- $\overrightarrow{M_A}$: Point où on cherche le moment
- $\overrightarrow{M_B}$: Point où le moment est connu
- $\overrightarrow{AB}$: Vecteur distance
- $\vec{R}$: Résultante du torseur

2 Actions mécaniques courantes

■ Action mécanique de pesanteur :

La résultante de l'action de pesanteur s'exprime au centre de gravité et à pour norme : $P = m \cdot g$

■ Action mécanique d'un fluide sur un piston :

La résultante de l'action d'un fluide sur une surface circulaire s'exprime au centre de la surface : $F = p \cdot S$

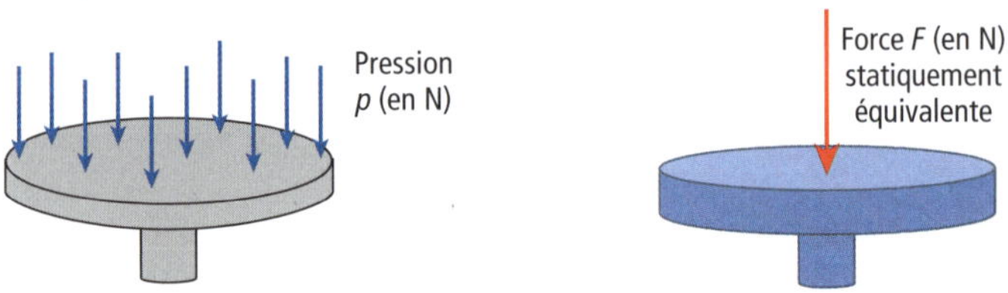

3 Étude statique d'un groupe ou partie de solide

■ Isoler un système c'est définir une frontière entre le système (ou une partie) et son environnement extérieur, puis faire le bilan de toutes les actions mécaniques qui lui sont appliquées.

■ Bilan des actions mécaniques c'est recenser tous les efforts extérieurs appliqués sur le système (de contact et à distance).
Si la frontière d'isolement coupe une liaison mécanique, l'action mécanique transmissible par la liaison est une action mécanique extérieure exercée sur le système.

Principe fondamental de la statique

Fiche 13

1 Définitions et théorèmes

- La statique correspond à **l'étude de l'équilibre des corps**.

- Un système matériel (S) isolé est en équilibre par rapport à un repère $R(0\,;\vec{x},\vec{y},\vec{z})$ si, au cours du temps, les coordonnées de chaque point de (S) sont constantes dans le repère $R(0\,;\vec{x},\vec{y},\vec{z})$.

- Énoncé du PFS :

Si un système matériel (S) est en équilibre par rapport à un repère $R(0\,;\vec{x},\vec{y},\vec{z})$, la somme des actions mécaniques extérieures appliquées sur (S) est nulle.

2 Le PFS se décompose en deux théorèmes

- Théorème de la résultante

Si un système matériel (S) est en équilibre par rapport à un repère $R(0\,;\vec{x},\vec{y},\vec{z})$, la somme des forces mécaniques extérieures appliquées sur (S) est nulle.

Traduction vectorielle :

$$\sum \vec{F}_{ext/S} = \vec{0}$$

Traduction graphique : les vecteurs forces forment un polygone fermé lorsqu'on les ajoute.

- Théorème du moment résultant

Si un système matériel (S) est en équilibre par rapport à un repère $R(0\,;\vec{x},\vec{y},\vec{z})$, la somme des moments, en un point I, des forces mécaniques extérieures appliquées sur (S) est nulle.

Traduction vectorielle :

$$\sum \overrightarrow{M_{I(\overrightarrow{F_{ext/S}})}} = \vec{0}$$

Tous les moments doivent être exprimés en un même point I.

Traduction graphique : les vecteurs forces sont concourants en un même point I.

Notes

Ex. :

■ On isole la tige d'amortisseur d'un buggy.

La tige du vérin hydraulique de poussée est soumise à deux forces : la force de poussée du fluide sur la tige côté piston $\vec{F}_{fluide/tige}$ et la force de l'essieu sur la tige $\vec{F}_{essieu/tige}$.

▲ Forces sur tige isolée d'un vérin.

$\vec{F}_{fluide/tige} + \vec{F}_{essieu/tige} = \vec{0}$

d'où $\vec{F}_{fluide/tige} = -\vec{F}_{essieu/tige}$.

Dans le cas d'un solide en équilibre soumis à deux forces : les deux forces sont donc égales et opposées.

■ On isole le buggy entier. Le poids du véhicule chargé est $\vec{P}_{total}$ appliqué en G (voir exercice p. 35).

Appliquer un PFS

EXERCICE TYPE CORRIGÉ

Appliquer le PFS aux parties isolées.

Déterminer les actions de contact du sol sur les roues avant en *M* et sur les roues arrière en *N*.

Le véhicule est au repos, en équilibre sur le sol plat.

Le plan $(G\,;\vec{x},\vec{y})$ est un plan de symétrie géométrique et de chargement.

Les actions en *M* et *N* ne sont pas équivalentes car le moteur est situé à l'arrière.

Corrigé

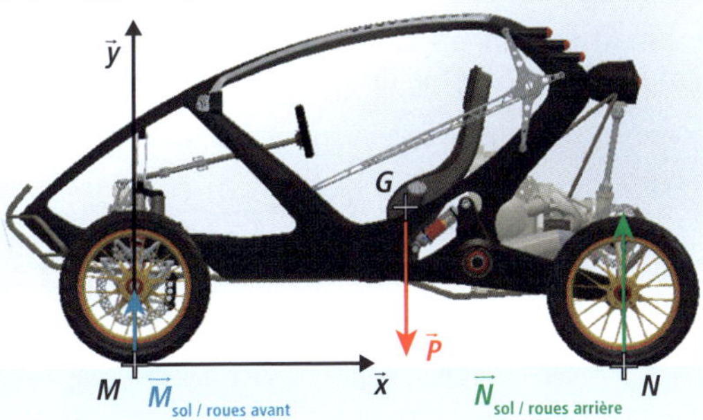

▲ Buggy en équilibre sur le sol.

(Suite du corrigé page suivante)

Notes

étape 1 Bilan des actions mécaniques extérieures :

Actions	Caractéristiques	Coordonnées des points dans le repère $(M\,;\vec{x},\vec{y},\vec{z})$
Le poids du véhicule chargé appliqué en G, son centre de masse	$\vec{P}\begin{pmatrix}0\\-P\\0\end{pmatrix}$ avec $\lVert\vec{P}\rVert = mg$	**Point G** $G\begin{pmatrix}x_G\\y_G\\0\end{pmatrix}$
Action de contact du sol sur les 2 roues avant (modèle liaison ponctuelle au point M)	$\vec{M}_{\text{sol / roues avant}}\begin{pmatrix}0\\M_{\text{sol / roues avant}}\\0\end{pmatrix}$	**Point M** $M\begin{pmatrix}0\\0\\0\end{pmatrix}$
Action de contact du sol sur les 2 roues arrière (modèle liaison ponctuelle au point N)	$\vec{N}_{\text{sol / roues arrière}}\begin{pmatrix}0\\N_{\text{sol / roues arrière}}\\0\end{pmatrix}$	**Point N** $N\begin{pmatrix}x_N\\0\\0\end{pmatrix}$

Le buggy est un solide soumis à trois forces parallèles.

La résolution se fait en utilisant le théorème du moment résultant puis le théorème de la résultante.

étape 2 Application du théorème du moment résultant au point M :

$$\vec{\mathcal{M}}_{M_{(\vec{M}_{\text{sol / roue avant}})}} + \vec{\mathcal{M}}_{M_{(\vec{N}_{\text{sol / roue arrière}})}} + \vec{\mathcal{M}}_{M_{(\vec{P})}} = \vec{0}$$

Projection de cette équation vectorielle sur l'axe $(M\vec{z})$

$$0 + N_{\text{sol / roues arrière}} \times x_N - P \times x_G = 0$$

soit $N_{\text{sol / roues arrière}} = P \times \dfrac{x_G}{x_N}$ ①

étape 3 Application du théorème de la résultante :

$$\vec{M}_{\text{sol / roues avant}} + \vec{P} + \vec{N}_{\text{sol / roues arrière}} = \vec{0}.$$

Projection de cette équation vectorielle sur l'axe $(M\vec{y})$:

$$M_{\text{sol / roues avant}} - P + N_{\text{sol / roues arrière}} = 0$$

soit $M_{\text{sol / roues avant}} = P - N_{\text{sol / roues arrière}}$ ②

d'où en utilisant l'équation ① $M_{\text{sol / roues avant}} = P\left(1 + \dfrac{x_G}{x_N}\right)$.

Hypothèse de la résistance des matériaux (R.d.M)

Fiche 15

■ Les matériaux qui constituent les éléments de structures sont considérés homogènes et isotropes.

■ Les formes des pièces étudiés en R.d.M. sont des « Poutres ».

La longueur de la courbe doit être 8 à 10 fois plus grande que les dimensions transversales. Sa section peut varier mais de façon lente et progressive.

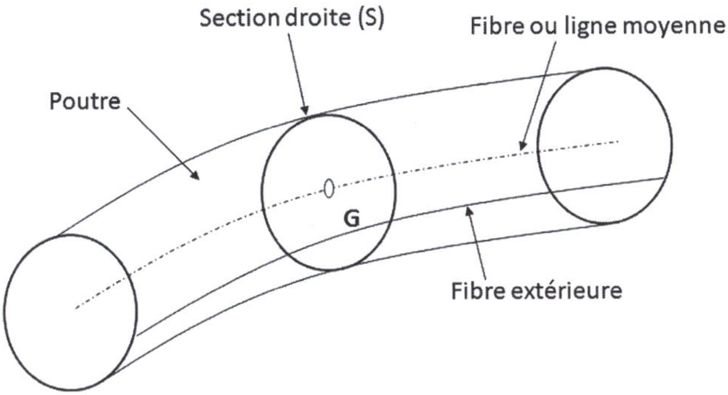

▲ Éléments de définition d'une poutre.

■ Hypothèse de Navier-Bernoulli : les déformations sont petites (ainsi, les sections planes normales aux fibres avant déformation demeurent planes et normales aux fibres après déformation). Sur la figure ci-dessous, le distance *AA'* est très petite.

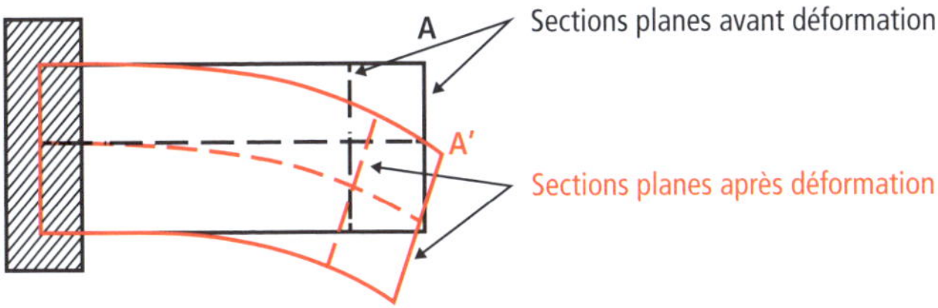

▲ Petites déformations des sections planes.

■ Hypothèse de Barré Saint-Venant : les résultats sont valables loin des efforts et des charges concentrées.

Avec cette méthode, on ne peut pas déterminer les déformations situées sous les zones d'application des efforts.

Notes

■ Le torseur de cohésion regroupe les actions intérieures à la poutre qui lui permettent de résister aux actions extérieures qui lui sont appliquées. Le Torseur de cohésion est exprimé au centre de section *G*.

Torseur de cohésion	Efforts de cohésion
$\left\{\tau_{\text{cohésion}}\right\}_G = {}_G\begin{Bmatrix} N & M_T \\ T_Y & M_{fy} \\ T_z & M_{fz} \end{Bmatrix}_{(\vec{x},\vec{y},\vec{z})}$	N : effort normal
	T_y : effort tranchant selon y
	T_z : effort tranchant selon z
	M_T : Moment de torsion
	M_{fy} : Moment de flexion selon y
	M_{fz} : Moment de flexion selon z

Contrainte et déformation

Extension ou compression simple

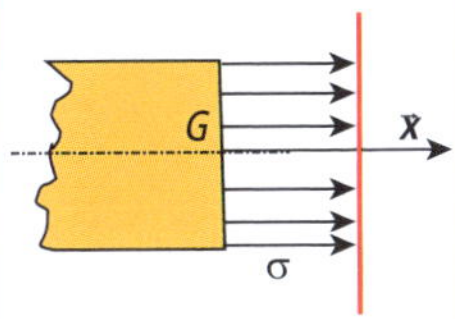

$$\{\tau_{cohésion}\}_G = {}_G\begin{Bmatrix} N & 0 \\ 0 & 0 \\ 0 & 0 \end{Bmatrix}_{(\vec{x},\vec{y},\vec{z})}$$

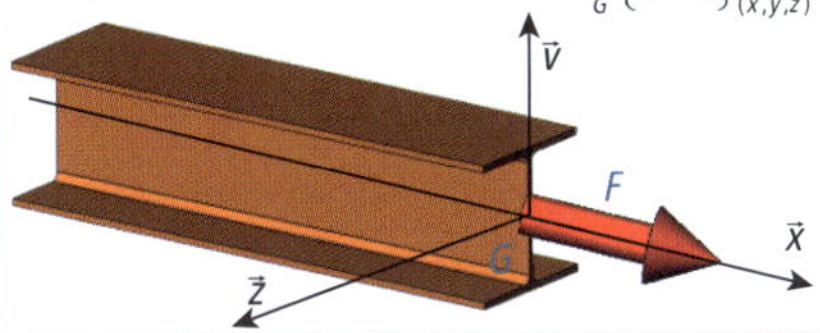

MPa ↘ $\sigma = \dfrac{N}{S}$ ↙ N ; S ↖ mm²

loi de Hooke
dans le domaine élastique :

$$\sigma = E \times \varepsilon = E \times \frac{Lo - L}{Lo}$$

σ = contrainte normale d'extension (σ > 0) en MPa
N = **effort normal** en Newton (d'extension si *N* > 0 de compression si *N* < 0)
S = aire de la section droite en mm²
E = module de Young du matériau (en MPa)
Δ*L*/*Lo* représente l'allongement unitaire suivant *x*.

Expression de l'allongement $\Delta L = \dfrac{N \times L}{E \times S}$

Cisaillement simple

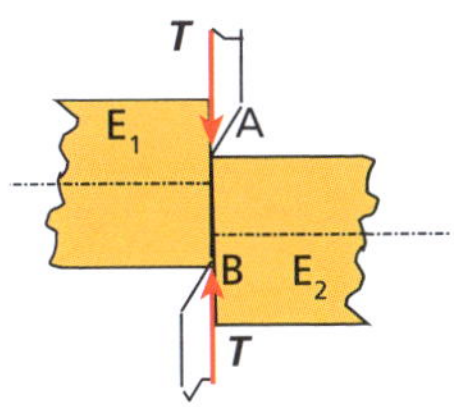

$$\{\tau_{cohésion}\}_G = {}_G\begin{Bmatrix} 0 & 0 \\ Ty & 0 \\ Tz & 0 \end{Bmatrix}_{(\vec{x},\vec{y},\vec{z})}$$

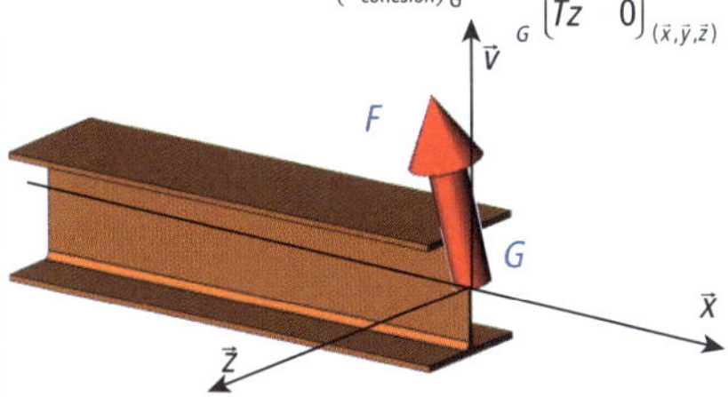

Torsion simple

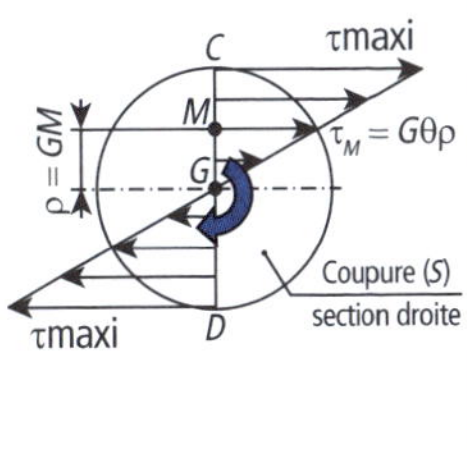

$$\{T_{cohésion}\} = {}_G\begin{Bmatrix} 0 & Mt \\ 0 & 0 \\ 0 & 0 \end{Bmatrix}_{R(G,\vec{x},\vec{y},\vec{z})}$$

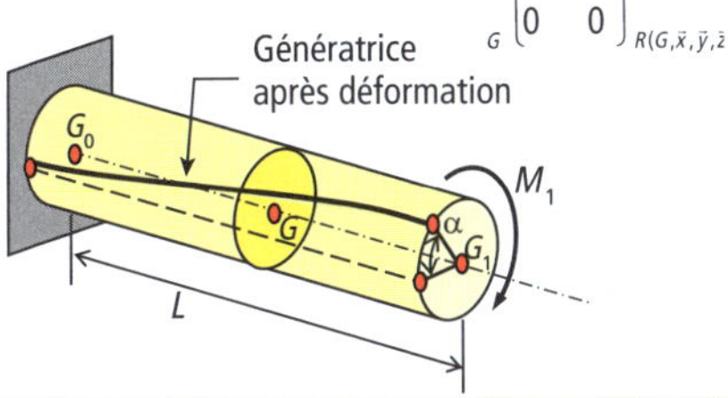

Notes

<table>
<tr><th colspan="2">Flexion plane pure</th></tr>
<tr><td>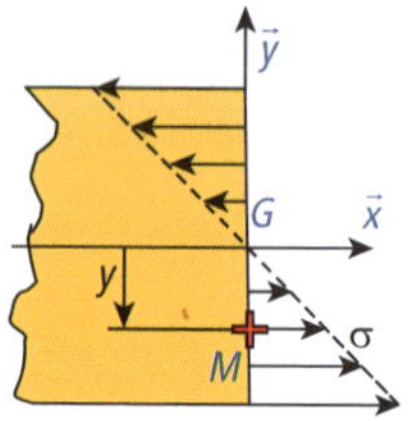
</td><td>$$\{\tau_{cohésion}\}_G = \left\{ \begin{matrix} 0 & 0 \\ 0 & 0 \\ 0 & Mfz \end{matrix} \right\}_{(\vec{x},\vec{y},\vec{z})}$$
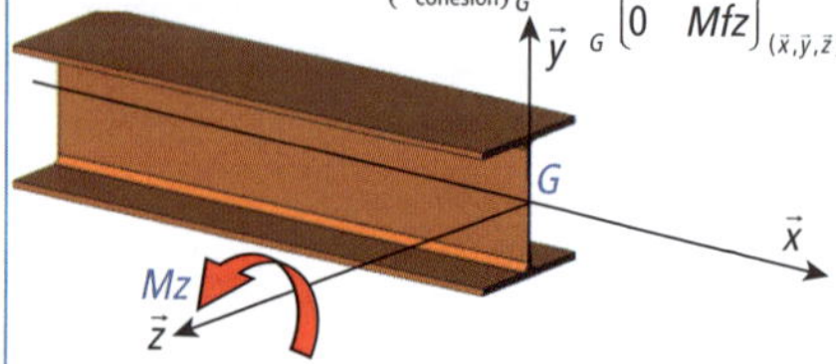
</td></tr>
<tr><td>$$\sigma = -\frac{Mfz}{I_{gz}} \cdot y$$
σ = contrainte normale au point M en (Mpa)
$$E \times I_{GZ} \times y''_{(x)} = \overline{M_f(x)}$$</td><td>y = ordonnée dans $(G,\vec{x},\vec{y},\vec{z})$ de la fibre étudiée de M en (mm) ;
Mfz = moment de flexion sur $(G,\vec{z})$ en (N.mm) ;
I_{gz} = moment quadratique de la section droite par % à l'axe $(G,\vec{z})$ en (mm^4).
$\overline{M_f(x)}$ permet de déterminer la flèche $y_{(x)}$ (mm).</td></tr>
</table>

- **Condition de contrainte maximale admissible**

Pour rester dans le domaine élastique du matériau.

$$\sigma_{max} < \frac{Re}{cs}$$ *cs* coefficient de sécurité

- **Condition de déformée maximale admissible**

En traction-compression :

$$\Delta L < \Delta L_{max}$$

En flexion **la flèche** $y_{max} < y_{admissible}$

Analyse énergétique des systèmes

Fiche 17

1 Énergies et puissances

■ L'énergie E est une grandeur physique qui caractérise un système et qui exprime sa capacité à modifier l'état d'autres systèmes avec lesquels il entre en interaction.

■ La puissance P reflète la rapidité avec laquelle l'énergie est échangée. L'énergie E associée à l'usage d'une puissance P pendant une durée Δt se calcule par la relation suivante :

$$E = P \times \Delta t$$

(E en J, P en W, Δt en s)

Autres unités : E en watt-heure (W·h), P en watt (W) et Δt en heure (h) ;
1 Wh = 3 600 J.

2 Chaîne de puissance

■ Une chaîne de puissance décrit les différentes étapes parcourues par le flux d'énergie, à partir de la source jusqu'à l'effectuer.

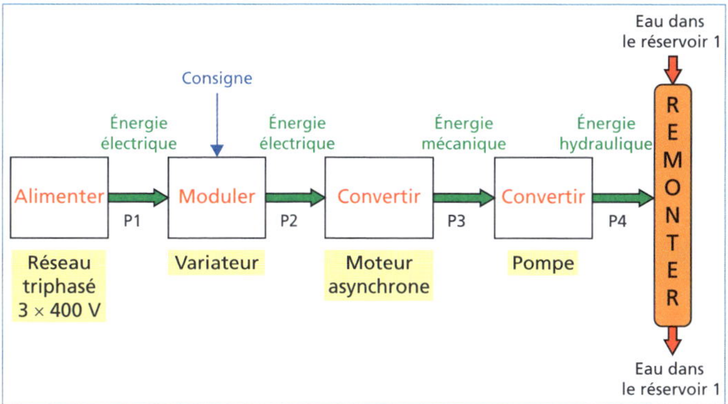

▲ Chaîne de puissance d'un système de pompage.

■ Le rendement énergétique η d'un système s'écrit :

$$\eta = \frac{P_u}{P_{abs}} = \frac{E_u}{E_{abs}}$$

(P en W, E en J)

avec η : rendement du système ;

P_{abs} et E_{abs} : la puissance et l'énergie absorbées par le système.

Notes

■ Le rendement est une grandeur sans unité et toujours inférieur à 1. Il peut être exprimé en pourcent.

$$\text{Rendement } \eta = \frac{P_{\text{utile}}}{P_{\text{absorbée}}} = 1 - \frac{\text{Pertes}}{P_{\text{absorbée}}}$$

■ Le rendement énergétique d'une chaîne de puissance est le produit des rendements énergétiques de chaque composant de la chaîne.

Dans l'exemple du système de pompage on a :

$$\eta_{\text{global}} = \eta_{\text{modulateur}} \times \eta_{\text{moteur}} \times \eta_{\text{pompe}} = \frac{P2}{P1} \times \frac{P3}{P2} \times \frac{P4}{P3} = \frac{P4}{P1}$$

Pour améliorer le rendement global d'une chaîne de puissance, on améliore en priorité les composants de la chaîne ayant les plus mauvais rendements.

■ Une chaîne de puissance n'est **réversible** que si **tous les composants** qui la constituent sont **réversibles**.

■ L'éfficacité énergétique est une notion complémentaire à la notion de rendement. C'est un moyen de comparaison global entre différents systèmes. À service rendu égal, le plus efficace est celui qui absorbe le minimum d'énergie.

Tableau de calculs de pertes et besoin

1 Besoin énergétique d'un véhicule

Pertes par frottement solide des roues sur le sol		
Force de frottement de roulement	$F_{roulement} = C_r \times m \times g$	N
Puissance dissipée par frottement de roulement	$P_{roulement} = F_{roulement} \times V = C_r \times m \times g \times V$	W
Pertes par frottement fluide de l'air sur le véhicule		
Force de frottement aérodynamique	$F_{aérodynamique} = \frac{1}{2} \times \rho \times V^2 \times C_x \times S_f$	N
Puissance dissipée par frottement aérodynamique	$P_{aérodynamique} = F_{aérodynamique} \times V = \frac{1}{2} \times \rho \times V^3 \times C_x \times S_f$	W
Charge liée à une pente		
Résistance liée à la pente	$F_{pente} = m \times g \times \sin(\alpha)$	N
Puissance dissipée par la pente	$P_{pente} = F_{pente} \times V = m \times g \times V \times \sin(\alpha)$	W
Charge liée à une accélération		
Force liée à une accélération	$F_{accélération} = m \times \gamma$	N
Puissance liée à une accélération	$P_{accélération} = F_{accélération} \times V = m \times \gamma \times V$	W

Notations

M : masse du véhicule (kg)
C_r : coefficient de frottement de roulement (sans unité)
γ : accélération ($m \cdot s^{-2}$)
g : accélération de la pesanteur ($m \cdot s^{-2}$)
ρ : masse volumique du fluide ($kg \cdot m^{-3}$)
α : angle de la pente
C_x : coefficient aérodynamique de traînée (sans unité)
S_f : surface correspondant à la projection du véhicule sur un plan perpendiculaire au mouvement par rapport au fluide (m^2).

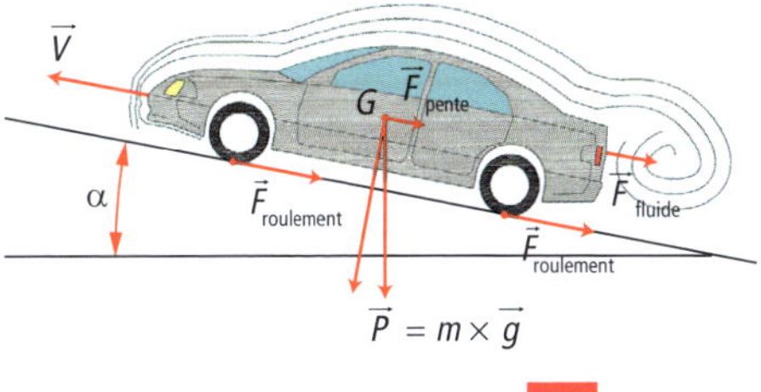

◀ Bilan des forces s'exerçant sur un véhicule en mouvement à vitesse constante.

2 Besoin énergétique d'une enveloppe isolante

Pertes transmises au travers d'une paroi plane		
Résistance thermique de la paroi	$R_{paroi} = R_{si} + \sum_{j=1}^{n} \frac{e_j}{\lambda_j} + R_{se}$	$m^2 \cdot K \cdot W^{-1}$
Conductance thermique de la paroi	$U_{paroi} = \frac{1}{R_{paroi}} = \frac{1}{R_{si} + \sum_{j=1}^{n} \frac{e_j}{\lambda_j} + R_{se}}$	$W \cdot m^{-2} \cdot K^{-1}$
Coefficient de déperdition de la paroi	$H_{paroi} = U_{paroi} \times S_{paroi}$	$W \cdot K^{-1}$
Puissance transmise par la paroi	$P = H_{paroi} \times (T_{int} - T_{ext})$	W

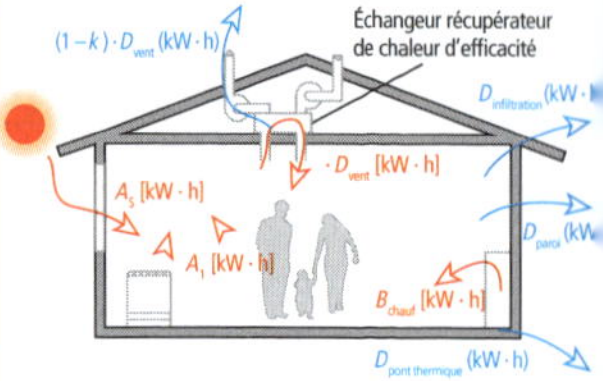

▲ **Bilan énergétique d'un bâtiment.**

$\sum A + \sum B - \sum D = 0$

A : apports en kW · h

B : besoin en chauffage en kW · h

D : déperditions en kW · h

Pertes de puissance par les ponts thermiques linéiques		
Coefficient de déperdition du pont thermique	$H_{pont} = \Psi_{pont} \times L_{pont}$	$W \cdot K^{-1}$
Puissance transmise par le pont	$P = H_{pont} \times (T_{int} - T_{ext})$	W
Pertes liées à une circulation d'air		
Coefficient de déperdition liée à la circulation d'air	$H_{ventil+inf} = \rho_{air} \times C_{air} \times (Q_{v_{ventil}} - Q_{v_{int}})$	$W \cdot K^{-1}$
Puissance mobilisée par les circulations d'air	$P = H_{ventil+inf} \times (T_{int} - T_{ext})$	W
Grandeurs et notations		

e_j : épaisseur du matériau (m)

λ_j : conductivité thermique du matériau ($W \cdot m^{-1} \cdot K^{-1}$)

S_{paroi} : surface de la paroi mesurée de l'intérieur (m^2)

ρ_{air} : masse volumique de l'air ($kg \cdot m^{-3}$)

C_{pair} : capacité calorifique massique de l'air ($J \cdot kg^{-1} \cdot K^{-1}$)

Q_v : débit volumique de l'air ($m^3 \cdot s^{-1}$)

Ψ_{pont} : coefficient du pont thermique linéique ($W \cdot m^{-1} \cdot K^{-1}$)

L_{pont} : longueur du pont thermique linéique (m)

▲ **Tableaux de formules.**

Tableau de synthèse des différentes formes d'énergie

Fiche 19

Forme d'énergie	Grandeur de potentiel			Grandeur de flux			Expression de la puissance	Commentaires
	Grandeur	Notation	Unité SI	Grandeur	Notation	Unité SI		
Mécanique, mouvement de translation	Force	F	N (newton)	Vitesse	V	$m \cdot s^{-1}$	$P_{méca} = F \times V \times \cos\alpha$	$\alpha = (\widehat{\vec{F}, \vec{V}})$
Mécanique, mouvement de rotation	Couple	C	Nm (newton mètre)	Vitesse angulaire	Ω	$rad \cdot s^{-1}$	$P_{méca} = C \times \Omega$	
Fluidique	Différence de pression	Δp	Pa (pascal)	Débit volumique	q_v	$m^3 \cdot s^{-1}$	$P_{fluid} = \Delta p \times q_v$	$\Delta p = \rho g \Delta h$
	Pression dynamique	$\Delta p = \frac{1}{2}\rho V^2$			$q_v = A \times V$		$P_{fluid} = \Delta p \times q_v$ $P_{fluid} = \frac{1}{2} A \rho V^3$	Puissance portée par les courants. A : surface balayée (m^2) V : vitesse d'écoulement ($m \cdot s^{-1}$) ρ : masse volumique du fluide ($kg \cdot m^{-3}$)
Électrique, courant continu	Tension	U	V (volt)	Courant	I	A (ampère)	$P_{élec} = U \times I$	
Électrique, courant alternatif monophasé	Tension efficace	U_{eff}	V (volt)	Courant efficace	I_{eff}	A (ampère)	$S = U_{eff} \times I_{eff}$	Puissance apparente (VA)
							$P = U_{eff} \times I_{eff} \times F_p$	Puissance active (W) F_p : facteur de puissance ≤ 1
Thermique portée par un débit de fluide sans changement d'état	Écart d'enthalpie massique	$C_p \times \Delta T$	$J \cdot kg^{-1}$	Débit massique	q_m	$kg \cdot s^{-1}$	$P_{therm} = C_p \times \Delta T \times q_m$	C_p : capacité calorifique massique du fluide ($J \cdot kg^{-1} \cdot K^{-1}$) ΔT : écart de température (K ou °C)
Thermique portée par un débit de fluide avec changement d'état		$L + C_p \times \Delta T$					$P_{therm} = (L + C_p \times \Delta T) \times q_m$	L : chaleur latente massique de changement d'état du fluide ($J \cdot kg^{-1}$)
Chimique, libérée sous forme de chaleur par une combustion	Pouvoir calorifique	PC	$J \cdot kg^{-1}$	Débit massique	q_m	$kg \cdot s^{-1}$	$P_{comb} = PC \times q_m$	

Notes

EXERCICE 1

Puissance et énergie électriques en courant continu

Une voiture radiocommandée est alimentée par une batterie, elle absorbe un courant moyen $I = 1{,}3$ A sous une tension $U = 7{,}4$ V.

1. Calculer la puissance électrique absorbée par cette voiture.

Le constructeur affiche une autonomie maximale de 28 minutes.

2. Calculer l'énergie fournie par la batterie pour assurer cette autonomie.

EXERCICE 2

Une station hydroélectrique est alimentée par un barrage situé à une hauteur de 918 m, le débit volumique de l'eau est $q_v = 19{,}5\ m^3 \cdot s^{-1}$. Masse volumique de l'eau $\rho = 10^3\ kg/m^3$. Accélération de la pesanteur $g = 9{,}81\ N \cdot kg^{-1}$.

1. Calculer la puissance fluidique à l'entrée de la station.
2. Calculer l'énergie fournie par le barrage en 24 h.

Corrigés

1 1. La puissance électrique absorbée est :

$$\begin{aligned} P &= U \times I \\ &= 7{,}4 \times 1{,}3 \\ &= \mathbf{9{,}62\ W.} \end{aligned}$$

2. L'autonomie $\Delta t = 28$ min $= 28 \times 60 = 1\,680$ s ;
L'énergie fournie par la batterie est :

$$\begin{aligned} E &= P \times \Delta t \\ &= 9{,}62 \times 1\,680 \\ &= \mathbf{16{,}16\ kJ.} \end{aligned}$$

2 1. La puissance fluidique à l'entrée de la station est :

$$P_{fluid} = \Delta p \times q_v$$

Avec $\Delta p = \rho \times g \times h = 10^3 \times 9{,}81 \times 918 = 9\,006$ kPa.
Soit $P_{fluid} = 9\,006 \times 19{,}5 = 175\,618$ kW $=$ **175,6 MW**.

2. L'énergie fournie par le barrage est :

$$\begin{aligned} E_{fluid} &= P_{fluid} \times \Delta t \\ &= 175{,}6 \times 10^6 \times 24 \\ &= \mathbf{4\,214\ MW \cdot h} \end{aligned}$$

Conversion d'énergie électrique ⇌ mécanique

■ Les machines électriques transforment l'énergie électrique en énergie mécanique en fonctionnement **moteur** et inversement, elles transforment l'énergie mécanique en énergie électrique en fonctionnement **générateur**. Ce sont des machines réversibles qui peuvent fonctionner dans les 4 quadrants de fonctionnement.

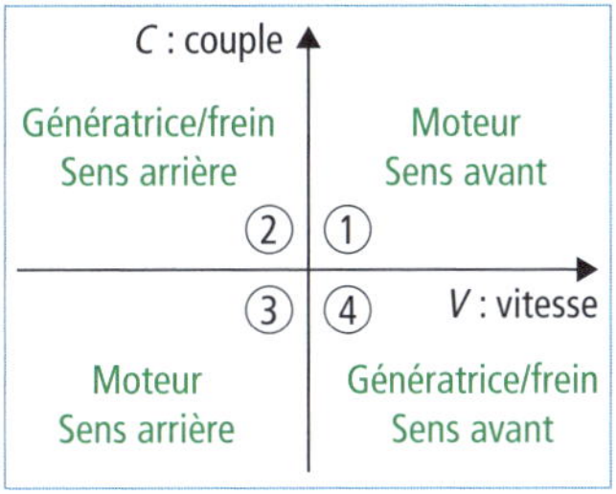

▲ Quadrants de fonctionnement.

■ Pour les machines tournantes, on a :

	Expression	Grandeurs et notations
Puissance mécanique	$P_{méca} = C \times \Omega$	$P_{méca}$: puissance mécanique (W) ; C : couple moteur (Nm) ; Ω : vitesse angulaire ($rad \cdot s^{-1}$) ; $\frac{d\Omega}{dt}$: accélération angulaire ($rad \cdot s^{-2}$) ; J : moment d'inertie ramené à l'arbre moteur ($kg \cdot m^2$);
En régime transitoire	$J\frac{d\Omega}{dt} = C_{moteur} - \sum C_{résistant}$	
En régime permanent	$C_{moteur} = \sum C_{résistant}$	

■ Les couples résistants : ensemble des couples que doit surmonter le moteur pour mettre en mouvement la charge (frottements, poids de la charge…).

Le couple résistant peut être constant ou variable.

Ex. :

- **Couple de frottement sec :** $C_{résistant} = \text{constante}$

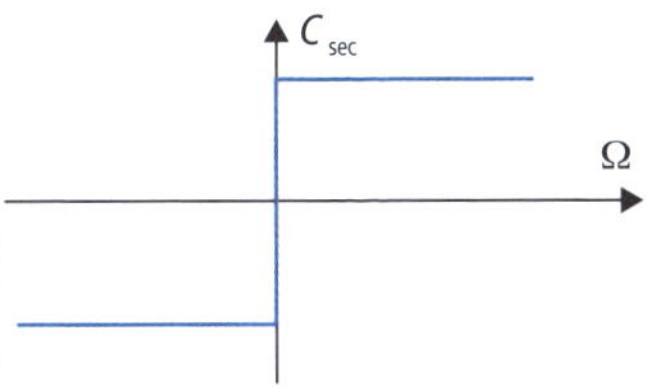

- **Couple de frottement visqueux (dépend de la vitesse) :**

$$C_{résistant} = a_1\Omega + \ldots + a_n\Omega^n$$

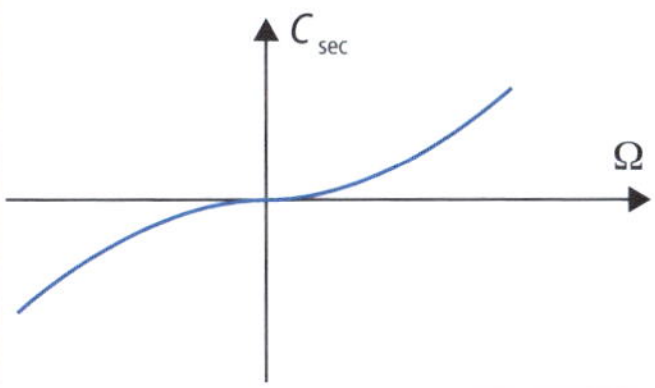

■ Le point de fonctionnement en régime permanent peut être obtenu graphiquement par l'intersection des caractéristiques du couple moteur et du couple résistant.

Type de machine	Relations	Grandeurs et notations	Commande
à courant continu	$u(t) = R \times i(t) + L\frac{di(t)}{di} + e$ en régime permanent : $U = R \times I + E$ $C_{électromagnétique} : C_{em} = k \times \Phi \times t$ force électromotrice : $E = k' \times \Phi \times \Omega$ $P_{élec} = U \times I$ *Nota : pour les MCC à flux constants (aimants permanents) :* $C_{em} = k_t \times I$ et $E = k_e \times \Omega$ $C_{em} = k_t \left(\frac{U - k_\varepsilon \times \Omega}{R}\right)$ 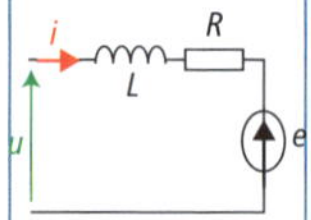 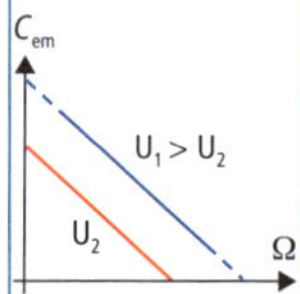 	L : inductance (H) e : force electromotrice (V) Φ : flux (Wb) K_t : constante de couple (N·m/A) K_e: constante de vitesse (V/rad/s)	Variation de vitesse par variation de la tension d'induit (redresseur commandé ou hacheur).
asynchrone	vitesse de synchronisme : $N_s = \frac{f}{p}$ glissement : $g = \frac{N_s - N}{N_s}$ 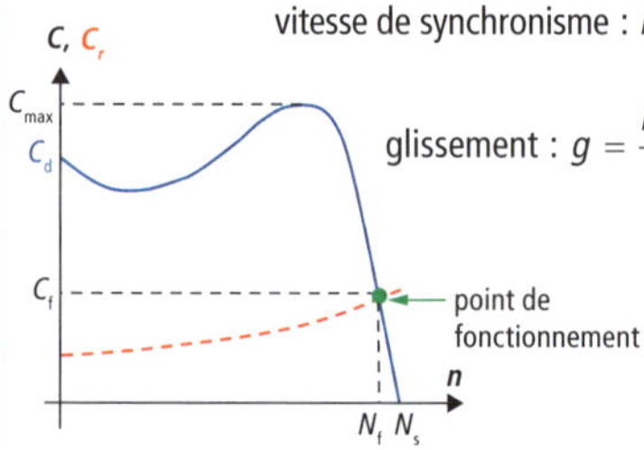 	N_s : vitesse de rotation en tour par seconde ($tr \cdot s^{-1}$) p : nombre de paire de pôles. f : fréquence de la tension d'alimentation.	Variation de vitesse par action sur la fréquence du réseau d'alimentation (onduleur).

▲ Relations caractéristiques pour machine à CC et machine asynchrone.

■ Les machines synchrones sont utilisées :
- en moteur : commandées en commande autopilotée (caractéristiques identiques à celles d'une MCC) ;
- en génératrice pour produire de l'électricité (alternateur de centrale nucléaire par exemple).

Conversion d'énergie électrique ⇌ lumineuse

Fiche 21

1 Formules

Relations	Grandeurs et notations
$E = \frac{\Phi}{S}$	E : éclairement (lux) Φ : flux lumineux (lm)
Efficacité lumineuse $= \frac{\Phi}{P}$	S : surface (m^2) P : puissance électrique (W)

2 Les panneaux photovoltaïques

■ La relation de l'énergie électrique est :

$$E_{\text{élec}} = I_r \times S \times \eta$$

avec E_{elec} : énergie électrique (W·h) ;
S : surface de la cellule (m^2)
et I_r : irradiation solaire (W·h·m^{-2}).

■ **Grandeurs :**

I_{sc} : courant de court-circuit
V_{oc} : tension à vide (circuit ouvert)
P_{mp} : puissance maximale
I_{mp} : courant à puissance maximale
V_{mp} : tension à puissance maximale

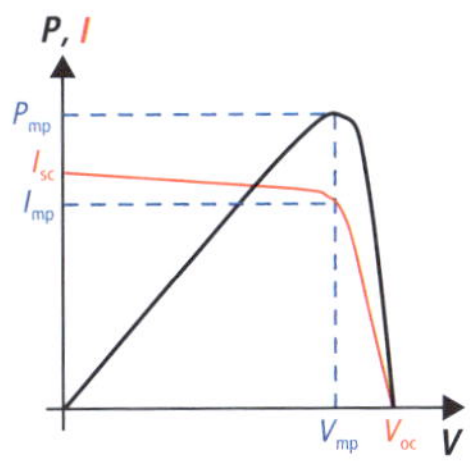

▲ Caractéristiques $I = f(V)$ et $P = f(V)$

■ Le courant de court-circuit I_{sc} est proportionnel à l'éclairement du panneau (W·m^{-2}), la température du panneau influe sur la tension à vide V_{oc}.

■ La puissance maximale P_{mp} fournie par un panneau dépend de la radiation solaire, elle évolue donc tout au long de la journée. Par conséquent, la tension à puissance maximale V_{mp} n'est pas constante.

■ Pour augmenter la capacité de production, on utilise plusieurs panneaux photovoltaïques, ils peuvent être associés en série (augmenter la tension), en parallèle (augmenter le courant) ou les deux.

Notes

- Deux modes de production existent :
  - Une production reliée au réseau : elle nécessite l'utilisation d'un onduleur pour convertir le courant continu en courant alternatif.
  - Une production autonome : elle nécessite souvent une batterie pour stocker l'énergie, l'alimentation peut être soit en courant continu (utilisation directe), soit en courant alternatif (à l'aide d'un onduleur).

- Les installations photovoltaïques utilisent principalement deux technologies de panneaux :

	Rendement	Prix/Puissance	Remarques
Silicium polycristallin	11 à 15 %	1 à 0,7 €/W	Résiste mieux à la chaleur.
Silicium monocristallin	12 à 20 %	1,2 à 0,8 €/W	Meilleur rendement. Coût de fabrication plus élevé. Sensible à la lumière diffuse.

- Pour optimiser la production d'un panneau photovoltaïque, on peut l'installer sur un tracker qui permet de changer l'orientation du panneau afin de suivre l'évolution du Soleil durant la journée. Malgré l'énergie consommée par le tracker, le gain de productivité du panneau peut atteindre 30 %.

Conversion d'énergie fluidique ⇌ énergie mécanique

1 Les éoliennes

Relations	Grandeurs et notations
$\lambda = \frac{\Omega R}{V} = C$	λ : vitesse spécifique (sans unité) Ω : vitesse angulaire de la pale ($rad \cdot s^{-1}$) R : rayon de la pale (m) v : vitesse du vent ($m \cdot s^{-1}$)
$P_{éol} = \frac{1}{2} A \rho V^3 \quad C_p = \frac{P_{méca}}{P_{éol}}$	$V_{éol}$: puissance éolienne potentielle (W) ρ : masse volumique ($kg \cdot m^{-3}$) A : surface balayée par les pales (m^2) C_p : coefficient de puissance

▲ Formules de la vitesse spécifique et de la puissance potentielle.

2 Les pompes

Pour le pompage de l'eau, on utilise la hauteur manométrique de l'eau comme unité de pression (1 mCE ≈ 10^4 Pa = 0,1 bar).

■ **Relations :**

HMT = HMA + HMR

HMA = HGA + JA

HMR = HGR + JR

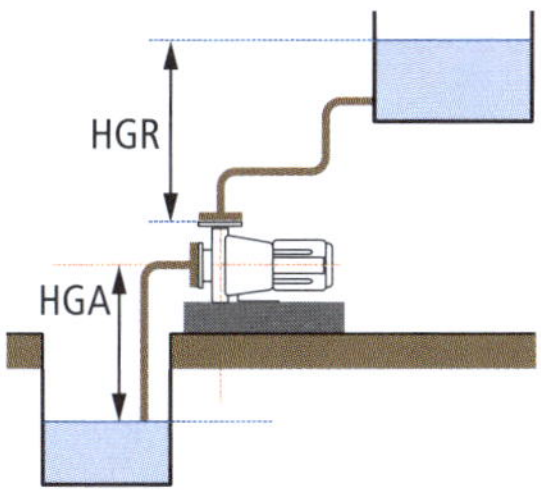

▲ Schéma de la pompe.

■ **Grandeurs :**

HMT : hauteur manométrique totale
HMA : hauteur manométrique à l'aspiration
HGA : hauteur géométrique à l'aspiration
JA : pertes de charge à l'aspiration
HMR : hauteur manométrique au refoulement
HGR : hauteur géométrique au refoulement
JR : pertes de charge au refoulement

Pertes de charges régulières	Pertes de charges singulières
$J_r = j \times L = \lambda \times \frac{L}{D} \times \frac{V^2}{2g}$	$J_s = \zeta \times \frac{V^2}{2g}$

avec J_r : pertes de charges régulières (en Pa ou mCE) ;
J : pertes de charges linéiques (en $Pa \cdot m^{-1}$ ou en $mCE \cdot m^{-1}$) ;
L : longueur de la conduite considérée (en m) ;
λ : coefficient de pertes de charge régulière (sans unité) ;
D : diamètre intérieur de la conduite (en m) ;
J_s : pertes de charges singulières (en Pa ou en mCE) ;
ζ : coefficient de pertes de charges singulières (sans unité) ;
$\frac{V^2}{2g}$: pression dynamique du fluide considéré (en mCE).

3 Conversions thermiques

■ La machine thermodynamique permet un transfert de chaleur d'une source froide vers une source chaude, pour ce faire, cette machine a besoin d'un apport d'énergie électrique. Pour ce type de machine, on définit le coefficient de performance :

$$\text{COP} = \frac{\text{Puissance utile}}{\text{Puissance consommée}} = \frac{P_u}{P_{\text{électrique}}}$$

$$\text{COP}_{\text{froid}} = \frac{P_{\text{frigorifique}}}{P_{\text{électrique}}}$$

$$\text{COP}_{\text{chaud}} = \frac{P_{\text{calorifique}}}{P_{\text{électrique}}}$$

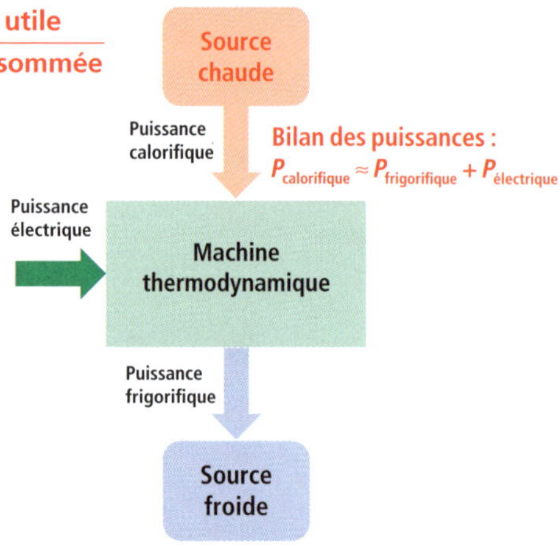

▲ Schéma du bilan de puissance.

Ex. : une PAC (pompe à chaleur) air/air est utilisée pour chauffer un local. Dans ce cas, la source froide est l'air extérieur et la source chaude est le local à chauffer. Le COP est calculé pour une température extérieure de 7 °C, mais si cette température baisse, la valeur du COP diminue. En dessous d'une certaine température, la PAC devient inefficace, de ce fait, il faut la coupler à une autre source de chaleur.

Transport de l'énergie

1 Réseaux de transport et distribution de l'énergie électrique

■ Les centrales électriques produisent l'énergie sous forme de tensions alternatives triphasées, par conséquent, le transport et la distribution de l'énergie électrique se fait avec un réseau triphasé.

Ce réseau est composé de trois phases ayant chacune un déphasage de $\frac{2\pi}{3}$ radiant l'une par rapport à l'autre.

■ En France, le transport de l'énergie électrique se fait avec un réseau à haute tension, des transformateurs élévateurs permettent d'augmenter la tension à la sortie des centrales électriques pour réduire les pertes par effet joule lors du transport. Une fois acheminée, la tension est abaissée grâce à des transformateurs abaisseurs et la distribution se fait avec des réseaux à moyenne et basse tension.

■ En basse tension, dans les installations domestiques, on utilise un réseau monophasé, il est obtenu en associant un conducteur de Phase à un conducteur du Neutre. À partir d'un réseau triphasé, on peut avoir trois réseaux monophasés (L1-N, L2-N et L3-N).

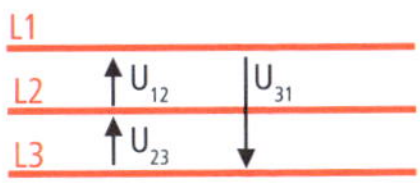

▲ Réseau triphasé.

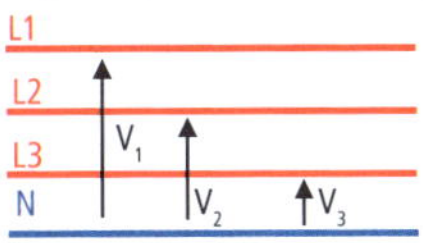

▲ Réseau triphasé + Neutre.

2 Puissances électriques en alternatif

	Puissance active *P* (W)	Puissance réactive *Q* (VAR)	Puissance apparente *S* (VA)
Monophasé	$P = V \times I \times \cos\varphi = V \times I \times F_p$	$Q = V \times I \times \sin\varphi$	$S = \sqrt{P^2 + Q^2} = V \times I$
Triphasé	$P = U \times I \times \sqrt{3} \times \cos\varphi$	$Q = U \times I \times \sqrt{3} \times \sin\varphi$	$S = \sqrt{P^2 + Q^2} = U \times I \times \sqrt{3}$

V : tension simple entre Phase et Neutre (réseau monophasé), *U* : tension composée entre 2 phases (réseau triphasé), *I* : intensité du courant, φ : angle de déphasage entre *V* et *I*, F_p = facteur de puissance = cos φ si la charge est linéaire.

■ Pour véhiculer l'énergie électrique, on utilise des câbles qui peuvent contenir un ou plusieurs conducteurs et dont l'âme conductrice est soit en cuivre soit en aluminium, ils sont à l'origine des pertes Joules P_j et des chutes de tension ΔV.

Notes

■ Un conducteur de longueur « L », de section « s » et de résistivité ρ génère une chute de tension V et des pertes par effet joule P_j.

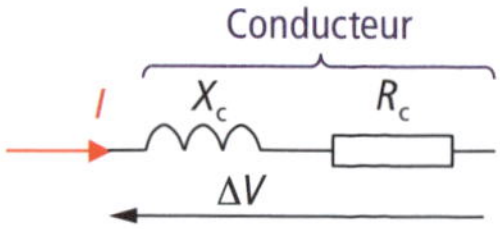

▲ Schéma du conducteur.

$$\Delta V = R_c \times I \times \cos\varphi + X_c \times I \times \sin\varphi$$

$$P_j = R_c \times I^2 \text{ avec } R_c = \rho\,\frac{L}{s}.$$

■ Les pertes par effet joule P_j étant proportionnelles au carré du courant, si on divise le courant par 100, les pertes seront divisées par 10 000, pour transporter la même puissance électrique, il faudrait multiplier la tension par 100. D'où l'intérêt d'utiliser un réseau haute tension (jusqu'à 400 kV en France) pour le transport de l'énergie entre les régions.

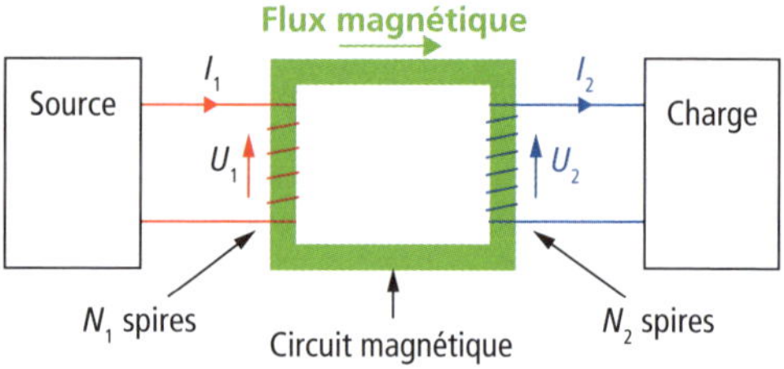

▲ Schéma de principe d'un transformateur.

■ Pour élever ou abaisser la tension, on utilise des transformateurs. Pour un transformateur monophasé parfait, le rapport de transformation est :

$$m = \frac{N_2}{N_1} = \frac{U_2}{U_1} = \frac{I_1}{I_2}$$

■ Le parc des centrales électriques est varié en France (nucléaire, hydroélectrique, thermique, éolien, photovoltaïque).

Pour assurer une livraison permanente de l'énergie électrique, il faut gérer de manière intelligente toutes ces sources d'énergie.

La production à partir des énergies renouvelables est très sensible aux aléas climatiques, la production des centrales nucléaires est peu modulable.

Pour compenser ces particularités, des centrales hydroélectriques ou encore des centrales thermiques au gaz sont utilisées pour ajuster la production à la consommation.

En cas de surproduction, il est possible d'exporter l'énergie électrique vers les pays limitrophes ou encore de stocker l'énergie sous forme hydraulique grâce aux STEP (Station de Transfert d'Énergie par Pompage).

Stockage de l'énergie

1 Le stockage de l'énergie thermique

Le stockage de l'énergie thermique permet de décaler le moment de la consommation par rapport au moment de production de la chaleur (pour un usage domestique, le radiateur à accumulation, radiateur à bain d'huile ou encore le ballon d'eau chaude).

Énergie thermique (chaleur sensible)	$Q_s = m \times C_p \times \Delta T$	Q_s : chaleur sensible (J) ; m : masse (kg) C_p : capacité calorifique massique ($J \cdot kg^{-1} \cdot K^{-1}$) ΔT : écart de température (K ou °C) (exemple : ballon d'eau chaude sanitaire)

2 Stockage de l'énergie mécanique

Sous forme potentielle

C'est la déformation élastique des matériaux qui permet ce type de stockage (ressort en compression ou en allongement, moteur à barillet utilisé en horlogerie).

Énergie mécanique (ressort de traction)	$E = \frac{1}{2} \times k \times x^2$	E : énergie stockée dans le ressort (J) k : raideur du ressort ($N \cdot m^{-1}$) x : allongement du ressort (m)
Énergie mécanique (ressort de torsion)	$E = \frac{1}{2} \times k' \times \theta^2$	E : énergie stockée dans le ressort (J) k' : raideur du ressort ($N \cdot m \cdot rad^{-1}$) θ : angle de torsion du ressort (rad)

Sous forme cinétique

Il y a de nombreuses applications industrielles : apport d'énergie mécanique sur un tramway, régulation de la production d'énergies renouvelables, lissage de la fréquence des réseaux, source de secours, etc.

Énergie cinétique (volant d'inertie)	$E = \frac{1}{2} \times J \times \Omega^2$	E : énergie stockée dans le volant d'inertie (J) J : moment d'inertie du volant ($kg \cdot m^2$) Ω : vitesse de rotation du volant ($rad \cdot s^{-1}$)

3 Stockage de l'énergie électrique

Certaines formes d'énergie ne peuvent pas être stockées, il faut les convertir sous une autre forme pour y parvenir. C'est le cas de l'énergie électrique.

Notes

Stockage électrochimique

Il existe différentes technologies de batterie, les critères de choix sont entre autres : la densité massique, la densité volumique, la puissance de pointe, la durée de vie et l'autodécharge.

Énergie électrochimique (batterie)	$E = Q \times U = I \times \Delta t \times U$ $Q = pdd \times C_n$	E : énergie électrique (Wh) Q : charge de la batterie (Ah) C_n : charge nominale de la batterrie (Ah) pdd : profondeur de décharge ($pdd < 1$), plus elle est faible, plus la durée de vie est importante.

Stockage électrostatique

Les supercondensateurs ont une faible capacité relativement aux batteries (à volume et masse égale environ 25 fois moins) mais ils offrent la possibilité d'une charge et d'une décharge extrêmement rapide, un nombre de cycles infiniment plus important (entre 500 000 et 20 millions) et ils ne sont pas sensibles à la décharge profonde.

Énergie électrostatique (condensateur et supercondensateur)	$E = \frac{1}{2} \times C \times U^2$	E : énergie stockée (J) C : capacité du condensateur en Farad (F) U : tension en volt (V)

Stockage potentiel

Cela consiste à stocker une grande quantité d'énergie, sous forme d'energie potentielle de l'eau, en pompant l'eau du bassin inférieur vers le bassin supérieur lorsque la demande électrique est faible. Lorsque celle-ci augmente, on restitue de l'électricité sur le réseau en turbinant l'eau du bassin supérieur vers le bassin inférieur.

Ce type de station aide à maintenir un équilibre entre la production et la consommation sur le réseau électrique.

Énergie potentielle (Stations de transfert d'énergie par Pompage)	$E = \rho \times g \times \Delta h \times V_{stk}$	E : énergie hydraulique stockée par pompage (J) Δh : hauteur de stockage (m) V_{stk} : volume stocké (m^3) (stockage de l'énergie électrique sous forme d'énergie hydraulique dans le barrage d'une centrale hydroélectrique à l'aide d'une électropompe) ρ : masse volumique de l'eau ($kg \cdot m^{-3}$)

Adaptation et modulation de l'énergie électrique

Fiche 25

Ingénierie, Innovation et Développement Durable

1 Conversion alternatif/continu (redresseur)

Les redresseurs sont très répandus, ils sont utilisés comme étage d'entrée des alimentations des ordinateurs.

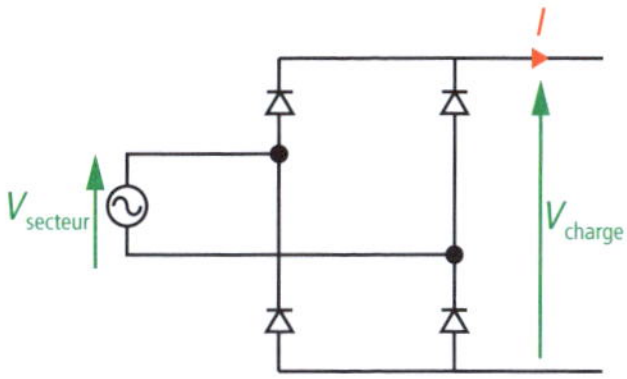

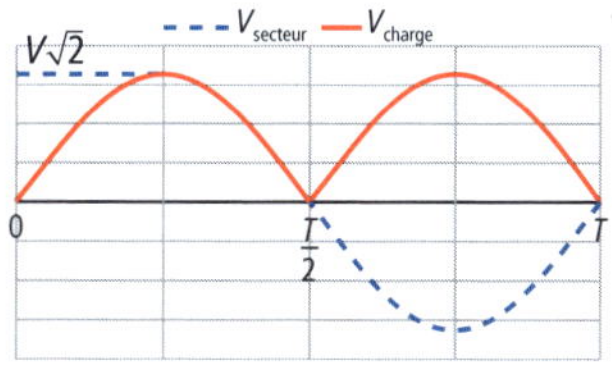

$$V_{charge} = \frac{2V\sqrt{2}}{\pi}$$

2 Conversion alternatif/alternatif (gradateur)

Ils sont notamment utilisés, en usage industriel pour le démarrage des machines asynchrones (limitation du courant de démarrage) et en usage domestique pour la variation d'éclairage (ampoules à incandescence).

La variation de la tension efficace se fait par variation de l'angle α.

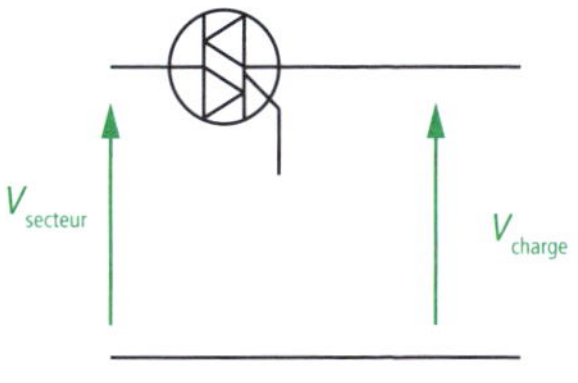

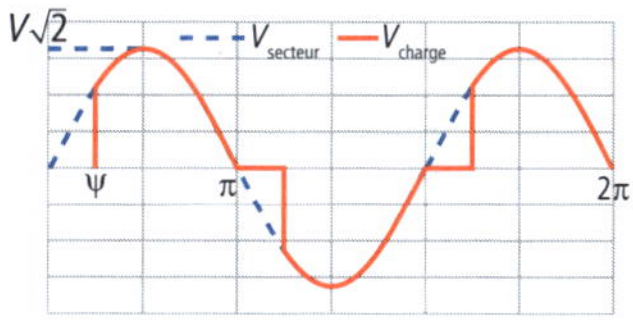

3 Conversion continu/alternatif (onduleur autonome uniquement)

Les onduleurs autonomes

Ils imposent la fréquence à la charge, la structure la plus répandue est celle du pont en H (pont complet). Selon la commande utilisée (commande pleine onde, décalée ou MLI), la tension de sortie contient plus ou moins d'harmoniques.

Notes

Type de commande	Formes d'onde de la tension de sortie	Analyse spectrale
Pleine onde	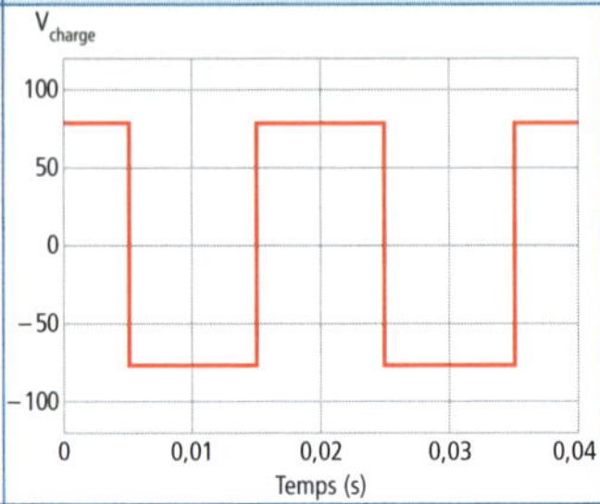	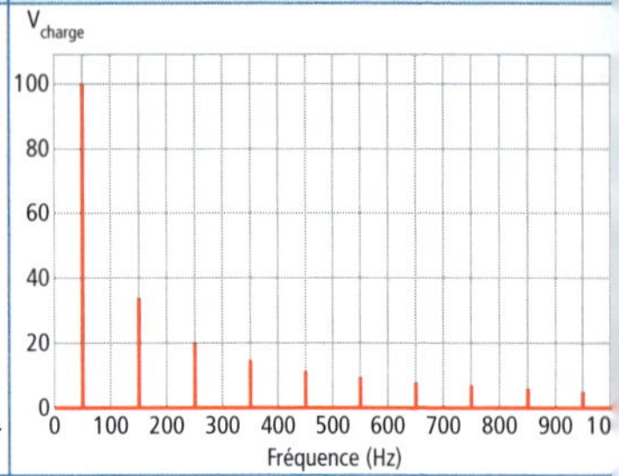
Décalée	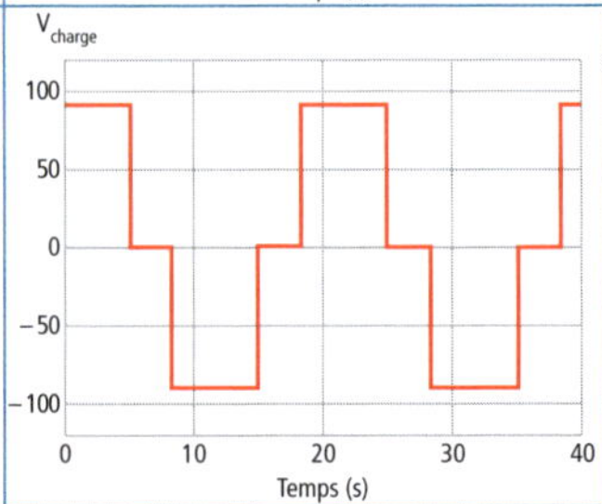	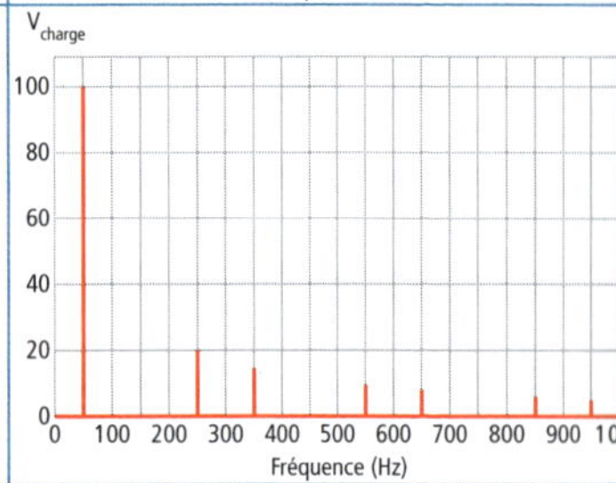
MLI	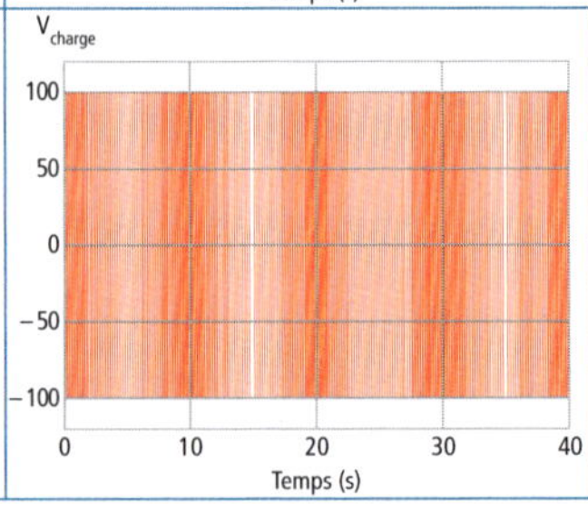	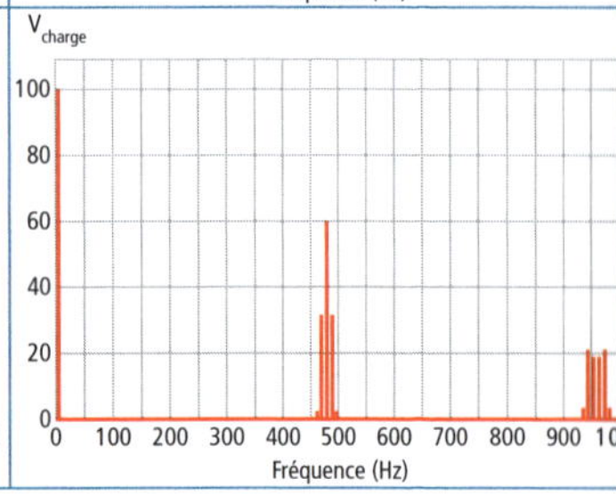

Avec la commande MLI, les harmoniques de tension sont rejetées vers les fréquences élevées, elles seront donc plus faciles à filtrer (onduleur sinus, par exemple).

4 Conversion continu/continu (hacheur)

Lorsque l'on veut faire varier la vitesse d'une machine à courant continu, selon l'évolution du point de fonctionnement de celle-ci, on utilise soit un hacheur série, un hacheur 2 quadrants (réversible en courant ou en tension) ou un hacheur 4 quadrants.

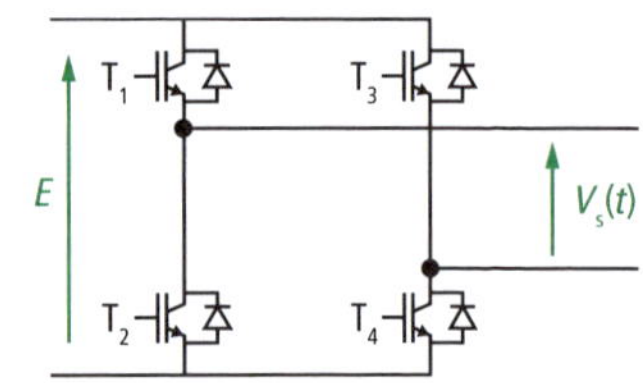

$V_{charge\_moy} = (2\alpha - 1)E$; α : rapport du temps de conduction sur la période, $\alpha = \dfrac{t_{on}}{T}$.

Caractéristiques d'un signal analogique

Fiche 26

1 Le signal électrique

■ Les caractéristiques d'un signal peuvent s'étudier dans deux domaines (temporel et spectral). La note « La » d'un instrument possède dans le domaine spectral, le même fondamental (fréquence) mais des harmoniques (fréquences secondaires) différentes.

On distingue bien le « La » d'un piano du « La » d'une guitare. La perception physiologique est différente. Dans le domaine temporel, les formes d'ondes seront, elles aussi, différentes.

Cette approche peut s'appliquer à l'analyse de signaux de vibration provenant d'un moteur.

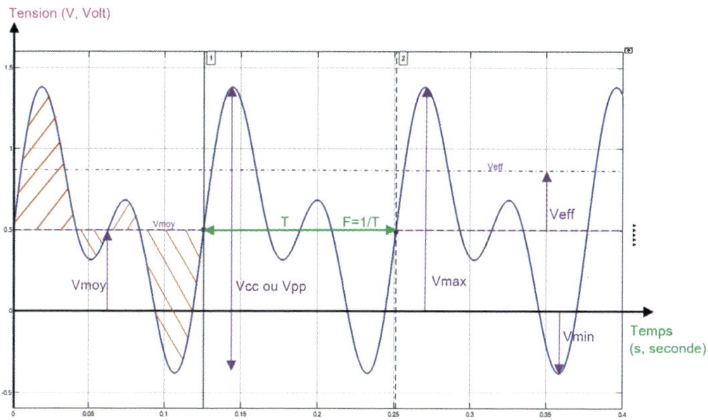

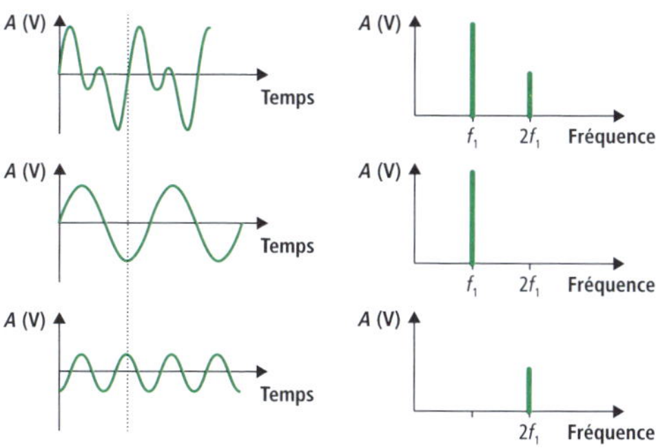

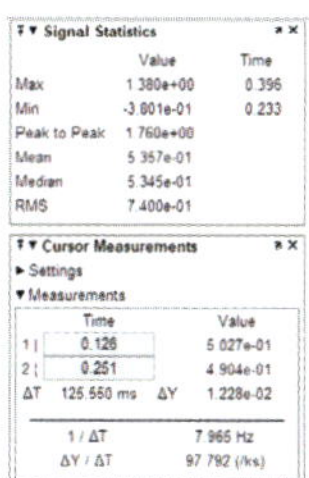

Signal Statistics

	Value	Time
Max	1.380e+00	0.396
Min	-3.801e-01	0.233
Peak to Peak	1.760e+00	
Mean	5.357e-01	
Median	5.345e-01	
RMS	7.400e-01	

Cursor Measurements

▸ Settings

▾ Measurements

	Time		Value
1	0.126		5.027e-01
2	0.251		4.904e-01
ΔT	125.550 ms	ΔY	1.228e-02
	1 / ΔT		7.965 Hz
	ΔY / ΔT		97.792 (/ks)

▲ Paramètres d'un signal électrique.

2 Mesurer et observer les signaux

- **Pour mesurer une tension** (en volt), on utilise un voltmètre placé en parallèle (aux deux bornes d'un élément) dans un circuit électrique.

- **Pour mesurer une intensité** (en ampère), on utilise un ampèremètre placé en série dans un circuit.

- L'observation d'une tension s'effectue à l'aide d'un oscilloscope. Cet appareil permet de visualiser les paramètres d'**amplitudes**, de **temps** et de **fréquence**. Il permet de capturer une séquence d'information (**trame numérique**) ou un signal fugitif non périodique.

- Un oscilloscope permet de relever des oscillogrammes, c'est-à-dire un graphe de tension en fonction du temps. Le quadrillage représente verticalement les tensions et horizontalement le temps.

$$f = \frac{1}{T}$$

(f en Hz, T en s)

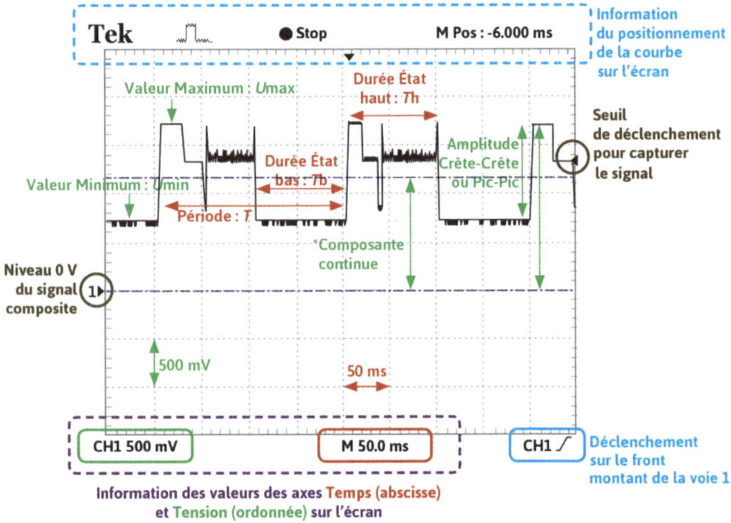

▲ Observation des signaux sur un oscillogramme.

On retrouve, les valeurs liées au temps, en rouge et celles liées à la tension en vert. Les calibres de temps et de tension sont situés au bas de l'oscillogramme.

Les appareils de mesure

Fiche 27

1 Calculs d'erreurs d'un appareil

■ Pour valider puis qualifier un sous-ensemble ou un produit avant son intégration, il est nécessaire de savoir si les mesures et les écarts observés sont valides. Dès lors que l'on veut mesurer un signal, on introduit un appareil de mesure qui va perturber le signal. Il faut alors savoir :

– si cette perturbation est acceptable ;
– s'il faut utiliser un autre appareil ;
– s'il faut réaliser la mesure différemment.

Si on ne tient pas compte des caractéristiques des appareils de mesures, les interprétations risquent d'être erronées. On ne peut pas faire totalement confiance à la valeur affichée sur un appareil.

Ex. : Le multimètre numérique peut combiner en un seul appareil : un sonomètre, un luxmètre, un humidimètre et un thermomètre. Il est capable d'afficher des valeurs de 4 digits sur 4000 points. Dans sa fonction voltmètre, le changement de calibre est automatique (0,2 V ; 2 V ; 20 V ; 200 V ; 600 V). La valeur mesurée se trouve donc toujours dans la bonne gamme (une valeur de 12,82 V impliquera un calibre de 20 V, une tension de 650 mV, un calibre de 2 V).
1 d ou 1 digit (c'est-à-dire le dernier chiffre sur l'affichage) est de $\frac{1}{4000}$.
Sur la gamme 250 V cela correspond à : $1\text{d} = \frac{250}{4000} = 62{,}5$ mV.

■ Sur les appareils de mesures, la précision est très souvent exprimée sous la forme d'un pourcentage de la valeur mesurée ± une valeur des poids des digits (d).

Voltmètre (tension AC / DC)		Température (Type K : thermocouple)	
Gamme de mesure	400 mV à 250 V	Gamme de mesure	−20°C à 1300 °C
Précision de base	± (1 % + 4 d)	Précision de base	± (3 % + 3°C)

Luxmètre		Humidité	
Gamme de mesure	4 000 à 40 000 Lux	Gamme de mesure	−33 % à 99 % H.R.
Précision de base	± (5 % + 10 d)	Précision de base	± (3 % + 5 % H.R.)

Notes

2 Protocoles de mesures

■ Calcul de la précision :

Précision = ± (% de lecture + Nombre de digit).

■ La résolution (nombre de digit), est la plus petite variation de la grandeur à mesurer qui puisse être détectée par l'instrument. La résolution d'un digit (d) est définie par la relation :

$$\text{Résolution}_d = \frac{\text{Calibre (ou étendue de mesure)}}{\text{Nombre de points}}$$

exprimée en volt (V).

Ex. : Sur le calibre 200 mV pour un voltmètre 2000 points, on pourra détecter des variations de 100 µV, alors qu'avec un 6000 points, on pourra déceler des variations de 33,3 µV.

■ Le calibrage est l'intervention dans l'appareil de mesure dans le but d'améliorer son réglage pour qu'il puisse satisfaire les précisions exigées par le client. Cette opération est très coûteuse.

■ L'étalonnage consiste à établir un relevé de mesures à partir d'une source étalonnée (à 100 µV ou 10 µV de précision pour un voltmètre), sur la gamme souhaitée. La mesure obtenue peut alors être corrigée en la comparant à la courbe de référence étalonnée.

■ **Pour les capteurs,** leur fabrication engendre des erreurs dues à leur conception et leur réalisation, on peut les résumer avec leurs caractéristiques en fonction de leur justesse, leur fidélité et leur précision.

■ Il est parfois nécessaire d'exprimer les erreurs. Pour cela, on peut utiliser deux façons :

- **l'erreur relative :** c'est le rapport de l'erreur de mesure à une valeur vraie. Une erreur relative s'exprime généralement en pourcentage de la grandeur mesurée.

$$\text{Erreur relative (en \%)} = 100 \times \frac{\text{Erreur absolue}}{\text{Mesure}} \text{ soit } e_r = \frac{e}{X}.$$

- **l'erreur absolue :** c'est le résultat d'un mesurage moins la valeur vraie. Une erreur absolue s'exprime dans l'unité de la mesure.

Erreur Absolue = (Erreur Relative × Mesure) soit $e = x - X$.

Transmission de l'information

1 Transmission sans fil des informations numériques

■ La transmission sans fil, wifi ou le Bluetooth, est une transmission radio. Elle rencontre dans son parcours des perturbations : atténuations dans l'espace libre et obstacles. Ces éléments sont responsables de la diminution du débit de transmission des informations.

■ L'absorption des ondes d'une paroi est donnée par la relation :

$$R_{(\text{dB})} = 10 \log_{10}\left(\frac{P_e}{P_r}\right)$$ avec P_e, P_r : puissances émise et reçue.

■ De manière générale lors de la transmission radio en espace libre l'atténuation est régie par la loi : $A_0 = 32{,}4 + 20 \log_{10}(f) + 20 \log_{10}(d)$, avec A_0 en dB, d en km, f en MHz.

■ La puissance émise et reçue s'exprime en W ou en dBm, avec 1 mW = 0 dBm.

Ex. : d'une atténuation due à une cloison

Transmission wifi 2,4GHz		
Émission (Routeur)	Cloison	Réception (Tablette)
Puissance émise : – 24 dBm		Puissance reçue : – 59 dBm
Débit : 96 Mbps		Débit : 72 Mbps

La fréquence utilisée (porteuse de l'information) qu'elle soit de 2,4 GHz ou 5 GHz est aussi importante. La première étant moins sensible aux obstacles mais aussi moins rapide que la deuxième.

■ Un bilan de puissance peut s'établir en additionnant les gains et les pertes (dB, dBm) de la source au récepteur.

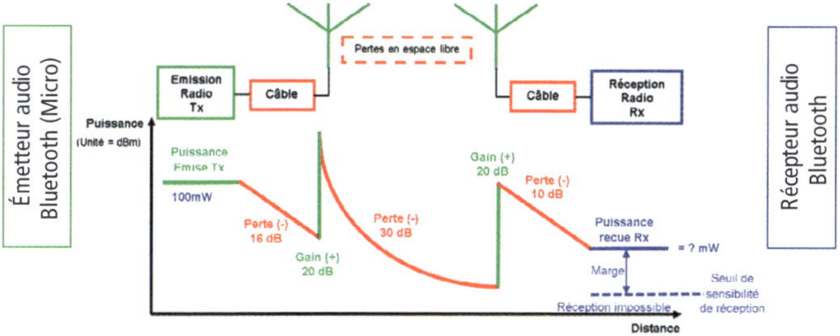

2 Transmissions filaires : les bus de communications

Le bus I²C :

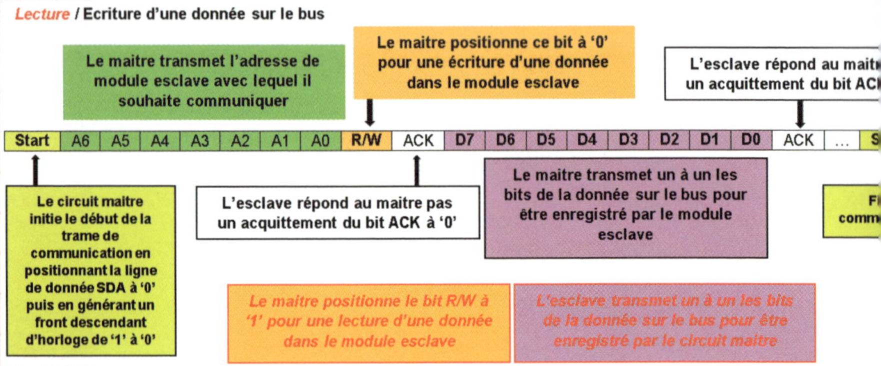

Le bus SPI :

Les transmissions des données et leur prise en compte sont validées sur les fronts d'horloge.

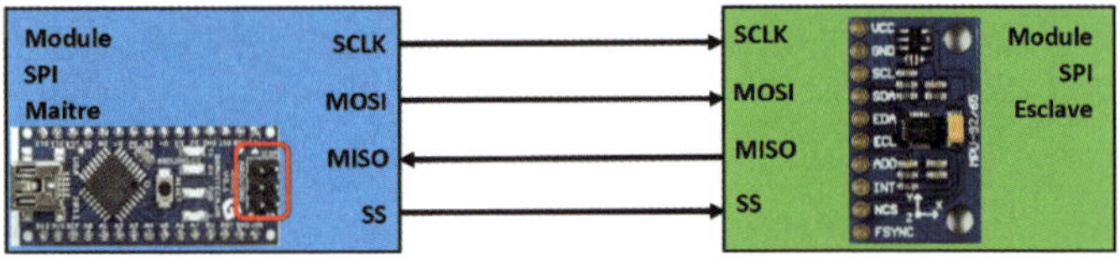

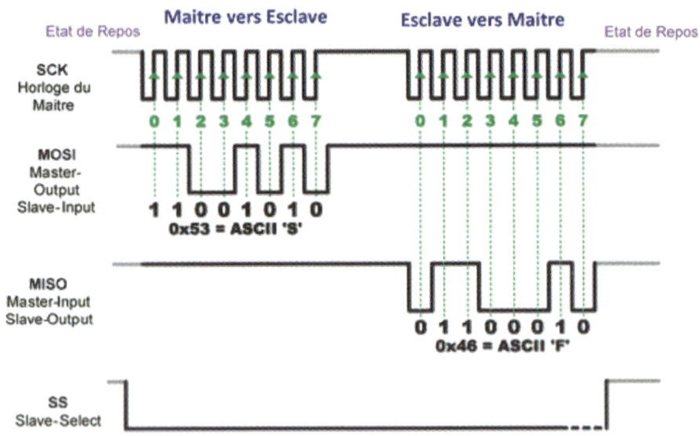

Organigramme et algorithme

1 Introduction

■ L'architecture et la conception des programmes informatiques reposent sur une description structurée. Cette dernière peut être élaborée à l'aide d'outils ou de langages de descriptions.

■ L'organigramme est un mode de représentation graphique constitué de symboles. Il se lit par défaut du haut vers le bas.

Ex. :

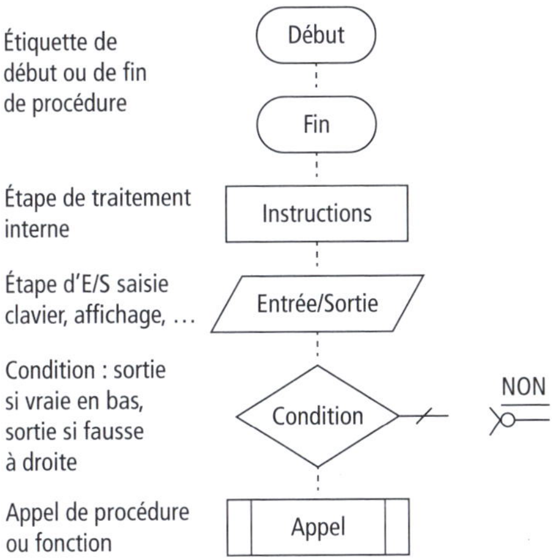

▲ Symboles pour l'élaboration d'organigrammes.

■ L'algorithme est un mode de représentation textuelle. Il est parfaitement adapté aux langages évolués car il utilise aussi des mots-clés pour symboliser les structures fondamentales.

Ex. :

```
Programme NomDeProgramme ;
Début
    Instruction
    Instruction
    ...
Fin
```

▲ Structure d'un algorithme.

Notes

2 Formalisation : algorithme et organigramme

Types de structures	Algorithme	Organigramme
Début – Fin – Commen-taires	DÉBUT . . . FIN	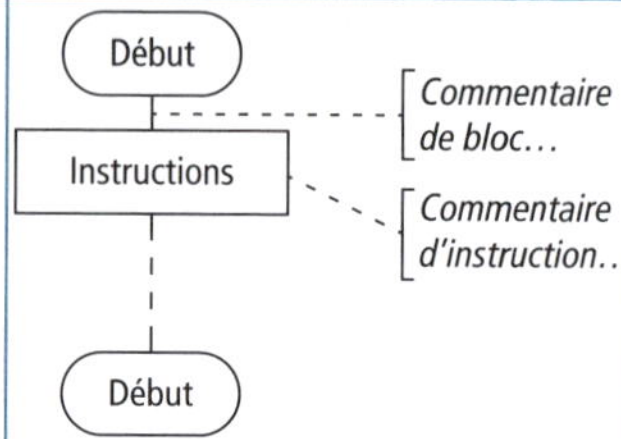
Alternative	SI (Condition) ALORS Instructions FINSI	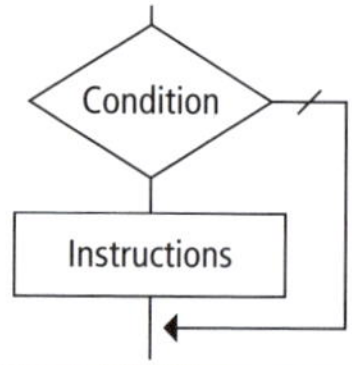
Alternative complète	SI (Condition) ALORS Instructions_1 SINON Instructions_2 FINSI	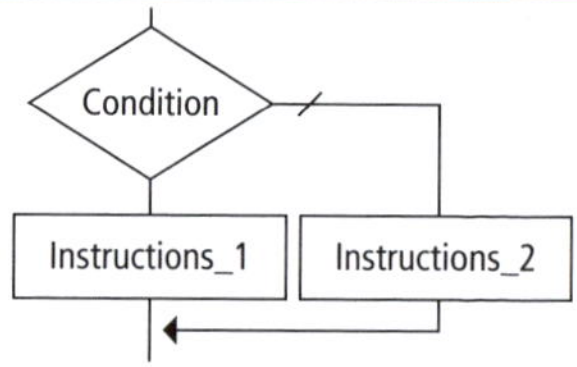
Itération à condition initiale	TANT QUE (Condition) FAIRE Instructions FINTQ	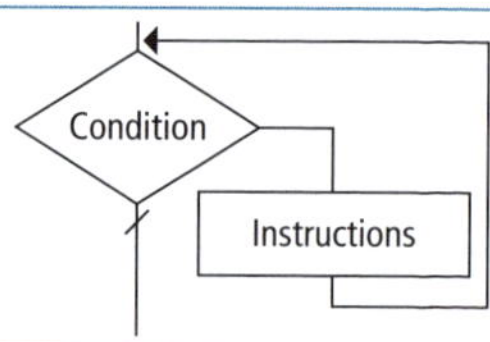
Itération à condition finale	REPETER Instructions JUSQU'À CE QUE (Condition)	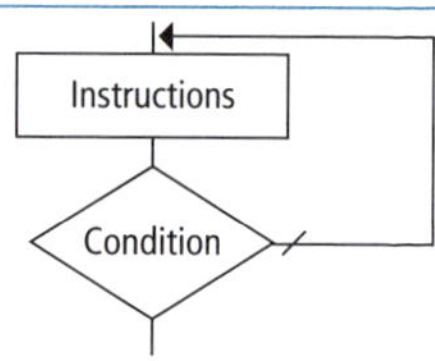
Nombre d'itération connue à l'avance	POUR i DE valeur_inf À valeur_max FAIRE Instructions FINP	(voir ci-dessous).

L'implémentation

■ Pour réaliser un projet, il faut suivre le processus suivant :

étape 1 Écrire l'algorithme

↓

étape 2 Choisir un langage de transcription

↓

étape 3 Débuguer le code

↓

étape 4 Implémenter le code dans la cible (le microprocesseur)

↓

étape 5 Valider les fonctionnalités et les performances du code

■ L'implémentation est donc la transcription d'un algorithme en langage de programmation. C'est le téléchargement du code exécutable dans la cible (microprocesseur).

Ex. :

L'utilisation d'un algorithme exécutant une moyenne arithmétique sur des éléments numériques permet d'améliorer une mesure en s'approchant de la valeur vraie en minimisant les mesures entachées d'erreurs aléatoires. La formule de récurrence $S[n]$ peut se traduire par un organigramme ou un algorithme, qui peut à son tour se traduire dans un langage de programmation, ci-dessous en langage C.

Notes

étape 1 La formule de récurrence :

$$s[n] = \frac{1}{M}\sum_{j=0}^{M-1} e[n+j]$$

(avec ici $M = 3$).

étape 2 L'organigramme :

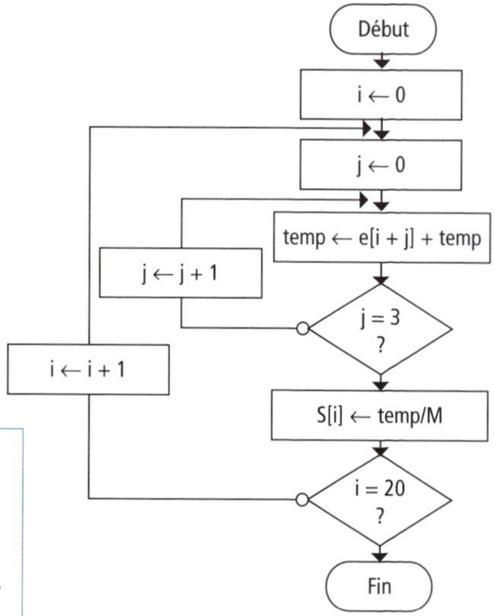

étape 3 Code en langage C :

```
for (i=0; i<20; i++)
{
   for (j=0; j<3; j++)
   {
   temp=(e[i+j]+temp);
   }
   s[i]=temp/M;
}
```

étape 4 Le lissage de la courbe :

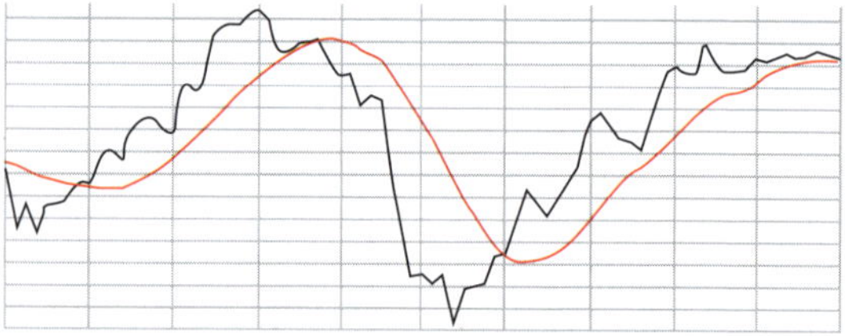

▲ Application du filtrage.

Algorithme de traitement numérique de l'information

Le traitement numérique d'une information, tel qu'un signal capté et numérisé par un microcontrôleur, permet d'améliorer la qualité de cette information.

1 Traitement des échantillons numérisés – Opération de « moyennage »

■ Dans une opération de « moyennage », par exemple, le calcul de la moyenne d'échantillons au fil de l'eau ou par bloc permet de lisser des fluctuations indésirables.

C'est aussi un moyen pour **améliorer la précision des mesures** et pour **minimiser les écarts entre le réel et les spécifications attendues** par le cahier des charges.

Ex. : Pour améliorer la précision de positionnement d'un GPS, on peut acquérir la même valeur de position pendant un certain temps et faire une moyenne. Cela améliore la précision, comparée à une valeur instantanée.

■ Le traitement numérique des données à l'aide d'une opération de moyennage est l'une des rares opérations qui permet d'améliorer les performances et les résultats et ainsi atteindre les objectifs du cahier des charges. C'est une opération arithmétique simple et efficace. Elle correspond à un filtrage d'ordre 1.

■ Faire une opération de « moyennage » sur des valeurs discrètes, c'est faire un **filtrage numérique**. Elle peut se réaliser par bloc (ici de trois échantillons).

E_n est la valeur d'un échantillon.

S_n la moyenne des échantillons.

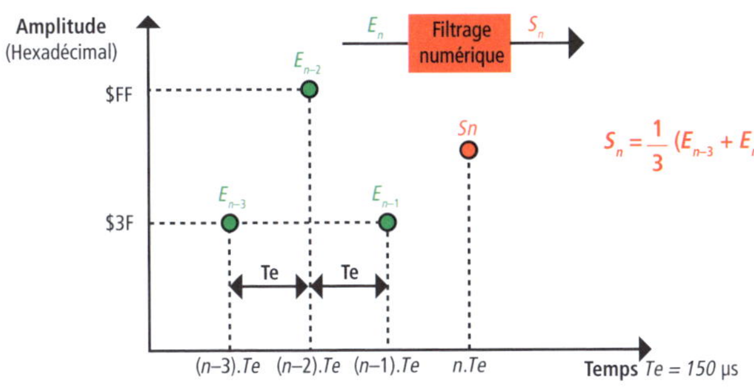

$$S_n = \frac{1}{3}(E_{n-3} + E_{n-2} + E_{n-1})$$

▲ Graphe 1. Moyenne glissante sur 3 éléments discrets.

Notes

■ Le filtrage numérique peut aussi se réaliser par valeur glissante :

étape 1 La moyenne est effectuée à l'aide de trois échantillons à l'entrée E_{n-1}, E_{n-2} et E_{n-3}.

étape 2 À chaque entrée d'un échantillon, une valeur S_n en sortie est calculée.

■ Le « moyennage » est très utilisé dans le traitement numérique du signal, il permet de lisser les variations rapides du signal d'entrée.

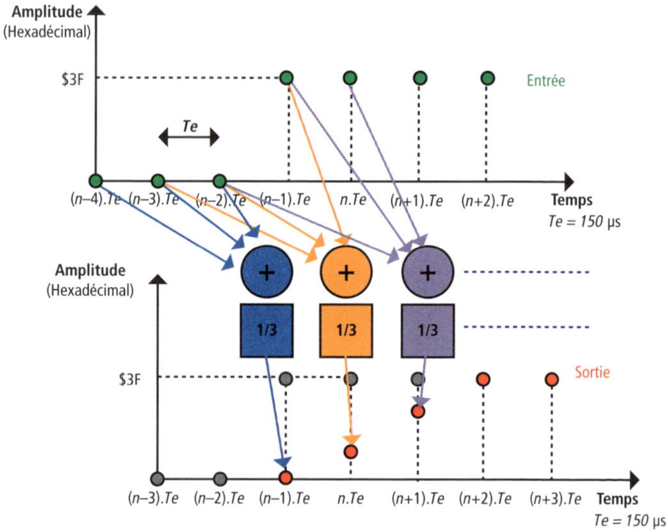

▲ Graphe 1. Signal d'entrée échantillonné
Graphe 2. Opération de filtrage (moyenne sur 3 échantillons).

Le Graphe 1 montre le stimuli d'entrée de l'algorithme dans la cible et le Graphe 2 est le résultat, il est obtenu par l'application de l'algorithme de moyennage, ce qui revient à faire un lissage et donc à atténuer les mesures aléatoires ne correspondant pas à la mesure vraie.

Constitution des réseaux

1 Présentation

- La topologie d'un réseau est la connexion des différents éléments (émetteurs ou receveurs) d'information comme un ordinateur, une tablette, une imprimante ou tout autre objet communicant.

- On retrouve le plus couramment les topologies suivantes :

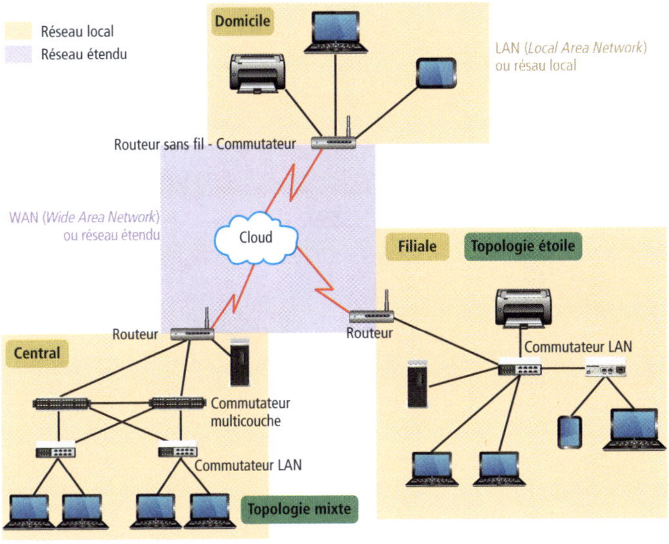

- Pour déterminer le chemin que doivent emprunter les messages à travers le réseau, les périphériques intermédiaires (commutateur, routeur, etc.) utilisent l'adresse du périphérique final de destination ainsi que les informations concernant les interconnexions réseau.

- Le commutateur (ou switch) est l'élément principal d'un sous-réseau. Les hôtes du sous-réseau l'utilisent via le protocole ARP qui permet de s'échanger les adresses MAC dans le sous-réseau.

Notes

2 Différentes topologies

■ La topologie d'un réseau est la connexion des différents éléments (émetteurs ou receveurs) d'information comme ordinateur, une tablette, une imprimante ou tout autre objet communicant.

■ Parmi les plus courantes, il y a :
– la **topologie en bus** :

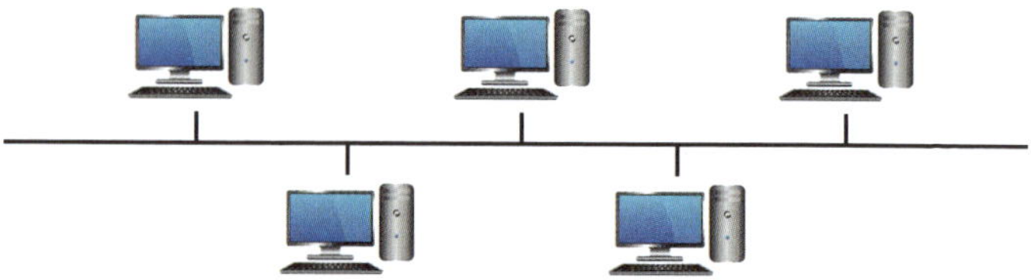

– la **topologie sans fil** :

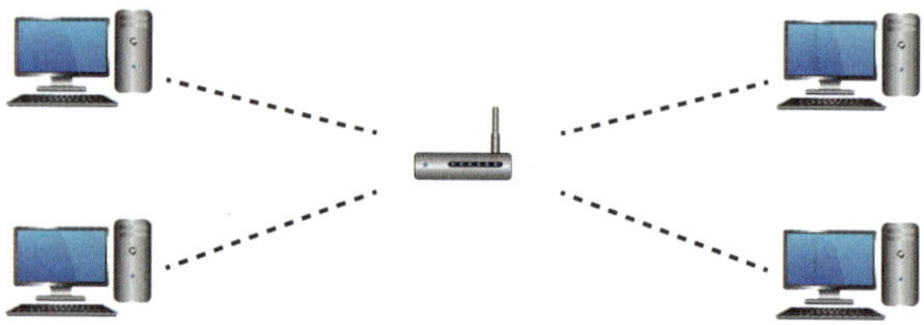

– la plus utilisée est la **topologie en étoile** :

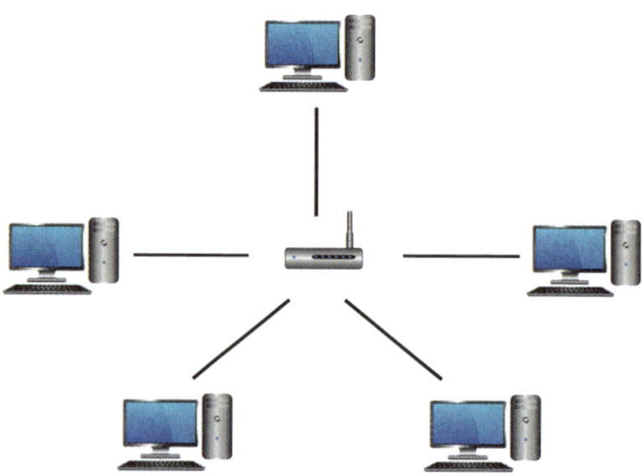

Modèle en couche et encapsulation des données

■ Le modèle en couche fait correspondre des fonctions opérationnelles à des actions conduisant à chaque étape de l'encapsulation des champs de la trame Ethernet. Ce modèle est particulièrement utile lors de la mise au point ou la recherche de pannes car il assure la liaison entre le matériel (physique) et le logiciel (application).

	Modèle OSI	Modèle TCP/IP	Pile de protocoles	sens				Données de l'email		
7	Application	Application	Protocole http (HyperText Transfer Protocol)	↓	Données			Email (par exemple)		
6	Présentation									
5	Session				Segment			Donnée	Donnée	Donnée
4	Transport	Transport	Protocol TCP (Transmission Control Protocol)						Paquet	Donnée
3	Réseau	Internet	Protocol Internet (IP)		Paquet			En-tête réseau	En-tête transport	Donnée
2	Liaison de données	Accès réseau	Ethernet		Trame	En-tête de trame	En-tête réseau	En-tête transport	Donnée	Fin de trame
1	Physique				Bit	1100010100000001110010101001				
Encapsulation Trame Ethernet :						Ethernet	IP	TCP	Données	Fin Trame

▲ Représentations des fonctions et des actions : envoi d'un email.

Notes

■ Les différents protocoles :

HTTP (S) : protocole d'application qui régit la manière dont un serveur web et un client web interagissent.

TCP : protocole de transport qui assure la segmentation du message http et s'assure de la bonne réception des données *via* des contrôles-acquittement.

IP (*Internet protocol*) : protocole qui permet l'échange entre les machines hôtes grâce à des adresses qui leur sont propres.

Ethernet : protocoles d'accès au réseau le plus répandu.

Adresse MAC et adresse IP

■ L'adresse MAC est l'adresse physique d'un équipement communiquant, elle est unique et ne change jamais. Elle permet d'identifier le fabricant de l'appareil. Elle s'écrit avec 12 caractères alphanumériques.

Ex. :

Identification du constructeur	Numéro de la carte réseau
B5-7D-94 - DD-CD-48	

■ L'adresse IP permet d'identifier un appareil de connexion sur internet. Elle peut changer selon l'endroit d'où l'on se connecte. Elle est exprimée en décimal.

Une adresse IP peut être privée (cas d'un réseau local) ou publique c'est alors l'IP du routeur qui est en liaison avec le réseau public.

En mode DHCP, c'est le routeur (ou le serveur dédié) qui attribue l'adresse IP locale aux éléments de son réseau local.

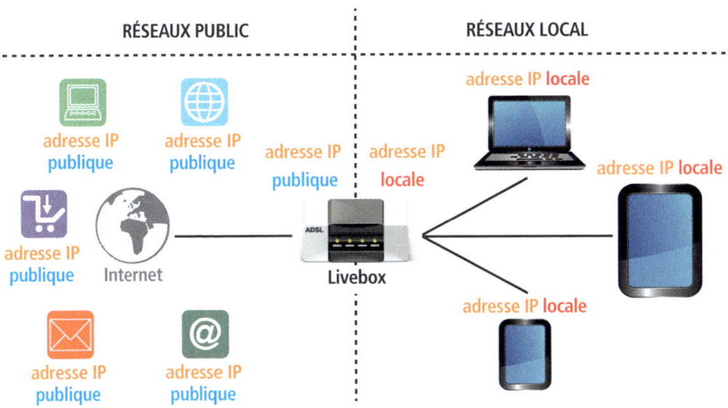

▲ Schéma des liaisons entre les adresses.

■ Le champ de l'adresse MAC (de la carte réseau) est transmis après encapsulation dans la trame Ethernet.

■ Les adresses privées ne sont visibles que dans le réseau local. Elles ne sont pas visibles ou accessibles via une adresse internet.

Notes

■ Les plages d'adresses sont les étendues d'adresse auxquelles on peut attribuer des équipements connectés. C'est une méthode d'attribution des mêmes adresses dans des réseaux locaux différents qui ne communiquent pas, pour économiser le nombre d'adresses.

Une plage à un début (première plage d'adresse) et une fin (dernière plage d'adresse). Dans cette étendue, on peut numéroter distinctement tous les équipements connectés.

Ex. :

Deux adresses IP identiques appartenant à la même classe peuvent se trouver dans un très grand nombre de réseaux locaux distincts sans pour autant créer de conflit.
Cela permet de faire une économie dans la gestion des adresses.

■ Les classes d'adresse IP sont des regroupements d'adresse qui permettent l'optimisation du cheminement des paquets dans les réseaux.

Ex. :

Plage d'adresses et classes des IP privées.

Plage de début	Plage de fin	Classe	Masque sous-réseau par défaut
10.0.0.0	10.255.255.255 /8	A	255.0.0.0
172.16.0.0	172.31.255.255 /16	B	255.255.0.0
192.168.0.0	192.168.255.255 /24	C	255.255.255.0
224.0.0.0	239.255.255.255	D	(utilisée en multicast : visio conférence)
240.0.0.0	255.255.255.255	E	(utilisée pour expérimentations)

Configuration des adresses dans un réseau local

Fiche 35

1 Méthode de détermination du masque de sous-réseau

■ La lecture d'une adresse IP seule ne permet pas d'avoir les informations sur le réseau et son hôte. Le masque de sous-réseau permet de séparer ces deux identificateurs à l'aide d'une opération logique binaire. Les adresses IP ou de masque sont le plus souvent exprimées en décimal.

Ex. :

Soit une machine d'adresse IP 192.168.2.5, on lui associe le masque de sous-réseau 255.255.255.0.
Les trois premiers octets du masque sont à 1, donc la partie réseau de l'adresse est :

192.168.2 . 5

5 est ce qui permet d'identifier la machine au sein d'un réseau et ce qui donne le nombre de machine pouvant appartenir à ce réseau.

■ L'opération, avec un ET logique bit à bit réalisé avec des 1, fait apparaître l'adresse IP et masque le numéro de l'hôte (machine dans le réseau) :

&	192.168.2.5	11000000	10101000	00000010	00000101	IP
	255.255.255.0	11111111	11111111	11111111	00000000	Masque
	=	11000000	10101000	00000010	00000000	
	Identificateur	Réseau			Hôte	

L'identificateur est la partie commune à toutes les machines d'un même réseau local.

■ L'opération avec un ET logique bit à bit réalisé avec des 0 masque l'adresse IP et fait apparaître le numéro de l'hôte :

&	192.168.2.5	11000000	10101000	00000010	00000101	IP
	0.0.0.255	00000000	00000000	00000000	11111111	Masque
	=	00000000	00000000	00000000	00000101	
	Identificateur	Réseau			Hôte	

Notes

2 Constitution en sous-réseau et nombre d'hôtes

Un administrateur gère un réseau 192.44.78.0/24 et souhaite le décomposer en quatre sous-réseaux.

Méthode :

Il réserve les **deux premiers bits de l'identifiant machine-hôte** pour identifier ses nouveaux sous-réseaux.

Toute adresse IP d'un même sous-réseau aura donc **24 bits en commun** ainsi que les **deux premiers bits** identifiant le sous-réseau.

Le masque de sous-réseau aura en valeur binaire :

11111111.11111111.11111111.11000000

Ce qui donne en décimal : 255.255.255.192

Puisque les bits à 1 du masque suivant **11111111.11111111.11111111.11000000** n'altèrent pas les bits de l'adresse IP, alors les bits du masque de sous-réseaux seront identiques donc :

192.44.78.00XXXXXX ou **192.44.78.01XXXXXX** ou **192.44.78.10XXXXXX** ou **192.44.78.11XXXXXX**

Seule la partie variable **XXXXXXXX** permettra de définir les sous-réseaux. Elle est constituée de 6 bits. Soit 2^6 adresses disponibles pour les machines de ce réseau.

Adresse du réseau	8 bits de poids faible du masque de sous-réseau	Adresse de début de sous-réseau	Adresse de fin de sous-réseau	Format d'écriture
192.44.78.__	00000000	192.44.78.**0**		**192.44.78.0/26**
	00111111		192.44.78.**63**	
	01000000	192.44.78.**64**		**192.44.78.64/26**
	01111111		192.44.78.**127**	
	10000000	192.44.78.**128**		**192.44.78.128/26**
	10111111		192.44.78.**191**	
	11000000	192.44.78.**192**		**192.44.78.192/26**
	11111111		192.44.78.**255**	

Adressage et routage des données

■ Une adresse Broadcast (ou **adresse de diffusion**) est une adresse réservée compréhensible par les hôtes avec laquelle un émetteur dialogue simultanément avec tous les équipements qui lui sont connectés. Dans une adresse Broadcast, tous les bits de l'hôte sont placés sur la valeur binaire 1.

■ Une adresse monodiffusion (ou **adresse monocast**) est l'adresse IP propre à l'équipement hôte avec laquelle l'émetteur échange de manière individuelle.

Ex. :

Un hôte avec l'adresse IPv4 192.168.1.5 demande une page web au serveur dont l'adresse IPv4 de monodiffusion est 192.168.1.200.

Pour qu'un paquet monodiffusion soit envoyé et reçu, une adresse IP de destination doit figurer dans l'en-tête du paquet IP. Une adresse MAC de destination correspondante doit également être présente dans l'en-tête de la trame Ethernet. Les adresses IP et MAC se combinent pour transmettre les données à un hôte de destination spécifique.

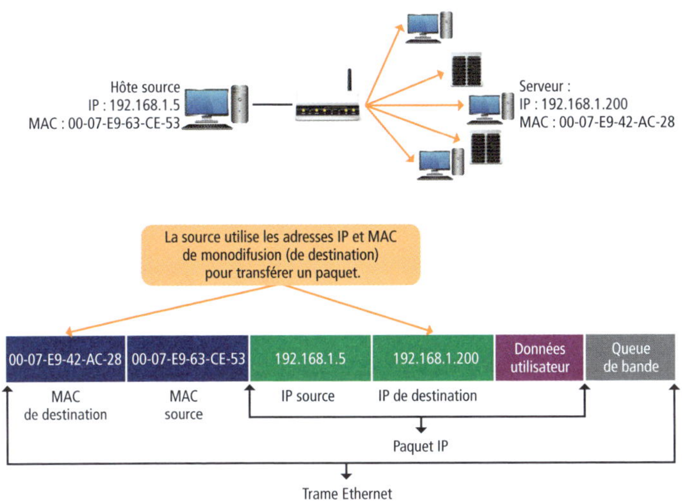

▲ Échange en monodiffusion.

Notes

■ Le CIDR (*Classless InterDomain Routing*) est une manière de ne plus tenir compte des classes. La taille du bloc est de 2^{32-n}. Dans le cas présent, il y a six bits pour réaliser la partition des adresses de sous-réseau.

CIDR	Bits disponibles	Masque de sous-réseau	Nombre d'hôtes par sous-réseau
/8	24	255.0.0.0	$2^{24} - 2 = 16\,777\,214$
/16	16	255.255.0.0	$2^{16} - 2 = 65534$
/24	8	255.255.255.0	$2^{8} - 2 = 254$
/26	6	255.255.255.192	$2^{6} - 2 = 62$

/8 signifie 8 bits à 1, les (32 – 8) 24 suivants à 0 ; /24 signifie 24 bits à 1, les 8 suivants à 0.

Codage de l'information numérique (1)

Fiche 37

L'information numérique se présente sous la forme de nombres associés à une grandeur physique à laquelle ils s'appliquent.

Les symboles « 0 » et « 1 » (appelé BIT pour *Binary Digit*) représentent respectivement les niveaux de tensions :
- « bas ou *Low* »,
- « haut ou *High* ».

La succession de ces symboles forme l'information numérique.

1 Changement de base de numération

■ Un nombre représentant une information numérique peut être exprimé dans différentes bases de numération :

- Le binaire permet de se rapprocher du niveau physique et matériel (il traduit les niveaux de tension d'une broche de processeur, ou la valeur d'un registre interne d'un composant microprogrammé).
- Le décimal permet de représenter l'information numérique de manière plus intelligible car c'est la base de numération que l'on utilise dans notre vie quotidienne et qui permet de mieux appréhender les quantités mise en jeu.
- L'hexadécimal quant à lui permet d'intégrer ces mêmes nombres dans une écriture de codage d'un langage de programmation.

■ ***Méthode :***

Le travail s'effectue sur les trois bases de numération :
- le décimal,
- le binaire
- l'hexadécimal.

Il s'agit de passer d'une base à l'autre par une technique de décomposition en utilisant éventuellement une table de correspondance.

(voir schéma page suivante)

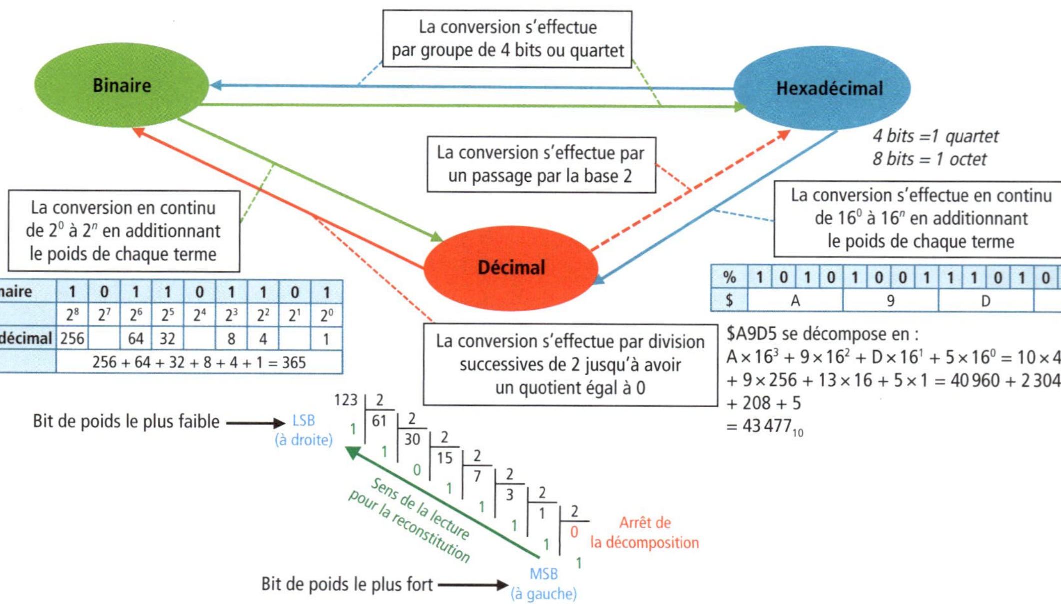

%	1	0	1	0	1	0	0	1	1	1	0	1	0	1	0	1
$	A				9				D				5			

Valeur binaire	1	0	1	1	0	1	1	0	1
Poids	2^8	2^7	2^6	2^5	2^4	2^3	2^2	2^1	2^0
Poids en décimal	256		64	32		8	4		1
Résultat	256 + 64 + 32 + 8 + 4 + 1 = 365								

$A9D5 se décompose en :

$A \times 16^3 + 9 \times 16^2 + D \times 16^1 + 5 \times 16^0 = 10 \times 4\,096$
$+ 9 \times 256 + 13 \times 16 + 5 \times 1 = 40\,960 + 2\,304$
$+ 208 + 5$
$= 43\,477_{10}$

▲ Schéma des changements de base.

Codage de l'information numérique (2)

2 Correspondance de base et des caractères – La table ASCII

■ Pour écrire un octet (nombre formé de 8 bits), il faut associer deux quartets (4 bits) avec la valeur LSB (*Less Significant Bit*) à droite et le MSB (*Most Significant Bit*) à gauche.

Base 16	Base 2	Base 10
0	0000	0
1	0001	1
2	0010	2
3	0011	3
4	0100	4
5	0101	5
6	0110	6
7	0111	7
8	1000	8
9	1001	9
A	1010	10
B	1011	11
C	1100	12
D	1101	13
E	1110	14
F	1111	15

▲ Table de correspondance.

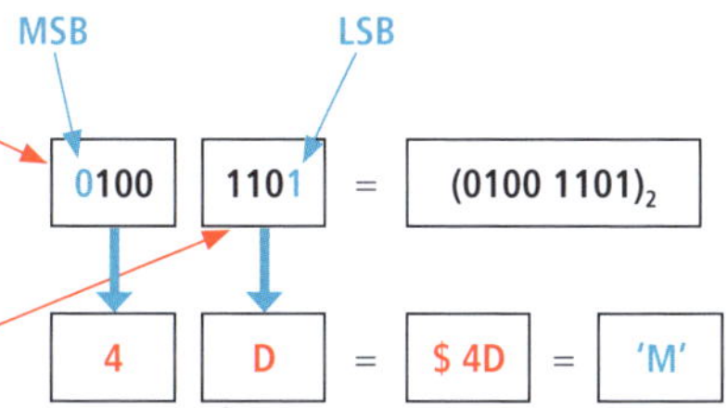

■ L'opération de conversion binaire-hexadécimale s'effectue par quartet (4 bits), elle est réversible.
On peut alors passer de l'hexadécimal au binaire pour retrouver la valeur « 0 » ou « 1 » de chaque bit et donc le niveau de tension physique.

LSB \ MSB		0 000	1 001	2 010	3 011	4 100	5 101	6 110	7 111
0	0000	NUL	DLE	SP	0	@	P	`	p
1	0001	SOH	DC1	!	1	A	Q	a	q
2	0010	STX	DC2	"	2	B	R	b	r
3	0011	ETX	DC3	#	3	C	S	c	s
4	0100	EOT	DC4	$	4	D	T	d	t
5	0101	ENQ	NAK	%	5	E	U	e	u
6	0110	ACK	SYN	&	6	F	V	f	v
7	0111	BEL	ETB	'	7	G	W	g	w
8	1000	BS	CAN	(	8	H	X	h	x
9	1001	HT	EM	)	9	I	Y	i	y
A	1010	LF	SUB	*	:	J	Z	j	z
B	1011	VT	ESC	+	;	K	[	k	}
C	1100	FF	FS	,	<	L	\	l	|
D	1101	CR	GS	-	=	M	]	m	{
E	1110	SO	RS	.	>	N	^	n	~
F	1111	SI	US	/	?	O	_	o	DEL

Notes

■ Les caractères alphanumériques sont codés sur 7 bits. Les caractères de contrôle de flux possèdent leur valeur mais ne sont pas visibles, exemple retour à la ligne CRLF *Carriage Return, Line Field* : 0x0D, 0x0A est formé de deux valeurs hexadécimales.

- Les indices (16), (h) ou les préfixes $ ou 0x pour indiquer une valeur **hexadécimale**.
- Les indices (b), (2) ou le préfixe % pour exprimer une valeur en **binaire**.
- Il n'y a pas d'indice ou de préfixe pour une valeur **décimale**.

EXERCICE TYPE CORRIGÉ

Changement de base

Convertir les valeurs binaires suivantes en décimal.

$A = 0111001_{(2)}$; $B = 10110011_{(2)}$; $C = 010110_{(2)}$;

$D = 11101111_{(2)}$; $E = 1111010_{(2)}$.

Corrigé

Pour la conversion du binaire en décimal, il faut affecter le poids de chaque bit de la droite vers la gauche 2^0 à 2^n.

$A = 0111001_{(2)}$

$$A = 0111001_{(2)}$$
$$= 0 \times 2^6 + 1 \times 2^5 + 1 \times 2^4 + 1 \times 2^3 + 0 \times 2^2 + 0 \times 2^1 + 1 \times 2^0$$
$$= 32 + 16 + 8 + 1 = 57$$

De la même façon, on effectuera les mêmes opérations :

Poids	**2^7**	**2^6**	**2^5**	**2^4**	**2^3**	**2^2**	**2^1**	**2^0**	**Résultats en décimal**
Valeur en décimal	**128**	**64**	**32**	**16**	**8**	**4**	**2**	**1**	= **255**
$B = 10110011_{(2)}$	1	0	1	1	0	0	1	1	= 128 + 32 + 16 + 2 + 1 = **179**
$C = 010110_{(2)}$			0	1	0	1	1	0	= 16 + 4 + 2 = **22**
$D = 11101111_{(2)}$	1	1	1	0	1	1	1	1	= 128 + 64 + 32 + 8 + 4 + 2 + 1 = **239**
$E = 1111010_{(2)}$		1	1	1	1	0	1	0	= 64 + 32 + 16 + 8 + 2 = **122**

Traitement d'une trame d'information numérique

Fiche 39

La liaison numérique entre deux entités communicantes peut s'établir par **liaison filaire** ou **sans fil**.

Les entités communicantes (microcontrôleurs, modules, capteurs, etc.) peuvent être organisées via une **liaison point à point** (connexion directe entre deux éléments) ou via **un bus** (connexion via des lignes de données synchronisées avec une ligne portant l'horloge).

Ces liaisons peuvent être synchrones (transmission de l'horloge, protocoles I²C, SPI) ou asynchrone (pas de transmission de l'horloge, protocole RS232).

1 Constitution des trames numériques

■ **Une trame** contient des **données** véhiculées sur un bus de communication. Elle est :
- précédée de l'**en-tête** (bits ou octets) ;
- suivie de bits ou d'octets de **contrôle** servant d'encapsulation pour assurer l'intégrité du message (donnée).

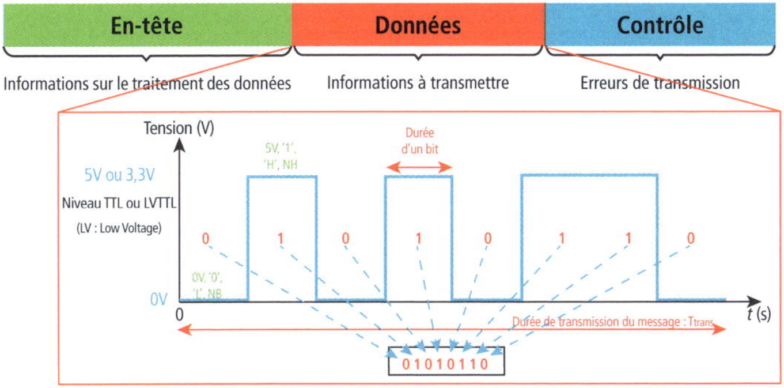

▲ Trame.

■ Trame de donnée : c'est la partie contenant l'information à transmettre. Il peut se transmettre en *LSB first* (bit de poids le plus faible en premier) ou *MSB first* (bit de poids le plus fort en premier). La représentation d'un chronogramme se lit de gauche à droite. Les niveaux de tension sont peu importants ici et seuls les niveaux logiques sont pris en compte.

Notes

2 Débit d'un canal de transmission

■ Le débit binaire D est la quantité d'information émises par unité de temps par une source (en bit par seconde ou bps) :

$$D = \frac{1}{T_{bit}}$$

On peut évaluer le débit en connaissant la quantité de bits à transmettre et la durée d'émission de la source :

$$D = \frac{N_{octet} \times 8}{T_{transmission}}$$

avec N_{octet} : le nombre d'octet à transmettre et
$T_{transmission}$: la durée de transmission en seconde (s).

Ex. : Si la durée d'un bit est de 104 µs alors une trame de donnée de 8 bits prendra :

$$T_{Transmission} = 104 \times 10^{-6} \times 8 = 832 \times 10^{-6}\,\text{s} = 832\ \mu\text{s}$$

Le débit binaire est de :

$$D = \frac{1}{104 \times 10^{-6}} = 9\ 615\ \text{bits/s.}$$

On peut aussi écrire :

$$D = \frac{1 \times 8}{832 \times 10^{-6}} = 9\ 615\ \text{bits/s}$$

si on considère l'octet de données.
Le calcul de la durée de transmission doit prendre en compte la donnée elle-même mais aussi les bits ou octets d'en-tête et de contrôle.

Décodage d'une trame

Le décodage d'une trame consiste à identifier le champ de données et appliquer le décodage de l'information pour en extraire de la valeur en binaire la valeur hexadécimale ou décimale. Dans ce cas, la communication véhicule les bits les uns derrière les autres, pour former un message. On parle alors de **communication série**.

1 Liaison série asynchrone RS232

■ Le **bit de Start** débute la trame. Le **bit de Stop** (1 ou deux bits) clôture la trame. Le **bit de Parité** (Inexistant = Aucun, Paire, ou Impaire) permet de contrôler l'intégrité de la donnée transmise.

■ Bit de Parité : C'est un moyen de vérifier l'intégrité de la donnée transmise et de corriger l'erreur éventuelle en réitérant la transmission de la donnée.

Si la parité est paire, alors le bit ajouté et positionné de telle façon que le **nombre de bit à 1, y compris le bit de parité, soit paire**.

Si la parité est impaire, alors le bit ajouté et positionné de telle façon que le **nombre de bit à 1, y compris le bit de parité, soit impaire**.

■ Cette liaison est dite point à point (seul deux éléments communiquent), asynchrone (sans connexion de l'horloge), *half duplex* (si uniquement *Tx*-GPS vers *Rx*-µC) avec un sens de communication, *Full duplex* (si les deux liaisons émission *Tx* et réception *Rx* de chaque composant sont connectées) avec deux sens de communication.

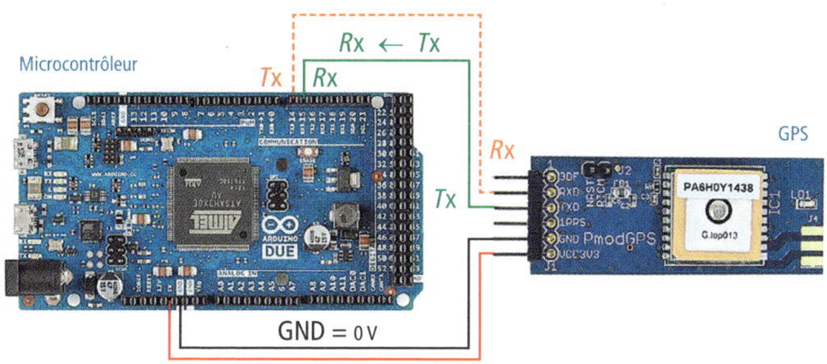

▲ Câblage d'un module GPS et réception de la trame NMEA par un microcontrôleur.

2 Liaison série synchrone I²C

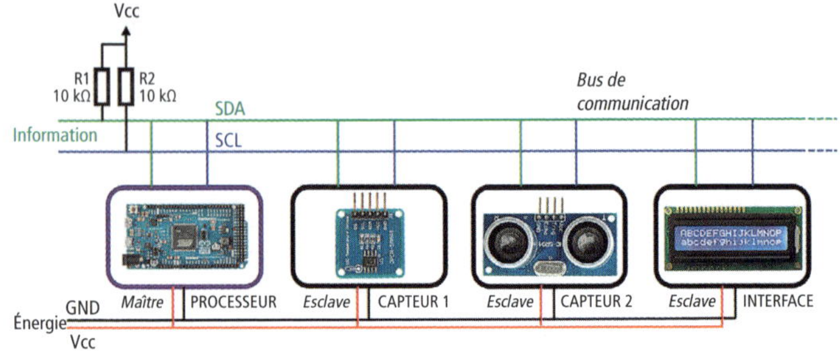

▲ Synoptique d'un bus de communication de données série I²C.

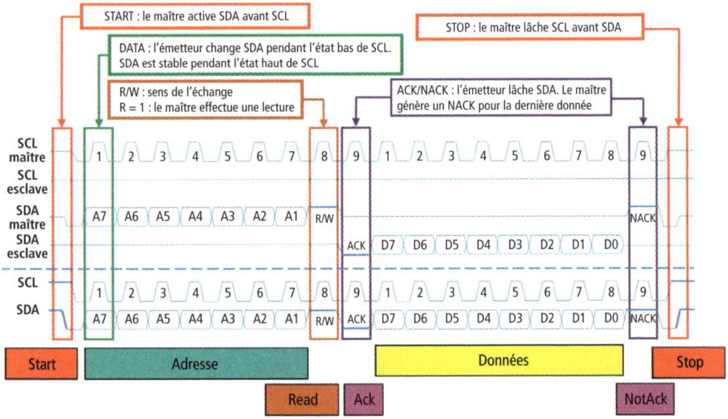

▲ Chronogramme de lecture d'une donnée d'un capteur via le protocole I²C.

■ Les communications sur un bus s'effectuent à travers un dialogue (protocole) entre un module « maître » vers des modules « esclaves ». Un cycle débute par un *Start* et finit par un *Stop*.

■ Dans le cas du bus I²C, la donnée est encapsulée. Après le déclenchement de la trame (*Start*), le maître envoie sur le bus l'adresse du circuit concernée par la requête, puis le mode d'opération qu'il souhaite faire (*Read* : Lecture d'une donnée dans un capteur). L'esclave répond par un acquittement (Ack). Le maître (microcontrôleur) contrôle les échanges peut ensuite lire la donnée fournie par l'esclave (le capteur). Il s'en suit la clôture de la trame par un relâchement de l'occupation du bus des deux lignes SDA (Données) et SCL (Horloge) puis un *Stop*.

Mathématiques et Physique-Chimie

FICHES Pages

Mathématiques

Physique-Chimie

FICHES Pages

Notes

S'entraîner aux automatismes

EXERCICES TYPES CORRIGÉS

Les exercices d'évaluation commune portant sur les automatismes doivent se faire sans calculatrice. Cette fiche va vous permettre de vous entraîner sur les notions de base.
Pour les questions d'automatismes concernant les lectures graphiques d'une fonction se référer à la fiche « Utiliser le graphe d'une fonction » page 103.

1. Le prix d'une voiture de 7 000 € a baissé de 10 %.
Quel le montant après réduction ?

2. En 2021, 60 % des Français sont partis en vacances.
Parmi ceux-ci, 56 % ont bénéficié d'un hébergement gratuit.
Quel est le pourcentage de Français qui bénéficient d'un hébergement gratuit pour leurs vacances ?

3. Après une augmentation de 20 %, un objet coûte 60 €.
Quel était son prix initial ?

4. Écrire sous la forme a^n le nombre : $\dfrac{5^7}{(25 \times 5^{-3})^2}$.

5. Déterminer la valeur de l'entier naturel n tel que :

$$10^n < 30\,001 < 10^{n+1}.$$

6. Résoudre dans $\mathbb{R}$ l'équation $11(3x - 5) = 5 + 30x$.

7. Résoudre dans $\mathbb{R}$ l'équation $-4x - 2 > 2x + 10$.

8. Résoudre dans $\mathbb{R}$ l'équation $2x^2 = 14$.

9. Résoudre dans $\mathbb{R}$ l'équation $x^2 = -3$.

10. La tension aux bornes d'un appareil est donnée par la formule $U = R \times I$, où R désigne la résistance du système et I son intensité.
Exprimer I en fonction de U et de R.

11. On considère l'égalité $(t + 3)^2 = t^2 + 9$.
a) Cette égalité est-elle vraie pour tout réel t ?
b) Existe-t-il un réel t pour lequel cette égalité est vraie ?

12. Factoriser : $A(x) = 3(x - 7)^2 - 5(7 - x)$.

13. Dresser le tableau de signes sur $\mathbb{R}$ de :

$$B(x) = -5(x + 3)(8 - 2x).$$

14. Dans un repère orthonormé du plan, déterminer l'équation réduite de la droite (AB) avec $A(-1\,;5)$ et $B(2\,;-4)$.

15. Soient les ensembles : $A = \{1\,;2\,;3\,;7\}$ et $B = \{2\,;5\,;7\,;9\,;11\}$.
Déterminer $A \cap B$ et $A \cup B$.

Notes

Corrigés

1. $7\,000 \times 0{,}9 = \mathbf{6\,300}$ **€.**
On a utilisé le coefficient multiplicateur $1 - 0{,}1 = 0{,}9$.

2. $0{,}6 \times 0{,}56 = 0{,}336$ soit **33,6 %.**

3. $\dfrac{60}{1{,}2} = 50$ et donc le prix initial était de **50 €.**

4. $\dfrac{5^7}{\left(25 \times 5^{-3}\right)^2} = \dfrac{5^7}{\left(5^2 \times 5^{-3}\right)^2} = \dfrac{5^7}{\left(5^{-1}\right)^2} = \dfrac{5^7}{5^{-2}} = 5^7 \times 5^2 = 5^{7+2} = \mathbf{5^9}.$

5. 30 001 est compris entre 10 000 et 100 000 et donc $\boldsymbol{n} = \mathbf{4}$.

6. $11(3x - 5) = 5 + 30x \Leftrightarrow 33x - 55 = 5 + 30x \Leftrightarrow 3x = 60$
$\Leftrightarrow x = 20$ et $\boldsymbol{S} = \mathbf{\{20\}}$.

7. $-4x - 2 > 2x + 10 \Leftrightarrow -6x > 12 \Leftrightarrow x < \dfrac{12}{-6} \Leftrightarrow x < -2$ et
$\boldsymbol{S} = \left]-\infty\,; \mathbf{-2}\right[$.

8. $2x^2 = 14 \Leftrightarrow x^2 = 7 \Leftrightarrow x = -\sqrt{7}$ ou $x = \sqrt{7}$ et $\boldsymbol{S} = \left\{\mathbf{-\sqrt{7}\,;\sqrt{7}}\right\}$.

9. Aucune solution car pour tout x, $x^2 > 0$ et $\boldsymbol{S} = \varnothing$.

10. $\boldsymbol{I} = \dfrac{\boldsymbol{U}}{\boldsymbol{R}}$.

11. a) $(t + 3)^2 = t^2 + 6t + 9$. **L'égalité est donc fausse.**
b) Pour que l'égalité soit vraie il faut : $6t = 0$, soit $\boldsymbol{t} = \mathbf{0}$.
Il existe donc bien une valeur de *t* pour que l'égalité soit vraie.

12. $A(x) = (x - 7)\left[3(x - 7) + 5\right] = \mathbf{(x - 7)(3x - 16)}$.

13. On fait un tableau de signes :

x	$-\infty$		-3		4		$+\infty$
-5		$-$		$-$		$-$	
$x + 3$		$-$	0	$+$		$+$	
$-2x + 8$		$+$		$+$	0	$-$	
$B(x)$		$+$	0	$-$	0	$+$	

14. Coefficient directeur : $\dfrac{y_B - y_A}{x_B - x_A} = \dfrac{-4 - 5}{2 - (-1)} = \dfrac{-9}{3} = -3.$
L'équation réduite de (AB) est de la forme $y = -3x + b$.
Or, $A \in (AB)$ et donc $y_A = -3x_A + b \Leftrightarrow 5 = 3 + b \Leftrightarrow b = 2$.
L'équation réduite de (AB) est : $\mathbf{y = -3x + 2}$.

15. $\boldsymbol{A \cap B = \{2\,;7\}}$ **et** $\boldsymbol{A \cup B = \{1;2;3;5;7;9;11\}}$.

Suites arithmétiques

Fiche 2

Mathématiques

LE COURS

Définition

Une suite arithmétique est une suite où chaque terme s'obtient en ajoutant au précédent un même nombre appelé **raison** (notée r en général) soit si : $u_{n+1} = u_n + r$.

Terme général

Si (u_n) est la suite arithmétique de 1er terme u_0 (respectivement u_1) et de raison r alors :

$$u_n = u_0 + nr \quad \text{respectivement} \quad u_n = u_1 + (n-1)r$$

Propriété fondamentale

Soient u_{p-1}, u_p, u_{p+1} trois termes consécutifs d'une suite arithmétique (u_n). On a :

$$\frac{u_{p-1} + u_{p+1}}{2} = u_p$$

Théorème

La somme S de termes consécutifs d'une suite arithmétique est donnée par :

$$S = \text{nombre de termes} \times \frac{\text{premier terme} + \text{dernier terme}}{2}$$

On a aussi :

$$u_0 + u_1 + \cdots + u_n = \frac{(n+1)(u_0 + u_n)}{2} = \frac{(n+1)(2u_0 + nr)}{2} \text{ et}$$

$$u_1 + u_2 + \cdots + u_n = \frac{n(u_1 + u_n)}{2} = \frac{n(2u_1 + (n-1)r)}{2}.$$

Dans le premier cas, il y a $(n+1)$ termes et dans le second cas, il y a n termes.

Notes

EXERCICES TYPES CORRIGÉS

EXERCICE 1

Soit (u_n) la suite arithmétique de premier terme $u_0 = 5$ et de raison $r = 3$.
Donner les quatre termes suivants.

EXERCICE 2

Soit (v_n) une suite telle que $v_{10} = 7$, $v_{11} = 32$ et $v_{12} = 55$.
La suite (v_n) est-elle arithmétique ?

EXERCICE 3

Déterminer la somme des 100 premiers nombres impairs.

EXERCICE 4

Soit (u_n) la suite de premier terme u_1 et de raison r.
On sait que $S_n = u_1 + u_2 + \cdots + u_n = -n^2 + 121n$.
a) Déterminer u_n en calculant $S_n - S_{n-1}$.
b) Démontrer que la suite (u_n) est arithmétique.
Donner son premier terme et sa raison.

Corrigés

1 On a : $\mathbf{u_1 = 8}$, $\mathbf{u_2 = 11}$, $\mathbf{u_3 = 14}$ et $\mathbf{u_4 = 17}$.

2 $\dfrac{v_{10} + v_{12}}{2} = \dfrac{7 + 55}{2} = \dfrac{62}{2} = 31 \neq v_{11}$.
La suite (v_n) n'est donc pas arithmétique.

3 Les nombres impairs forment la suite arithmétique de premier terme $u_0 = 1$ et de raison $r = 2$.
Le 100e nombre impair est :
$$u_{99} = u_0 + 99r = 1 + 99 \times 2 = 1 + 198 = 199.$$
Par suite, la somme des 100 premiers termes vaut :
$$100 \times \frac{u_0 + u_{99}}{2} = 100 \times \frac{1 + 199}{2} = 100 \times 100 = \mathbf{10\,000}.$$
De façon générale, on démontre que la somme des n premiers nombres impairs est égale à n^2.

4 a) $S_n - S_{n-1} = u_n = -n^2 + 121n - \left(-(n-1)^2 + 121(n-1)\right)$
$= -n^2 + 121n - \left(-(n^2 - 2n + 1) + 121n - 121\right) = \mathbf{-2n + 122}$.
b) $u_n - u_{n-1} = -2n + 122 - \left(-2(n-1) + 122\right) = -2$.
(u_n) est la suite arithmétique de raison $r = -2$ et de premier terme $u_1 = -2 \times 1 + 122 = -2 + 122 = 120$.

Suites géométriques

LE COURS

Définition

Une suite est dite géométrique si chaque terme s'obtient en multipliant le précédent par un même nombre appelé **raison** (notée q en général) soit si : $u_{n+1} = u_n \times q$.

Terme général

Si (u_n) est la suite géométrique de 1er terme u_0 (respectivement u_1) et de raison q, alors :

$$u_n = u_0 \times q^n \text{ respectivement } u_n = u_1 \times q^{n-1}$$

Propriété fondamentale

Soient u_{p-1}, u_p, u_{p+1} trois termes consécutifs de la suite géométrique (u_n). On a :

$$u_{p-1} \times u_{p+1} = u_p^2$$

Théorème

La somme S de termes consécutifs d'une suite géométrique de raison q est donnée par :

- **Si $q \neq 1 : S =$ premier terme $\times \dfrac{1-q^{\text{nombre de termes}}}{1-q}$.**
- **Si $q = 1 : S =$ premier terme $\times$ nombre de termes.**

Cas particulier important

Si $q \neq 1 : \ 1 + q + q^2 + \cdots + q^n = \dfrac{1-q^{n+1}}{1-q}$.

Si $q = 1 : \ 1 + q + q^2 + \cdots + q^n = n + 1$.

Notes

EXERCICES TYPES CORRIGÉS

EXERCICE 1

Soit (u_n) la suite géométrique de premier terme $u_0 = 2$ et de raison $q = 3$.
Donner les quatre termes suivants.

EXERCICE 2

Soit (v_n) une suite telle que $v_7 = 51$, $v_8 = 17$ et $v_9 = 6$.
La suite (v_n) est-elle géométrique ?

EXERCICE 3

Soit (u_n) la suite géométrique de premier terme $u_0 = 4$ et de raison $q = 5$.
Déterminer la somme des 6 premiers termes.

EXERCICE 4

Soit (u_n) la suite géométrique de 1er terme u_1 et de raison q.
a) Déterminer u_1 et q sachant que $u_3 = 20$ et $u_6 = 160$.
b) À l'aide d'un tableur, déterminer le plus petit entier n tel que :

$$u_1 + u_2 + \cdots + u_n > 20\,480.$$

Corrigés

1 On a : $\boldsymbol{u_1 = 6}$, $\boldsymbol{u_2 = 18}$, $\boldsymbol{u_3 = 54}$ et $\boldsymbol{u_4 = 162}$.

2 $v_7 \times v_9 = 51 \times 6 = 306 \neq v_8^2 = 289$.

La suite (v_n) n'est donc pas géométrique.

3 La somme des 6 premiers termes vaut :

$$u_0 + u_1 + \cdots + u_5 = 4 \times \frac{1-5^6}{1-5} = 4 \times \frac{1-5^6}{-4} = 5^6 - 1 = \mathbf{15\,624}.$$

4 a) Par hypothèse, $u_3 = u_1 \times q^2 = 20$ et $u_6 = u_1 \times q^5 = 160$.

Par suite, $\dfrac{u_6}{u_3} = \dfrac{u_1 \times q^5}{u_1 \times q^2} = q^3 = \dfrac{160}{20} = 8$ et donc $\boldsymbol{q = 2}$.

$u_3 = u_1 \times q^2 = u_1 \times 2^2 = 4u_1 = 20$ et donc $\boldsymbol{u_1 = 5}$.

b) Dans un tableur saisir : 5 dans la cellule A1, puis dans la cellule A2 saisir : « =A1*2 » et tirer cette formule vers le bas.
Dans la cellule B1 saisir : « = SOMME(A$1,A1) » et tirer vers le bas jusqu'à dépasser 20 480.
Cela se produit en B13, on trouve ainsi que $\boldsymbol{n = 13}$.

Étudier une suite

EXERCICE TYPE CORRIGÉ

Une piscine municipale de 300 m^3 voit sa quantité de chlore qui, sous l'effet des ultra-violets, diminue chaque jour de 10 %.
Le 1er juin au matin la concentration en chlore de cette piscine est de 1,12 mg·L^{-1} et le responsable sanitaire de la mairie décide d'ajouter chaque jour 150 g de chlore.
Pour tout entier naturel n, on note u_n la quantité de chlore en grammes présente dans la piscine le matin du jour numéro n à partir du 1er juin ($n = 0$).

1. Montrer que $u_0 = 336$.

2. Justifier que pour tout entier n, $u_{n+1} = 0{,}9u_n + 150$.

3. La réglementation exige que la concentration de chlore doit être au minimum de 2 mg·L^{-1} et au maximum de 4 mg·L^{-1}.
On admet que ces concentrations correspondent aux quantités de chlore respectives 600 g et 1 200 g.

a) Recopier et compléter l'algorithme ci-dessous pour qu'il permette d'obtenir le premier jour où le seuil minimal sera atteint ainsi que le premier jour où le seuil maximal est dépassé.

```
def seuil(s):
    n = 0
    u = 336
    while ... < s:
        n = n+1
        u = ...
    return n

print(seuil(...))
print(seuil(1200))
```

b) Après exécution l'algorithme affiche 3 et 13.
Interpréter ces résultats en termes de dates.

4. On définit pour tout entier n la suite (v_n) par $v_n = u_n - 1\,500$.

a) Montrer que la suite (v_n) est une suite géométrique dont on précisera la raison et le premier terme.

b) Exprimer v_n en fonction de n et démontrer que pour tout entier n, $u_n = 1\,500 - 1\,164 \times (0{,}9)^n$.

c) En déduire la concentration de chlore dans la piscine le 11 juin.

Notes

Corrigés

1. Un volume de 300 m^3 correspond à 300 000 L.
La concentration étant de 1,12 $mg \cdot L^{-1}$, soit 0,001 12 $g \cdot L^{-1}$, la quantité de chlore est donc de : $300\,000 \times 0{,}001\,12 = 336$ g.
On a donc bien $u_0 = 336$.

2. Une diminution de 10 % correspond à un coefficient multiplicateur de 0,9, et puisque chaque jour 150 g de chlore sont ajoutés, on a :

$$\boldsymbol{u_{n+1} = 0{,}9u_n + 150.}$$

3. a)

```python
def seuil(s):
    n = 0
    u = 336
    while u < s:
        n = n+1
        u = 0.9*u+150
    return n

print(seuil(600))
print(seuil(1200))
```

b) Ces résultats signifient que le **4 juin la concentration minimale réglementaire a été atteinte et le 14 juin la concentration maximale a été dépassée.**

4. a) $v_{n+1} = u_{n+1} - 1\,500 = 0{,}9u_n + 150 - 1\,500$

$$= 0{,}9u_n - 1\,350 = 0{,}9\left(u_n - \frac{1\,350}{0{,}9}\right)$$

$$= 0{,}9\left(u_n - 1\,500\right) = 0{,}9\,v_n.$$

La suite (v_n) est donc géométrique de raison 0,9.
Son premier terme vaut $v_0 = u_0 - 1\,500 = -1\,164$.

b) $v_n = v_0 \times (0{,}9)^n = -1\,164 \times (0{,}9)^n$.
De plus, $v_n = u_n - 1\,500$ et donc :

$$\boldsymbol{u_n = v_n + 1\,500 = -1\,164 \times (0{,}9)^n + 1\,500.}$$

c) $u_{10} = -1\,164 \times (0{,}9)^{10} + 1\,500 \simeq 1\,094$ g.

La concentration est donc de $\dfrac{1\,094}{300} \simeq 3{,}65$ $mg \cdot L^{-1}$.

Dérivées

Fiche 5

Mathématiques

LE COURS

Tableau des dérivées

Fonction	Dérivée
c (constante)	0
x	1
$ax+b$	a
x^2	$2x$
x^3	$3x^2$
$x^n,\ n \in \mathbb{N}^*$	nx^{n-1}
$\frac{1}{x}, x \neq 0$	$-\frac{1}{x^2}$
$\frac{1}{x^n}, x \neq 0$	$-\frac{n}{x^{n+1}}$
$\cos(x)$	$-\sin(x)$
$\sin(x)$	$\cos(x)$

Fonction	Dérivée
e^x	e^x
$\ln(x), x > 0$	$\frac{1}{x}$
$u+v$	$u'+v'$
$ku,\ k \in \mathbb{R}$	ku'
$u \times v$	$u'v+uv'$
$\frac{1}{v}, v \neq 0$	$-\frac{v'}{v^2}$
$\frac{u}{v}, v \neq 0$	$\frac{u'v-uv'}{v^2}$
$f(ax+b)$	$af'(ax+b)$
$\cos(\omega t+\varphi)$	$-\omega\sin(\omega t+\varphi)$
$\sin(\omega t+\varphi)$	$\omega\cos(\omega t+\varphi)$

Sens de variation d'une fonction

Soit f une fonction **définie et dérivable** sur un intervalle I.

- Si pour tout $x \in I$, $f'(x) \geqslant 0$, alors f est croissante sur I.
- Si pour tout $x \in I$, $f'(x) \leqslant 0$, alors f est décroissante sur I.
- Si pour tout $x \in I$, $f'(x) = 0$, alors f est constante sur I.

Tangente

Soit f une fonction **définie et dérivable** sur un intervalle I, soit $a \in I$ et $\mathscr{C}_f$ la courbe représentative de f.

Le coefficient directeur de la tangente à $\mathscr{C}_f$ au point d'abscisse a est le nombre dérivé $f'(a)$.

Une équation de la tangente à $\mathscr{C}_f$ au point d'abscisse a est :

$$y = f'(a)(x-a) + f(a)$$

Notes

EXERCICES TYPES CORRIGÉS

EXERCICE 1

On lance verticalement et vers le haut une bille.
Sa hauteur h, en mètres, en fonction du temps t, en secondes, est donnée par : $h(t) = -4{,}9t^2 + 196t + 2$.

a) Étudier la fonction h sur $[0 ; 40]$.

b) Quelle est la hauteur maximale atteinte par la bille et quelle est alors sa vitesse qui est donnée par la dérivée de h ?

EXERCICE 2

La consommation C d'essence, en litres aux 100 km, d'une voiture est donnée par : $C(v) = 0{,}05v + \dfrac{80}{v}$, où la vitesse v est en km/h.

a) Étudier la fonction C sur $[20 ; 130]$.

b) Pour quelle vitesse v la consommation est-elle minimale ? Quelle est alors cette consommation ?

Corrigés

1 **a)** h est dérivable sur $[0 ; 40]$ et on a :

$$h'(t) = -9{,}8t + 196 = -9{,}8(t - 20).$$

Par suite, **h est croissante sur $[0 ; 20[$** car $h'(t) > 0$ sur $[0 ; 20[$ et **h est décroissante sur $]20 ; 40]$** car $h'(t) < 0$ sur $]20 ; 40]$.

b) La fonction h admet un maximum sur $[0 ; 40]$ pour $t = 20$ et donc la hauteur maximale est atteinte par la bille 20 secondes après son lancer et elle est de **1 962 mètres** car $h(20) = 1\,962$.

Sa vitesse est alors nulle car $h'(20) = 0$.

Pendant les 20 premières secondes, la bille s'élève avec une vitesse qui diminue.

20 secondes après son lancer, elle atteint sa hauteur maximale de 1 962 mètres et sa vitesse est alors nulle.

Après 20 secondes, la bille redescend et en valeur absolue, sa vitesse augmente.

2 **a)** C est dérivable sur $[20 ; 130]$ et on a : $C'(v) = 0{,}05 - \dfrac{80}{v^2}$.

$$C'(v) = \frac{0{,}05v^2 - 80}{v^2} = 0{,}05 \times \frac{v^2 - 1\,600}{v^2} = 0{,}05 \times \frac{(v - 40)(v + 40)}{v^2}.$$

Comme v^2, $v + 40$ et 0,05 sont positifs, $C'(v)$ a le signe du binôme $v - 40$.

Par suite, **C est décroissante sur $[20 ; 40[$** car $C'(v) < 0$ sur $[20 ; 40[$ et **C est croissante sur $]40 ; 130]$** car $C'(v) > 0$ sur $]40 ; 130]$.

b) La fonction C admet un minimum sur $[20 ; 130]$ pour $v = 40$ et donc la consommation du véhicule est minimale si sa vitesse est de **40 km/h**.

La consommation est alors de **4 litres aux 100 km** car $C(40) = 4$.

Utiliser le graphe d'une fonction

EXERCICE TYPE CORRIGÉ

On considère une fonction f dérivable sur $[-4\,;2]$, dont une représentation graphique $\mathscr{C}_f$ est donnée ci-dessous.
La droite T est tangente à $\mathscr{C}_f$ en B$(-1\,;0)$ et passe par le point A$(-2\,;3)$.

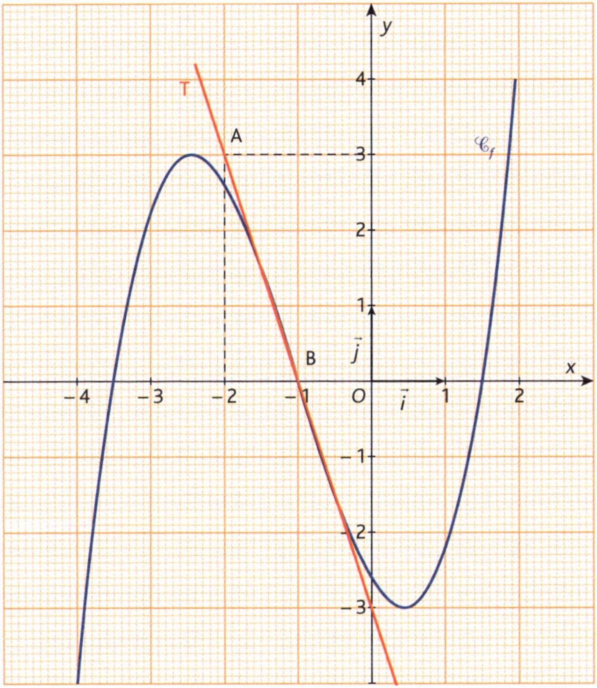

a) Résoudre graphiquement sur $[-4\,;2]$ l'inéquation $f(x) > 0$.
b) Déterminer $f'(-1)$.
c) Résoudre graphiquement sur $[-4\,;2]$ l'équation $f'(x) = 0$.
d) Établir le tableau de signes de f' sur $[-4\,;2]$.

Notes

Corrigé

a) Pour résoudre graphiquement l'inéquation $f(x) > 0$, on regarde et on retient les abscisses de tous les points de la courbe $\mathscr{C}_f$ situés au-dessus de l'axe des abscisses. Ces points sont représentés en jaune sur le graphe ci-contre. Les solutions de l'inéquation sont tous les nombres de :

$S =]-3,5\,;-1[\cup]1,5\,;2]$.

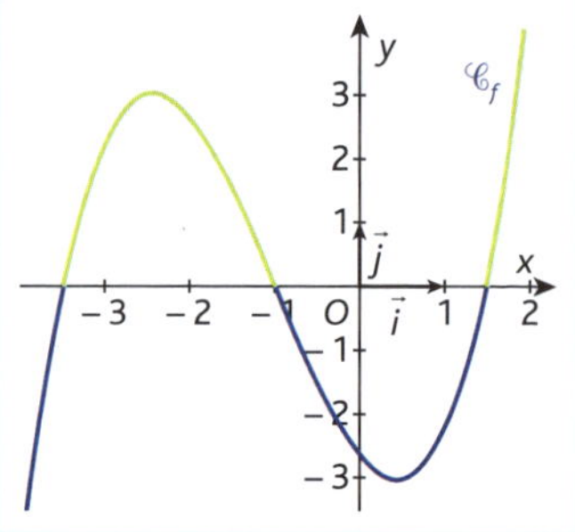

b) Le nombre $f'(-1)$ correspond au coefficient directeur de la tangente T qui est la droite (AB).

Il est égal à : $f'(-1) = \dfrac{y_B - y_A}{x_B - x_A} = \dfrac{0-3}{-1-(-2)} = \dfrac{-3}{1} = \mathbf{-3}$.

c) Pour résoudre graphiquement l'équation $f'(x) = 0$, on détermine les abscisses des points de la courbe $\mathscr{C}_f$ où les tangentes à $\mathscr{C}_f$ sont horizontales.

Les solutions de l'équation $f'(x) = 0$ sont donc :

$x = -2,5$ et $x = 0,5$.

On a : $S = \{-2,5\,;0,5\}$.

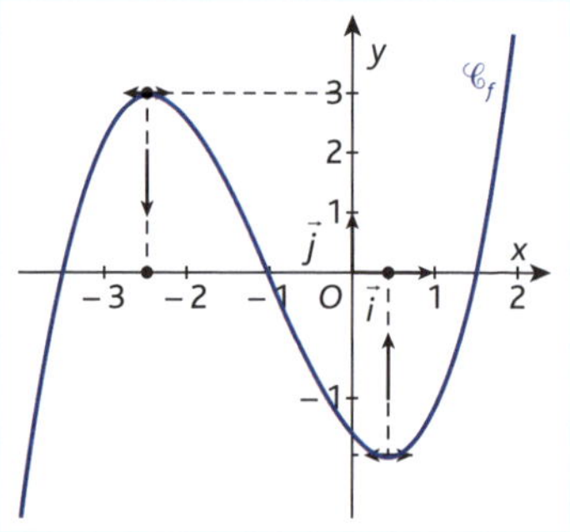

d) Le signe de f' est donné par les variations de f.

On obtient le tableau de signes de $f'(x)$ sur [– 4 ; 2].

x	– 4		– 2,5		0,5		2
$f'(x)$		+	0	–	0	+	

En effet, sur [– 4 ; – 2,5] et [0,5 ; 2] la fonction f est croissante, et sur [– 2,5 ; 0,5] elle est décroissante.

Composées de fonctions

LE COURS

Définition

Soient E, F et G trois ensembles, u une fonction de E dans F, et v une fonction de F dans G.

$$\begin{array}{ccccc} & u & & v & \\ E & \rightarrow & F & \rightarrow & G \\ x & \mapsto & u(x) & \mapsto & v(u(x)) \end{array}$$

La composée de la fonction u suivie de la fonction v est la fonction de E dans G notée $v \circ u$ (on lit v rond u) et on a :

$$(v \circ u)(x) = v(u(x))$$

Théorème

Si la fonction $v \circ u$ est dérivable sur un intervalle I, on a :

$$(v \circ u) = u' \times (v' \circ u)$$

C'est-à-dire, pour tout réel $x \in I$:

$$(v \circ u)'(x) = u'(x) \times v'(u(x)).$$

Tableau de dérivation

En appliquant le théorème précédent, on obtient le tableau suivant :

Fonction	Dérivée
u^n, $n \geqslant 1$	$nu' \times u^{n-1}$
$\frac{1}{u^n}$, $n \geqslant 1$ avec $u \neq 0$	$-\frac{nu'}{u^{n+1}}$
$\cos(u)$	$-u'\sin(u)$
$\sin(u)$	$u'\cos(u)$
e^u	$u'e^u$
$\ln(u)$, $u > 0$	$\frac{u'}{u}$

Notes

EXERCICES TYPES CORRIGÉS

EXERCICE 1

Déterminer $(f \circ g)(x)$ et $(g \circ f)(x)$ pour :

a) $f(x) = 5x - 2$ et $g(x) = \sin(x)$;

b) $f(x) = \dfrac{x+1}{x-4}$ et $g(x) = x^2$.

EXERCICE 2

Soient u et v les fonctions définies par :

$u(x) = 2x - 1$ et $v(x) = \dfrac{1}{x}$.

Pour quelles valeurs de x a-t-on : $(u \circ v)(x) = (v \circ u)(x)$?

EXERCICE 3

Déterminer les dérivées des fonctions f suivantes :

a) $f(x) = e^{-2x}$ sur $\mathbb{R}$.

b) $f(t) = \sin(10\pi t - 9)$ sur $\mathbb{R}$.

Corrigés

1 a) $(f \circ g)(x) = f(g(x)) = f(\sin(x)) = \mathbf{5\sin(x) - 2}$;

$(g \circ f)(x) = g(f(x)) = g(5x - 2) = \mathbf{\sin(5x - 2)}$.

b) $(f \circ g)(x) = f(g(x)) = f(x^2) = \mathbf{\dfrac{x^2+1}{x^2-4}}$;

$(g \circ f)(x) = g(f(x)) = g\left(\dfrac{x+1}{x-4}\right) = \mathbf{\left(\dfrac{x+1}{x-4}\right)^2}$.

2 $(u \circ v)(x) = u(v(x)) = u\left(\dfrac{1}{x}\right) = \dfrac{2}{x} - 1 = \dfrac{2-x}{x}$;

$(v \circ u)(x) = v(u(x)) = v(2x - 1) = \dfrac{1}{2x-1}$.

$(u \circ v)(x) = (v \circ u)(x) \Leftrightarrow \dfrac{2-x}{x} = \dfrac{1}{2x-1}$

$\Leftrightarrow (2-x)(2x-1) = x$ si x est différent de $\dfrac{1}{2}$ et de 0

$\Leftrightarrow 4x - 2 - 2x^2 + x = x \Leftrightarrow x^2 - 2x + 1 = 0 \Leftrightarrow (x-1)^2 = 0$

$\Leftrightarrow x = 1$.

On a donc $\mathbf{S = \{1\}}$.

3 a) f est de la forme e^u avec $u(x) = -2x$.

On a : $u'(x) = -2$.

Par suite : $f'(x) = u'(x)e^{u(x)} = \mathbf{-2e^{-2x}}$.

b) f est de la forme $\sin(u)$ avec $u(t) = 10\pi t - 9$.

On a : $u'(t) = 10\pi$.

Par suite : $f'(t) = \mathbf{10\pi \cos(10\pi t - 9)}$.

Primitives des fonctions usuelles

Fiche 8

Mathématiques

LE COURS

Définition

F est une primitive de f sur un intervalle $I \Leftrightarrow \forall x \in I, F'(x) = f(x)$.

Propriétés

Si f admet F comme primitive sur I, alors f en admet une infinité.
Ce sont toutes les fonctions de la forme $F + c$ où c est une constante arbitraire.

Théorèmes

- Toute fonction continue sur un intervalle I admet des primitives sur I.
- Si F est une primitive de f sur I, alors kF est une primitive de kf sur I.
- Si F est une primitive de f sur I et G une primitive de g sur I, alors $F + G$ est une primitive de $f + g$ sur I.

$f(x)$	$F(x) + c, c \in \mathbb{R}$	Intervalle de validité
k	$kx + c$	$\mathbb{R}$
$-\dfrac{1}{x^2}$	$\dfrac{1}{x} + c$	$\mathbb{R}_-^*$ ou $\mathbb{R}_+^*$
$\dfrac{1}{2\sqrt{x}}$	$\sqrt{x} + c$	$\mathbb{R}_+^*$
$x^\alpha, \alpha \neq -1$	$\dfrac{1}{\alpha+1}x^{\alpha+1} + c$	$\mathbb{R}_+^*$
$\dfrac{1}{x}$	$\ln x + c$	$\mathbb{R}_+^*$
e^x	$e^x + c$	$\mathbb{R}$
$\cos x$	$\sin x + c$	$\mathbb{R}$
$\sin x$	$-\cos x + c$	$\mathbb{R}$

Notes

EXERCICES TYPES CORRIGÉS

EXERCICE 1

Démontrer que la fonction F définie par : $F(x) = (x-3)e^{-x}$ est une primitive sur $\mathbb{R}$ de la fonction f définie par : $f(x) = (4-x)e^{-x}$.

EXERCICE 2

Déterminer les primitives des fonctions suivantes :

a) $f : f(x) = x^2 - 6x + 1 - \dfrac{2}{x^2}$

b) $f : f(x) = \dfrac{1}{4}\cos x - \dfrac{1}{\sqrt{x}}$

c) $f : f(x) = \dfrac{2}{x^3} - \sqrt{x}$

d) $f : f(x) = (x^2-3)^2$

Corrigés

1 F est de la forme uv avec $u(x) = x - 3$ et $v(x) = e^{-x}$.
On a : $u'(x) = 1$ et $v'(x) = -e^{-x}$.
F est dérivable sur $\mathbb{R}$ et on a :

$$F'(x) = u'(x)v(x) + u(x)v'(x) = 1 \times e^{-x} + (x-3) \times (-e^{-x})$$
$$= e^{-x}(1 - x + 3) = (4-x)e^{-x} = f(x).$$

F est donc bien une primitive de f sur $\mathbb{R}$.

2 On obtient respectivement :

a) $F : F(x) = \dfrac{1}{3}x^3 - 3x^2 + x + \dfrac{2}{x} + c$

b) $F : F(x) = \dfrac{1}{4}\sin x - 2\sqrt{x} + c$

c) $F : F(x) = -\dfrac{1}{x^2} - \dfrac{2}{3}x\sqrt{x} + c$

d) $F : F(x) = \dfrac{1}{5}x^5 - 2x^3 + 9x + c$

On rappelle que : x^{α}, $\alpha \neq -1$ a pour primitives $\dfrac{1}{\alpha+1}x^{\alpha+1} + c$ et on a écrit : $\dfrac{2}{x^2} = 2x^{-2} (\alpha = -2)$; $\dfrac{2}{x^3} = 2x^{-3} (\alpha = -3)$.

$\sqrt{x} = x^{\frac{1}{2}} \left(\text{avec } \alpha = \dfrac{1}{2}\right)$ a pour primitives

$$\frac{1}{\frac{1}{2}+1}x^{\frac{1}{2}+1} + c = \frac{1}{\frac{3}{2}}x^1 \times x^{\frac{1}{2}} + c = \frac{2}{3}x\sqrt{x} + c.$$

Pour trouver les primitives de $f(x) = (x^2-3)^2$, on a développé $f(x)$ soit : $f(x) = (x^2-3)^2 = x^4 - 6x^2 + 9$.

Primitives des fonctions composées

Fiche 9

Mathématiques

LE COURS

Soit u une fonction et u' sa dérivée.
La fonction $x \mapsto f(u(x))$ est l'enchaînement de la fonction u suivie de la fonction f. C'est la fonction composée $f \circ u$.

Fonction	Primitives
$u'u^{\alpha}$, $\alpha \neq -1$	$\dfrac{1}{\alpha+1}u^{\alpha+1}+c$
$\dfrac{u'}{2\sqrt{u}}$, $u>0$	$\sqrt{u}+c$
$\dfrac{u'}{u}$, $u>0$	$\ln u+c$
$u'e^{u}$	$e^{u}+c$

Cas particuliers importants

Le plus souvent, dans les sujets du bac, $u(x)=ax+b$ avec $a \neq 0$.

Fonction	Primitives
$\dfrac{1}{ax+b}$, $ax+b>0$	$\dfrac{1}{a}\ln(ax+b)+c$
$e^{(ax+b)}$	$\dfrac{1}{a}e^{(ax+b)}+c$
$\cos(ax+b)$	$\dfrac{1}{a}\sin(ax+b)+c$
$\sin(ax+b)$	$-\dfrac{1}{a}\cos(ax+b)+c$
a^{x}, $a>0$ et $a \neq 1$	$\dfrac{1}{\ln a}a^{x}+c$

Notes

EXERCICES TYPES CORRIGÉS

EXERCICE 1

Déterminer les primitives des fonctions suivantes :

a) $f(x) = (3 - 5x)^2$ b) $f(x) = \sin(x)\cos(x)$ c) $f(x) = -xe^{1-x^2}$

EXERCICE 2

Soit f la fonction définie sur $\left]\frac{1}{2} ; +\infty\right[$ par : $f(x) = \dfrac{4x-7}{2x-1}$.

a) Déterminer les réels a et b tels que $f(x) = a + \dfrac{b}{2x-1}$.

b) En déduire les primitives de f sur $\left]\frac{1}{2} ; +\infty\right[$.

Corrigés

1 a) On pose $u(x) = 3 - 5x$ et on a $u'(x) = -5$.

$f = -\dfrac{1}{5}u'u^2$ et a pour primitives $F = -\dfrac{1}{5} \times \dfrac{1}{3}u^3 + c$ et

$$\mathbf{F(x) = -\frac{1}{15}(3-5x)^3 + c.}$$

b) On pose $u(x) = \sin(x)$ et on a $u'(x) = \cos(x)$.

$f = u'u$ et a pour primitives $F = \dfrac{1}{2}u^2 + c$ et $\mathbf{F(x) = \dfrac{1}{2}\sin^2(x) + c}$.

c) On pose $u(x) = 1 - x^2$ et on a $u'(x) = -2x$.

$f = \dfrac{1}{2}u'e^u$ et a pour primitives :

$$F = \frac{1}{2} \times e^u + c \text{ et } \mathbf{F(x) = \frac{1}{2}e^{1-x^2} + c}.$$

2 a) $a + \dfrac{b}{2x-1} = \dfrac{a(2x-1)+b}{2x-1} = \dfrac{2ax - a + b}{2x-1}$.

En identifiant à $f(x)$, on obtient le système : $\begin{cases} 2a = 4 \\ -a + b = -7. \end{cases}$

Ce système a comme solution : $\mathbf{a = 2}$ et $\mathbf{b = -5}$ et donc

$f(x) = 2 - \dfrac{5}{2x-1}$.

b) f a pour primitives les fonctions F définies sur $\left]\frac{1}{2} ; +\infty\right[$ par :

$$\mathbf{F(x) = 2x - \frac{5}{2}\ln(2x-1) + c.}$$

Intégrales

LE COURS

Définition

Soit f une fonction **continue et positive** sur un intervalle $[a\ ;\ b]$.

On note $\mathscr{C}_f$ sa courbe représentative dans un repère orthogonal $(O\ ;\vec{i}\ ;\vec{j})$.

L'intégrale de a à b de f est l'aire $\mathscr{A}$ du domaine colorié du plan compris entre les droites d'équations $x = a$ et $x = b$, la courbe $\mathscr{C}_f$ et l'axe (Ox).

On écrit : $\mathscr{A} = \int_a^b f(x)\mathrm{d}x$.

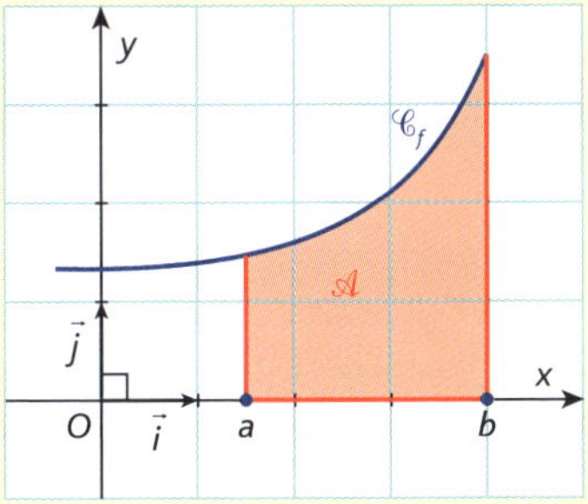

Propriétés

Relation de Chasles

Soient f une fonction **continue** sur un intervalle I de $\mathbb{R}$ et a, b et c des éléments de I.

On a alors : $\int_a^b f(x)\mathrm{d}x + \int_b^c f(x)\mathrm{d}x = \int_a^c f(x)\mathrm{d}x$

Linéarité

Soient $f : [a\ ;\ b] \to \mathbb{R}$ et $g : [a\ ;\ b] \to \mathbb{R}$ deux fonctions **continues** sur l'intervalle $[a\ ;\ b]$, et $\lambda \in \mathbb{R}$.

$$\int_a^b (f(x) + g(x))\mathrm{d}x = \int_a^b f(x)\mathrm{d}x + \int_a^b g(x)\mathrm{d}x$$

$$\int_a^b (\lambda f)(x)\mathrm{d}x = \lambda \int_a^b f(x)\mathrm{d}x$$

Positivité

Soit f une fonction **continue** sur un intervalle $[a\ ;\ b]$.

Si pour tout $x \in [a\ ;\ b]$, $f(x) \geqslant 0$, alors : $\int_a^b f(x)dx \geqslant 0$

Notes

EXERCICES TYPES CORRIGÉS

EXERCICE 1

Tracer la courbe représentative de la fonction $f : x \mapsto x + 1$.

En déduire la valeur de l'intégrale $\mathscr{A} = \int_0^1 f(x)\mathrm{d}x$.

EXERCICE 2

Si une fonction f est continue et négative sur un intervalle $[a ; b]$, on démontre et on admettra que l'intégrale de a à b de f est l'opposée de l'aire du domaine du plan compris entre les droites d'équations $x = a$ et $x = b$, la courbe représentative $\mathscr{C}_f$ de f et l'axe (Ox).

Déterminer $\int_1^5 f(x)\mathrm{d}x$ où f est la fonction constante -2.

Corrigés

1 La fonction f est une fonction affine et donc sa courbe représentative est une droite.

Cette droite passe par les points $A(0 ; 1)$ et $B(1 ; 2)$.

On obtient la figure ci-contre :

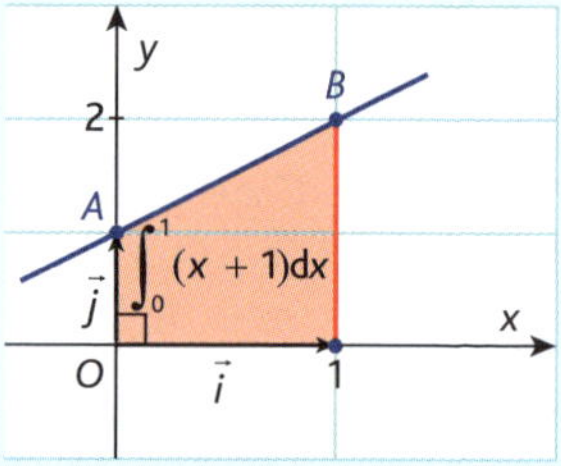

Pour calculer l'intégrale $\mathscr{A}$, il suffit de déterminer l'aire du domaine colorié sur la figure.

Cette aire est celle d'un trapèze, dont les bases mesurent 1 et 2, et la hauteur 1.

On a donc $\mathscr{A} = \frac{(1+2) \times 1}{2} = \mathbf{\frac{3}{2}}$.

On remarque, sur le graphique, que le domaine est bien constitué d'un rectangle unité complet et d'un demi-rectangle unité.

2 Dans notre cas, on cherche l'aire $\mathscr{A}$ du domaine du plan compris entre les droites d'équations $x = 1$ et $x = 5$, la droite d'équation $y = -2$ et l'axe (Ox).

Cette aire est celle d'un rectangle de longueur $5 - 1 = 4$ et de largeur 2, soit $4 \times 2 = 8$.

On a donc $\int_1^5 (-2)\mathrm{d}x = -\mathscr{A} = \mathbf{-8}$.

Calculs d'aires

Fiche 11

Mathématiques

LE COURS

Aire du domaine délimité par une courbe

Soient f une fonction **continue** sur un intervalle $[a\,;b]$, $\mathscr{C}$ sa courbe représentative dans un repère orthogonal $(O\,;\vec{i}\,;\vec{j})$ et F une primitive quelconque de f.

- Si $f(x) \geqslant 0$ sur $[a\,;b]$, $\mathscr{C}$ est au-dessus de (Ox) sur $[a\,;b]$.
L'aire coloriée sur la figure 1 est égale à :

$$\mathscr{A} = \int_a^b f(x)\,\mathrm{d}x = F(b) - F(a)$$

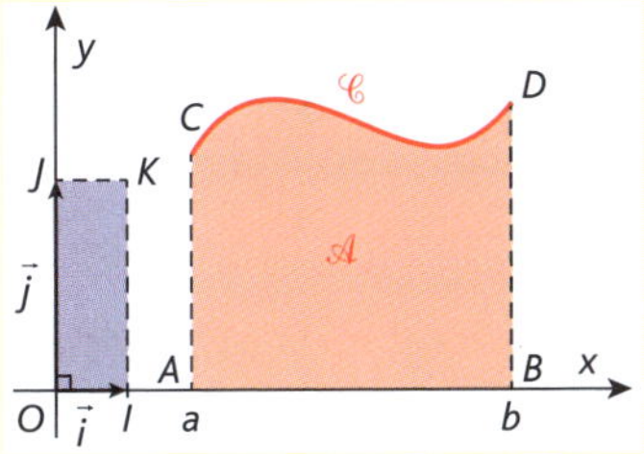

▲ Fig. 1

La valeur de $\mathscr{A}$ est exprimée en unités d'aire (u.a.), qui est l'aire du rectangle $(OIKJ)$ construit à partir du repère $(O\,;\vec{i}\,;\vec{j})$.

- Si $f(x) \leqslant 0$ sur $[a\,;b]$, $\mathscr{C}$ est en dessous de (Ox) sur $[a\,;b]$.
L'aire coloriée sur la figure 2 est égale à :

$$\mathscr{A} = -\int_a^b f(x)\,\mathrm{d}x = F(a) - F(b)$$

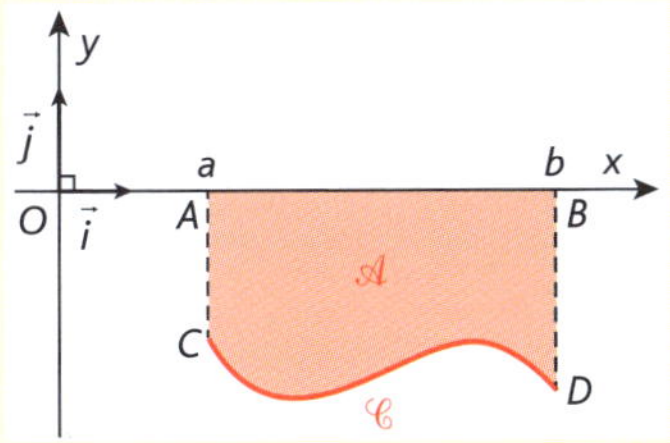

▲ Fig. 2

Aire du domaine compris entre deux courbes

Soient f et g deux fonctions **continues** sur un intervalle $[a\,;b]$, $\mathscr{C}_f$ et $\mathscr{C}_g$ leurs courbes représentatives dans un repère orthogonal. On pose $d(x) = f(x) - g(x)$ et on procède avec $d(x)$ comme au-dessus.

Valeur moyenne

La valeur moyenne de f sur $[a\,;b]$ est notée μ ou f_{moy} et est donnée par le nombre réel :

$$\mu = f_{\text{moy}} = \frac{1}{b-a}\int_a^b f(x)\,\mathrm{d}x.$$

Notes

EXERCICES TYPES CORRIGÉS

EXERCICE 1

Soit f la fonction définie sur $\mathbb{R}$ par : $f(x) = x^2 - 2x$ et $\mathscr{C}$ sa courbe représentative dans un repère orthogonal $(O ; \vec{i} ; \vec{j})$, d'unités : 3 cm sur (Ox) et 1 cm sur (Oy).

1. Représenter $\mathscr{C}$ sur $[-1 ; 3]$ à l'aide d'une calculatrice.

2. Donner la position de $\mathscr{C}$ par rapport à l'axe (Ox).

3. Calculer, en cm², les aires des domaines de plan limités par $\mathscr{C}$, l'axe (Ox) et les droites d'équations :

a) $x = -1$ et $x = 0$; **b)** $x = 0$ et $x = 1$; **c)** $x = -1$ et $x = 1$.

EXERCICE 2

Soit f la fonction définie sur $[0 ; \pi]$ par : $f(x) = \sin(2x)$.
Déterminer la valeur moyenne de f sur $[0 ; \pi]$.

Corrigés

1 **1.** La courbe représentative est laissée au soin du lecteur.

2. **$\mathscr{C}$ est strictement au-dessus de (Ox) sur $[-1 ; 0[$ et sur $]2 ; 3]$, $\mathscr{C}$ est strictement en dessous de (Ox) sur $]0 ; 2[$** et $\mathscr{C}$ coupe l'axe (Ox) en $x = 0$ et en $x = 2$.

3. $F(x) = \frac{1}{3}x^3 - x^2$ est une primitive de $f(x) = x^2 - 2x$ sur $\mathbb{R}$.

a) Sur $[-1 ; 0]$, $f(x) \geqslant 0$, $\mathscr{C}$ est au-dessus de (Ox) et donc

$$\mathscr{A}_{a)} = \int_{-1}^{0} f(x)\,dx = F(0) - F(-1) = 0 - \left(-\frac{4}{3}\right) = \frac{4}{3} \text{ unités d'aire (ua).}$$

Une unité d'aire est ici l'aire d'un rectangle de côtés 3 cm et 1 cm ; elle est égale à 3 cm².

$$\mathscr{A}_{a)} = \frac{4}{3} \times 3 = \mathbf{4\ cm^2}.$$

b) Sur $[0 ; 1]$, $f(x) \leqslant 0$, $\mathscr{C}$ est en dessous de (Ox) et donc

$$\mathscr{A}_{b)} = -\int_{0}^{1} f(x)\,dx = F(0) - F(1) = 0 - \left(-\frac{2}{3}\right) = \frac{2}{3} \text{ (ua) et donc}$$

$$\mathscr{A}_{b)} = \frac{2}{3} \times 3 = \mathbf{2\ cm^2}.$$

c) On a $\mathscr{A}_{c)} = \mathscr{A}_{a)} + \mathscr{A}_{b)} = 4 + 2 = \mathbf{6\ cm^2}$.

2 $-\frac{1}{2}\cos(2x)$ est une primitive de $\sin(2x)$ sur $[0 ; \pi]$.

On a :

$$\mu = f_{moy} = \frac{1}{\pi - 0}\int_{0}^{\pi} f(x)\,dx = -\frac{1}{\pi} \times \frac{1}{2}(\cos(2\pi) - \cos(0)) = \mathbf{0}.$$

Déterminer une aire

EXERCICES TYPES CORRIGÉS

EXERCICE 1

Soient f et g les fonctions définies sur [0,1 ; 6] par :

$$f(x) = \frac{1}{x}$$

et $g(x) = -x^2 + 5{,}8x - 3{,}8$.

On note $\mathscr{C}_f$ et $\mathscr{C}_g$ les courbes représentatives de ces fonctions dans le repère orthogonal ci-contre.

On constate que ces courbes sont sécantes en deux points.

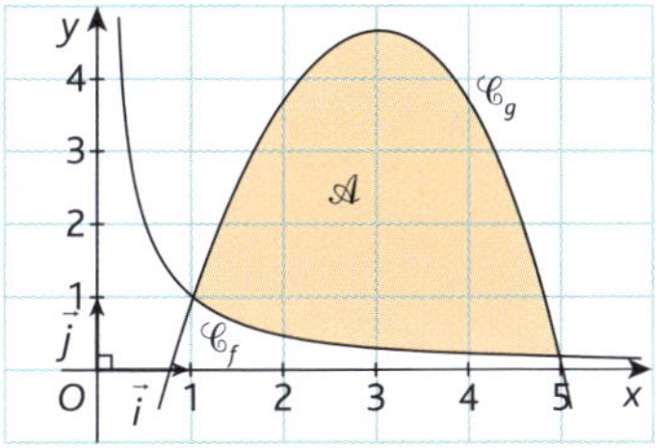

On s'intéresse à l'aire $\mathscr{A}$ du domaine colorié délimité par les deux courbes sur [1 ; 5].

Dans la suite de l'exercice, les aires sont exprimées en unités d'aires.

1. Vérifier que ces courbes sont sécantes en $x = 1$ et $x = 5$.

2. Exprimer l'aire $\mathscr{A}$ à l'aide d'une intégrale.

3. Parmi les trois encadrements ci-dessous un seul est correct, lequel ?

$$0 \leqslant \mathscr{A} \leqslant 3\ ; \quad 8 \leqslant \mathscr{A} \leqslant 13\ ; \quad 20 \leqslant \mathscr{A} \leqslant 23.$$

On donnera un argument graphique.

4. Pour tout réel $x \in [0{,}1\ ; 6]$, on pose : $h(x) = g(x) - f(x)$.

a) Déterminer une primitive H de la fonction h sur [0,1 ; 6].

b) Déterminer alors la valeur de l'intégrale $\displaystyle\int_1^5 h(x)\mathrm{d}x$ à 10^{-3} près.

c) Si l'unité choisie sur l'axe des abscisses est de 5 cm et sur l'axe des ordonnées de 4 cm, déterminer la valeur de $\mathscr{A}$ en cm^2.
On donnera le résultat au mm^2 près.

EXERCICE 2

1. Déterminer les réels a et b pour que $F(x) = (ax + b)\mathrm{e}^{-x}$ soit une primitive de $f(x) = (x + 2)\mathrm{e}^{-x}$.

2. Calculer l'aire $\mathscr{A}$ du domaine compris entre la courbe représentative $\mathscr{C}$ de f, l'axe (Ox) et les droites d'équation $x = 0$ et $x = 1$.

Notes

Corrigés

1 **1.** À l'aide d'une calculatrice, on obtient $f(1) = g(1) = 1$.
Comme $f(1) = g(1)$, **les courbes sont bien sécantes en $x = 1$.**
De plus, $f(5) = g(5) = 0{,}2$ et donc **les courbes sont aussi sécantes en $x = 5$.**

2. $\mathscr{A} = \displaystyle\int_1^5 (g(x) - f(x))\,dx$, car le domaine est défini sur [1 ; 5] et que $\mathscr{C}_g$ est au-dessus de $\mathscr{C}_f$ sur [1 ; 5].

3. On peut dénombrer plus de 4 de carreaux unités à l'intérieur du domainecoloriéetdonc4 $\leqslant \mathscr{A}$ etlepremierencadrement0 $\leqslant \mathscr{A} \leqslant 3$ est faux.

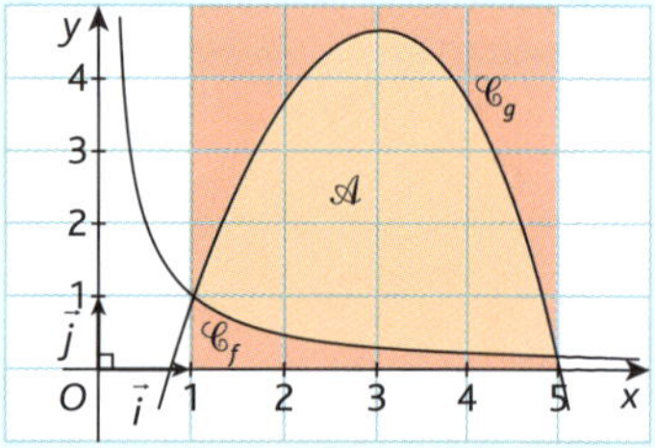

Par ailleurs en considérant le rectangle passant par les points d'intersection des courbes et contenant complètement le domaine, nous voyons que son aire est $4 \times 5 = 20$.
Par suite, l'aire du domaine est inférieure à 20 et le troisième encadrement, $20 \leqslant \mathscr{A} \leqslant 23$, est donc faux.
On en déduit que : $\mathbf{8 \leqslant \mathscr{A} \leqslant 13}$.

4. a) Pour tout réel $x \in [0{,}1 ; 6]$, $h(x) = -x^2 + 5{,}8x - 3{,}8 - \dfrac{1}{x}$.
Or, $x \to \ln(x)$ est une primitive de $x \mapsto \dfrac{1}{x}$ sur [0,1 ; 6], donc :

$$H(x) = -\frac{x^3}{3} + \frac{5{,}8}{2}x^2 - 3{,}8x - \ln(x) = \mathbf{-\frac{x^3}{3} + 2{,}9x^2 - 3{,}8x - \ln(x)}$$

est une primitive de h sur [0,1 ; 6].

b) $\displaystyle\int_1^5 h(x)\,dx = [H(x)]_1^5 = H(5) - H(1) \approx \mathbf{11{,}457}$.

c) D'après **b)**, nous savons que $\mathscr{A} \approx 11{,}457$.
On vérifie que l'on a bien : $8 \leqslant \mathscr{A} \leqslant 13$.
Or, une unité d'aire mesure $5 \times 4 = 20$ cm².
On a donc : $\mathscr{A} \approx 11{,}457 \times 20 \approx$ **229,14 cm²**.

2 **1.** $F'(x) = ae^{-x} - (ax + b)e^{-x} = (-ax + a - b)e^{-x} = (x + 2)e^{-x}$
$\Leftrightarrow (-a = 1$ et $a - b = 2) \Leftrightarrow$ (**$a = -1$** et **$b = -3$**) et donc :
$F(x) = -(x + 3)e^{-x}$ est une primitive de $f(x) = (x + 2)e^{-x}$.

2. $f(x) \geqslant 0$ sur $\left[0 ; 1\right]$ et donc $\mathscr{C}$ est au-dessus de l'axe (Ox) sur [0 ; 1].
Par suite, $\mathscr{A} = \displaystyle\int_0^1 f(x)\,dx = \left[F(x)\right]_0^1 = F(1) - F(0) = \mathbf{3 - 4e^{-1}}$.
On retrouvera cette aire page 118.

Utiliser des algorithmes pour une fonction

EXERCICES TYPES CORRIGÉS

EXERCICE 1

Soit f la fonction définie sur $[-2 ; 1]$ par : $f(x) = 0{,}5x^3 - 2x - 1$.
On admet que f admet un maximum sur $[-2 ; 1]$ en étant tout d'abord croissante, puis décroissante.

1. Une fois la fonction Python ci-contre chargée, que permet de faire l'instruction *print(f(1))* ?

```
def f(x):
    return 0.5*x**3-2*x-1
```

2. L'algorithme ci-contre permet de déterminer un encadrement de la valeur de x_0 pour laquelle f est maximale sur $[-2 ; 1]$.
Après exécution de l'instruction *print(max(3))* la console affiche $-1{,}155$.
On admet, que dans ce cas, avec un pas de 10^{-3}, cette méthode permet de déterminer l' abscisse x_0 du maximum.
Donner alors l'encadrement de x_0 obtenu par l'algorithme.

```
def f(x):
    return 0.5*x**3-2*x-1

def max(n):
    x = -2
    pas = 10**(-n)
    while f(x) < f(x+pas):
        x = x+pas
    return n
```

EXERCICE 2

On considère la fonction f définie sur $\mathbb{R}$ par :

$$f(x) = (x + 2)e^{-x}.$$

On note $\mathscr{C}$ sa courbe représentative dans un repère orthogonal et D le domaine compris entre l'axe des abscisses, la courbe $\mathscr{C}$ et les droites d'équation $x = 0$ et $x = 1$.

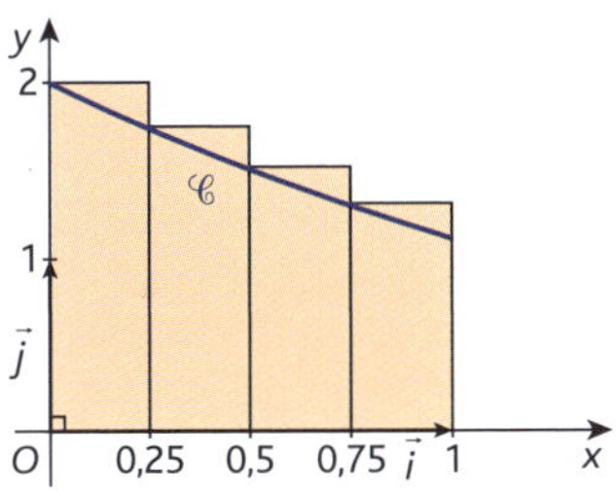

On approche l'aire du domaine D en calculant une somme d'aires de rectangles, comme illustré dans le graphique ci-dessus.
On découpe l'intervalle $[0 ; 1]$ en quatre intervalles de même longueur :

Notes

- Sur [0 ; 0,25] on construit un rectangle de hauteur $f(0)$;
- Sur [0,25 ; 0,5] on construit un rectangle de hauteur $f(0{,}25)$;
- Sur [0,5 ; 0,75] on construit un rectangle de hauteur $f(0{,}5)$;
- Sur [0,75 ; 1] on construit un rectangle de hauteur $f(0{,}75)$.

Le programme Python ci-contre permet d'obtenir une valeur approchée de l'aire du domaine D en ajoutant les aires des quatre rectangles précédents.

```
from math import exp
def f(x):
    return (x+2)*exp(-x)
s = 0
for k in range(0,5):
    s = s +0.25*f(k/4)
print(s)
```

a) Quelle est la valeur affichée après exécution par cet algorithme ? Interpréter ce résultat.

b) Modifier l'algorithme pour obtenir une valeur approchée de l'aire de D à partir de dix rectangles.
Donner le résultat affiché après exécution.

Corrigés

1 1. La fonction f définie en Python permet de déterminer les images de la fonction f de l'énoncé.
On rappelle que *x**3* représente la valeur de x^3.
Ainsi **l'instruction *print(f(1))* affiche dans la console l'image de 1** par la fonction f, c'est-à-dire : – 2,5.

2. La fonction *max(3)* teste en avançant de 10^{-3} à chaque étape si $f(-2) < f(-1{,}999)$, puis si $f(-1{,}999) < f(-1{,}998)$ etc.
La dernière de ces inégalités qui est vraie est :

$$f(-1{,}156) < f(-1{,}155).$$

On en déduit que : $\mathbf{-1{,}155 < x_0 < -1{,}154}$.

2 a) Après exécution la console affiche : **1,641 909 107 81.**
Ainsi, **l'aire de D est proche, à 10^{-3}, de 1,642 u.a.**

b) Il nous faut modifier le nombre d'itérations de la boucle qui passe de 4 à 10, puis la largeur de chaque rectangle qui passe de $\frac{1}{4}$ à $\frac{1}{10}$ ainsi que la hauteur qui devient $f\left(\frac{k}{10}\right)$.

```
from math import exp
def f(x):
    return (x+2)*exp(-x)
s = 0
for k in range(0,10):
    s = s +0.1*f(k/10)
print(s)
```

Le résultat affiché est alors : **1,573 520 658 88**. Dans ce cas, l'aire de D est proche, à 10^{-3}, de 1,574 u.a. Plus on augmentera le nombre de rectangles, plus on se rapprochera de la valeur exacte de l'aire de D. En utilisant le calcul intégral, on démontre que cette aire est égale à : $3 - 4e^{-1}$, soit, à 10^{-3}, 1,528 u.a. Voir page 116.

Fonctions exponentielles de base *a*

LE COURS

Définition

Soit a un nombre réel **strictement positif**.

On admet qu'il existe une fonction f, définie sur $\mathbb{R}$, prolongeant la suite géométrique (a^n).

Pour tout réel x, on a : $f(x) = a^x$.

Cette fonction s'appelle **fonction exponentielle de base *a***.

Sens de variation et représentation graphique

Exemple

- **Si $0 < a < 1$, la fonction $x \mapsto a^x$ est strictement décroissante sur $\mathbb{R}$.**
- **Si $a > 1$, la fonction $x \mapsto a^x$ est strictement croissante sur $\mathbb{R}$.**
- **Si $a = 1$, la fonction $x \mapsto a^x$ est constante sur $\mathbb{R}$ et égale à 1.**

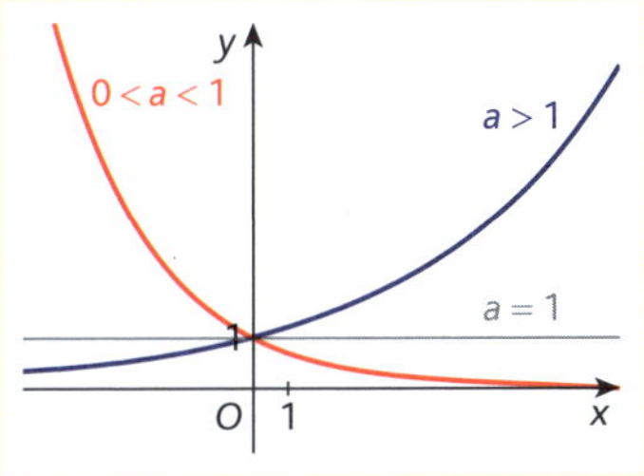

Propriétés

Soient a et b des réels **strictement positifs**, et x et y des nombres réels.

- $a^0 = 1$
- $a^1 = a$
- $a^{-x} = \dfrac{1}{a^x}$
- $a^x \times a^y = a^{x+y}$
- $(a^x)^y = a^{xy}$
- $(ab)^x = a^x \times b^x$
- $\left(\dfrac{a}{b}\right)^x = \dfrac{a^x}{b^x}$
- $\dfrac{a^x}{a^y} = a^{x-y}$

Théorème

Soient a et b des réels **strictement positifs**, et n un entier naturel **non nul**.

On a : $a^n = b \Leftrightarrow a = \sqrt[n]{b} = b^{\frac{1}{n}}$.

Notes

EXERCICES TYPES CORRIGÉS

EXERCICE 1

Déterminer le sens de variation des fonctions suivantes :

a) $f(x) = 0{,}98^x$ b) $g(x) = 1{,}03^x$ c) $h(x) = -2 \times 0{,}7^x$

EXERCICE 2

Résoudre dans $\mathbb{R}$ l'équation : $x\sqrt{x} = 64$.

EXERCICE 3

Un produit augmente de 10 % par an.

On démontre et on admettra que pour déterminer le taux mensuel t équivalent, on doit résoudre l'équation $(1 + t)^{12} = 1{,}10$.

Déterminer t à 10^{-4} près.

EXERCICE 4

Déterminer la fonction exponentielle qui passe par le point $A(-1, 4)$.

Corrigés

1 a) **La fonction f est strictement décroissante sur** $\mathbb{R}$ car $0 < 0{,}98 < 1$.

b) **La fonction g est strictement croissante sur** $\mathbb{R}$ car $1{,}03 > 1$.

c) **La fonction h est strictement croissante sur** $\mathbb{R}$ car $-2 < 0$ et la fonction $x \mapsto 0{,}7^x$ est strictement décroissante sur $\mathbb{R}$ car $0 < 0{,}7 < 1$.

2 $x\sqrt{x} = x \times x^{\frac{1}{2}} = x^{1+\frac{1}{2}} = x^{\frac{3}{2}}$.

$x\sqrt{x} = 64 \Leftrightarrow x^{\frac{3}{2}} = 64 \Leftrightarrow x = \sqrt[\frac{3}{2}]{64} = 64^{\frac{2}{3}} = 16.$

L'ensemble solution est $\boldsymbol{S = \{16\}}$.

3 $(1+t)^{12} = 1{,}1 \Leftrightarrow 1+t = \sqrt[12]{1{,}1} = 1{,}1^{\frac{1}{12}} \Leftrightarrow t = 1{,}1^{\frac{1}{12}} - 1 \approx 0{,}008\,0$

soit approximativement **8 ‰**.

4 On cherche le réel $\boldsymbol{a}$ tel que $a^{-1} = 4$.

$$a^{-1} = 4 \Leftrightarrow \frac{1}{a} = 4 \Leftrightarrow a = \frac{1}{4} = 0{,}25.$$

La fonction exponentielle de base a cherchée est définie sur $\mathbb{R}$ par :

$$\boldsymbol{f(x) = 0{,}25^x}.$$

Fonction logarithme décimal

LE COURS

Définition

La fonction logarithme décimal est la fonction qui à tout nombre réel x **strictement positif** associe son logarithme décimal, c'est-à- dire la fonction : $x \mapsto y = \log(x)$.

On a : $y = \log(x) \Leftrightarrow x = 10^y$.

Conséquences

- Soit $x > 0$, on a : $10^{\log(x)} = x$.
- $10^0 = 1$ et donc $\log(1) = 0$.
- $10^1 = 10$ et donc $\log(10) = 1$.

Sens de variation et représentation graphique

La fonction logarithme décimal est **strictement croissante** sur $]0\,;+\infty[$.

Comme $\log(1) = 0$, on en déduit que :

- **Si $0 < a \leqslant 1$ alors $\log(a) \leqslant 0$;**
- **Si $a \geqslant 1$ alors $\log(a) \geqslant 0$.**

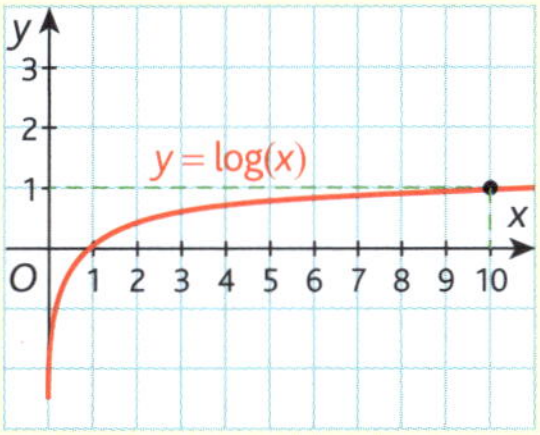

Propriétés

Soient a et b deux réels **strictement positifs**, et n **un entier naturel**.

- $\log(ab) = \log(a) + \log(b)$
- $\log\left(\frac{1}{b}\right) = -\log(b)$
- $\log\left(\frac{a}{b}\right) = \log(a) - \log(b)$
- $\log(a^n) = n\log(a)$

Exemple

On souhaite déterminer le nombre n de chiffres du nombre 2^{100} sans utiliser de calculatrice sachant que $\log(2) \approx 0{,}301\,03$.

On a $\log(2^{100}) = 100\log(2) \approx 30{,}103$ car $\log(a^n) = n\log(a)$.

On en déduit que $2^{100} = 10^{\log(2^{100})} \approx 10^{30{,}103}$ et donc : $10^{30} < 2^{100} < 10^{31}$.

Ainsi 2^{100} est un nombre de 31 chiffres (en effet $100 = 10^2$ possède trois chiffres, $1\,000 = 10^3$ quatre chiffres etc.)

Notes

EXERCICES TYPES CORRIGÉS

EXERCICE 1

Résoudre les équations suivantes :

a) $\log(x) = 1$ b) $\log(x) = -1$

EXERCICE 2

Résoudre les inéquations suivantes :

a) $1 < \log(x) \leqslant 3$ b) $-3 \leqslant \log(x) \leqslant -1$ c) $\log(x) \leqslant 2$

EXERCICE 3

Déterminer le plus grand entier n tel que $(1,3)^n \leqslant 5$.

EXERCICE 4

Le pH d'une solution est donné par la formule : $\text{pH} = -\log[H_3O^+]$, où $[H_3O^+]$ est la concentration d'ions hydronium exprimée en moles par litre.

a) On sait que la concentration en H_3O^+ d'une solution aqueuse est de $3,20 \times 10^{-4}$ mol $\times$ l^{-1}.

Cette solution est-elle acide ou basique ?

b) Le pH d'une solution aqueuse est 6,20.

Donner la concentration en H_3O^+ de cette solution.

Corrigés

1 Les équations proposées sont définies sur $]0 ; +\infty[$.

a) $\log(x) = 1 \Leftrightarrow x = 10^1 = 10$ et donc $\boldsymbol{S = \{10\}}$.

b) $\log(x) = -1 \Leftrightarrow x = 10^{-1} = 0,1$ et donc $\boldsymbol{S = \{0,1\}}$.

2 Les inéquations proposées sont définies sur $]0 ; +\infty[$.

a) $1 < \log(x) \leqslant 3 \Leftrightarrow 10^1 < x \leqslant 10^3$ et donc $\boldsymbol{S =]10 ; 1\,000]}$.

b) $-3 \leqslant \log(x) \leqslant -1 \Leftrightarrow 10^{-3} \leqslant x \leqslant 10^{-1}$ et donc $\boldsymbol{S = [0,001 ; 0,1]}$.

c) $\log(x) \leqslant 2 \Leftrightarrow 0 < x \leqslant 10^2$ et donc $\boldsymbol{S =]0 ; 100]}$.

3 On utilise la croissance de la fonction log sur $]0 ; +\infty[$.

$$(1,3)^n \leqslant 5 \Leftrightarrow \log((1,3)^n) \leqslant \log(5) \Leftrightarrow n\log(1,3) \leqslant \log(5)$$

$$\Leftrightarrow n \leqslant \frac{\log(5)}{\log(1,3)}.$$

On n'a pas changé le sens de l'inéquation car on a divisé par $\log(1,3)$ qui est positif.

$\dfrac{\log(5)}{\log(1,3)} \approx 6,13$ et donc le plus grand entier n tel que $(1,3)^n \leqslant 5$ est **6**.

4 a) On a : $\text{pH} = -\log(3,20 \times 10^{-4}) \approx 3,49$.

La solution est donc **acide** puisque son pH est inférieur à 7.

b) $\text{pH} = -\log[H_3O^+] \Leftrightarrow -\log[H_3O^+] = 6,2 \Leftrightarrow \log[H_3O^+] = -6,2$

$\Leftrightarrow [H_3O^+] = 10^{-6,2} \Leftrightarrow [H_3O^+] \approx \boldsymbol{6,31 \times 10^{-7}}$ **mol** $\times$ l^{-1}.

Fonction exponentielle de base e

Fiche 16

Mathématiques

LE COURS

Définition et représentation graphique

Parmi toutes les fonctions exponentielles $x \mapsto a^x$ avec $a > 0$, il en existe une et une seule dont la représentation graphique dans un repère du plan admet une tangente en 0 de pente égale à 1 (en bleue sur la figure ci-dessous).

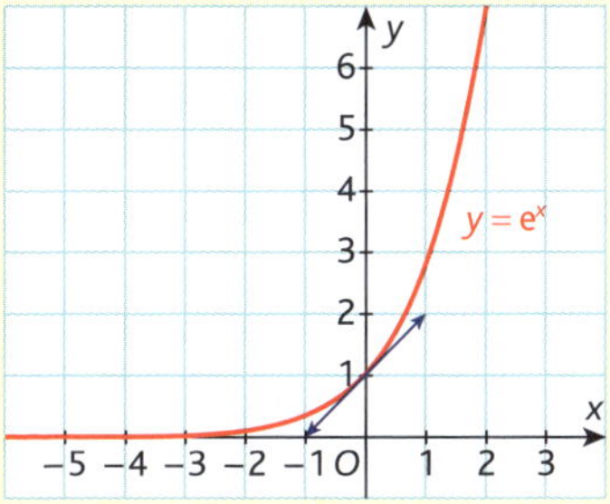

C'est **la fonction exponentielle de base e** avec $e \approx 2{,}718$.
Elle est notée **exp** et on a : $\exp(x) = e^x$.
Comme $e > 1$, la fonction exponentielle de base e est **strictement croissante** sur $\mathbb{R}$.

Conséquences

- $e^a = e^b \Leftrightarrow a = b$
- $e^a > e^b \Leftrightarrow a > b$

Propriétés

La fonction exponentielle de base e vérifie toutes les propriétés des fonctions exponentielles.

- $e^0 = 1$ et pour tous réels a et b, on a :
- $e^{-a} = \dfrac{1}{e^a}$
- $e^a \times e^b = e^{a+b}$
- $(e^a)^b = e^{ab}$
- $\dfrac{e^a}{e^b} = e^{a-b}$

Notes

EXERCICES TYPES CORRIGÉS

EXERCICE 1

Simplifier les expressions suivantes : a) $e^2 \times e^3$ b) $(e^2)^3$ c) $\dfrac{e^5}{e^3}$

EXERCICE 2

a) Déterminer le sens de variation de la fonction f définie sur $\mathbb{R}$ par : $f(x) = e^{-x}$.

b) Que peut-on dire de la représentation graphique de f dans un repère orthogonal ?

EXERCICE 3

Résoudre dans $\mathbb{R}$ l'équation : $e^{2x} - 2e^x + 1 = 0$.

EXERCICE 4

Résoudre dans $\mathbb{R}$ les inéquations suivantes :

a) $e^{x^2} \leqslant e$ b) $e^{-2x} > 1$

EXERCICE 5

La température θ, en degrés Celsius, d'un microprocesseur en fonction du temps t, en secondes, est donnée par :

$$\theta(t) = 60(1 - ke^{-0{,}001t}).$$

Déterminer k, sachant qu'à l'instant $t = 0$, on a $\theta = 20°$.

Corrigés

1 a) $e^2 \times e^3 = e^{2+3} = \mathbf{e^5}$. b) $(e^2)^3 = e^{2\times 3} = \mathbf{e^6}$.

c) $\dfrac{e^5}{e^3} = e^{5-3} = e^2$.

2 a) Comme $f(x) = e^{-x} = \dfrac{1}{e^x}$, la fonction f est l'inverse de la fonction exp.

Par suite, la fonction f est **strictement décroissante sur** $\mathbb{R}$ car la fonction exp est strictement croissante sur $\mathbb{R}$.

b) La représentation graphique de f dans un repère orthogonal est **la symétrique de la représentation graphique de la fonction exp par rapport à l'axe des ordonnées.**

3 On sait que : $e^{2x} = (e^x)^2$ et donc :

$e^{2x} - 2e^x + 1 = 0 \Leftrightarrow (e^x - 1)^2 = 0 \Leftrightarrow e^x - 1 = 0 \Leftrightarrow e^x = 1 \Leftrightarrow x = 0$.

L'ensemble solution est donc $\boldsymbol{S} = \{\mathbf{0}\}$.

4 On utilise la croissance de la fonction exp sur $\mathbb{R}$.

a) $e^{x^2} \leqslant e \Leftrightarrow e^{x^2} \leqslant e^1 \Leftrightarrow x^2 \leqslant 1 \Leftrightarrow x^2 - 1 \leqslant 0$ et $\boldsymbol{S} = [-\mathbf{1}\,;\mathbf{1}]$.

b) $e^{-2x} > 1 \Leftrightarrow e^{-2x} > e^0 \Leftrightarrow -2x > 0 \Leftrightarrow x < 0$ et $\boldsymbol{S} = \mathbb{R}^*_-$.

5 $\theta(0) = 60(1 - ke^{-0{,}001\times 0}) = 60(1 - ke^0) = 60(1-k) = 20$

$$\Leftrightarrow 1 - k = \frac{20}{60} = \frac{1}{3} \Leftrightarrow k = 1 - \frac{1}{3} = \mathbf{\frac{2}{3}}.$$

Étude de la fonction exponentielle

Fiche 17

Mathématiques

LE COURS

Dérivée et sens de variation

Soit f la fonction exponentielle de base e.
On démontre et on admettra que f est dérivable sur $\mathbb{R}$ et que pour tout réel x, $f'(x) = e^x$.
On note : $(e^x)' = e^x$.

La fonction exponentielle de base e est **strictement croissante** sur $\mathbb{R}$ (voir page 123).

Plus généralement, si u est une fonction dérivable sur un intervalle I, la fonction e^u est dérivable sur I et on a :

$$(e^u)' = u'e^u$$

Limites

$\lim\limits_{x \to -\infty} e^x = 0$ et $\lim\limits_{x \to +\infty} e^x = +\infty$.

Tableau de variations et représentation graphique

x	$-\infty$	$+\infty$
$(e^x)'$	+	
e^x	0 ↗	$+\infty$

Voir la représentation graphique page 123.
Remarque : **Pour tout réel x, $e^x > 0$.**

Théorèmes des croissances comparées

Soit n un entier naturel **non nul**.

$$\lim_{x \to -\infty} x^n e^x = 0 \; ; \; \lim_{x \to +\infty} \frac{e^x}{x^n} = +\infty \text{ et } \lim_{x \to +\infty} x^n e^{-x} = 0.$$

Notes

EXERCICES TYPES CORRIGÉS

EXERCICE 1

Montrer que l'équation $e^x = 2$ admet une solution unique dans $\mathbb{R}$.
Vérifier que cette solution est comprise entre 0,69 et 0,70.

EXERCICE 2

Soit f la fonction définie sur $\mathbb{R}$ par : $f(x) = e^x - x - 1$.

a) Déterminer le sens de variation de la fonction f.
En déduire que $e^x \geqslant x + 1$ sur $\mathbb{R}$.

b) Déterminer les limites de $f(x)$ en $-\infty$ et en $+\infty$.

Pour la limite en $+\infty$, on utilisera que : $f(x) = x\left(\dfrac{e^x}{x} - 1 - \dfrac{1}{x}\right)$.

Corrigés

1 La fonction exp est continue et strictement croissante sur $\mathbb{R}$.
La droite horizontale d'équation $y = 2$ coupe la courbe représentative de la fonction exp en un point et un seul dont **l'abscisse est la solution unique** de l'équation $e^x = 2$.
Cette solution est **comprise entre 0,69 et 0,70** car $e^{0,69} \approx 1,99 < 2$ et $e^{0,70} \approx 2,01 > 2$.

2 **a)** La fonction f est dérivable sur $\mathbb{R}$ et on a : $f'(x) = e^x - 1$.
$e^x - 1 \geqslant 0 \Leftrightarrow e^x \geqslant 1 \Leftrightarrow x \geqslant 0$.
Par suite, $f'(x) \leqslant 0$ sur $]-\infty\,; 0]$ et $f'(x) \geqslant 0$ sur $[0\,; +\infty[$.
La fonction f est donc strictement décroissante sur $]-\infty\,; 0]$ et strictement croissante sur $[0\,; +\infty[$.
La fonction f admet un minimum en $x = 0$ et comme $f(0) = e^0 - 0 - 1 = 0$, on a : $f(x) = e^x - x - 1 \geqslant 0$ et donc $\mathbf{e^x \geqslant x + 1}$ sur $\mathbb{R}$.
On peut remarquer que la droite T d'équation $y = x + 1$ est tangente à la courbe représentative $\mathscr{C}$ de la fonction exp en $x = 0$, qu'elle a pour coefficient directeur 1 et que $\mathscr{C}$ est située au-dessus de T.

b) $\lim\limits_{x \to -\infty} f(x) = +\infty$ car $\lim\limits_{x \to -\infty} e^x = 0$ et $\lim\limits_{x \to -\infty} -x = +\infty$.

$$\lim_{x \to +\infty} f(x) = \lim_{x \to +\infty} (e^x - x - 1) = \lim_{x \to +\infty} x\left(\frac{e^x}{x} - 1 - \frac{1}{x}\right) = +\infty$$

car $\lim\limits_{x \to +\infty} \dfrac{1}{x} = 0$ et $\lim\limits_{x \to +\infty} \dfrac{e^x}{x} = +\infty$ d'après le théorème des croissances comparées, et donc $\lim\limits_{x \to +\infty} x\left(\dfrac{e^x}{x} - 1 - \dfrac{1}{x}\right) = +\infty$.

Étudier une fonction exponentielle

EXERCICE TYPE CORRIGÉ

Soit f la fonction définie sur $\mathbb{R}$ par : $f(x) = (8x - 3)e^{-x} + 3$.
On note $\mathscr{C}_f$ sa courbe représentative dans un repère orthonormé du plan.
On considère de plus la fonction g définie sur $\mathbb{R}$ par :

$$g(x) = (-8x - 5)e^{-x}.$$

1. a) Démontrer que pour tout réel x :

$$f'(x) = (11 - 8x)e^{-x}.$$

b) Étudier le signe de la fonction f' sur $\mathbb{R}$.
2. a) Déterminer $\lim\limits_{x \to -\infty} f(x)$.
b) Démontrer que pour tout réel x, $f(x) = 8 \times \dfrac{x}{e^x} - \dfrac{3}{e^x} + 3$.
c) En déduire la limite de f en $+\infty$.
3. Construire le tableau de variations de f.
4. a) Déterminer pour tout réel x, $g'(x)$.
b) En déduire l'aire entre $\mathscr{C}_f$, l'axe des abscisses et les droites d'équations $x = 0$ et $x = 1$.
On donnera la valeur exacte, puis une valeur approchée à 10^{-2}.

Corrigé

1. a) f est de la forme $u \times v + 3$ avec $u(x) = 8x - 3$ et $v(x) = e^{-x}$.
On a : $u'(x) = 8$ et $v'(x) = -e^{-x}$ et alors :

$$f'(x) = 8e^{-x} - (8x - 3)e^{-x} + 0 = (8 - 8x + 3)e^{-x}$$
$$= \mathbf{(11 - 8x)e^{-x}}.$$

b) Pour tout x, $e^{-x} > 0$.
$f'(x)$ est donc du signe de $(11 - 8x)$.
Or : $11 - 8x \geqslant 0 \Leftrightarrow 11 \geqslant 8x \Leftrightarrow \dfrac{11}{8} \geqslant x$.
Ainsi,

- **si $x \in \left]-\infty ; \dfrac{11}{8}\right]$ alors $f'(x) \geqslant 0$;**
- **si $x \in \left[\dfrac{11}{8} ; +\infty\right[$, $f'(x) \leqslant 0$.**

2. a) $\lim\limits_{x \to -\infty} (8x - 3) = -\infty$ et $\lim\limits_{x \to -\infty} e^{-x} = +\infty$.

Notes

Ainsi, par produit de limites : $\lim\limits_{x \to -\infty} (8x - 3)e^{-x} = -\infty$, et :

$$\lim_{x \to -\infty} f(x) = \lim_{x \to -\infty} (8x - 3)e^{-x} + 3 = -\infty.$$

b) $f(x) = 8xe^{-x} - 3e^{-x} + 3$.

Comme $e^{-x} = \dfrac{1}{e^x}$, on a :

$$f(x) == 8x \times \frac{1}{e^x} - 3 \times \frac{1}{e^x} + 3 = \mathbf{8 \times \frac{x}{e^x} - \frac{3}{e^x} + 3}.$$

c) D'après le cours : $\lim\limits_{x \to +\infty} \dfrac{1}{e^x} = 0$ et $\lim\limits_{x \to +\infty} \dfrac{x}{e^x} = 0$, et donc :

$$\lim_{x \to +\infty} \left(8 \times \frac{x}{e^x} - 3 \times \frac{1}{e^x}\right) = 0$$

et $\lim\limits_{x \to +\infty} f(x) = \lim\limits_{x \to +\infty} \left(8 \times \dfrac{x}{e^x} - \dfrac{3}{e^x} + 3\right) = \mathbf{3}.$

3. On a : $f\left(\dfrac{11}{8}\right) \approx 5{,}02$.

x	$-\infty$		$\frac{11}{8}$		$+\infty$
$f'(x)$		$+$	0	$-$	
$f(x)$	$-\infty$	↗	$\approx 5{,}02$	↘	3

4. a) g est de la forme $u \times v$, avec $u(x) = -8x - 5$ et $v(x) = e^{-x}$.
On a : $u'(x) = -8$ et $v'(x) = -e^{-x}$ et alors :

$$g'(x) = -8e^{-x} - (-8x - 5)e^{-x} = (-8 + 8x + 5)e^{-x}$$
$$= \mathbf{(8x - 3)e^{-x}}.$$

b) $\mathscr{C}_f$ est au-dessus de l'axe (Ox) sur $[0\,;\,1]$ car $f(0) = 0$ et f est croissante sur $[0\,;\,1]$ et donc l'aire cherchée est égale à :

$$\mathscr{A} = \int_0^1 f(x)\,dx.$$

Il nous faut donc trouver une primitive de f sur $\mathbb{R}$.
D'après la question précédente la fonction g est une primitive de $x \mapsto (8x - 3)e^{-x}$.
Par suite, une primitive F de la fonction f sur $\mathbb{R}$ est :

$$F(x) = g(x) + 3x = (-8x - 5)e^{-x} + 3x.$$

On a alors :

$$\mathscr{A} = [F(x)]_0^1 = F(1) - F(0) = -13e^{-1} + 3 - (-5e^0 + 0) = \mathbf{8 - \frac{13}{e}}.$$

On a utilisé $e^0 = 1$.
On en déduit que : $\mathscr{A} \approx$ **3,22 unités d'aire.**

Fonction logarithme népérien

Fiche 19

Mathématiques

LE COURS

Introduction

Soit a un réel **positif**.
L'équation $e^x = a$ admet une solution unique sur $\mathbb{R}$ appelée **logarithme népérien** de a.
On la note $\ln(a)$ et on a : $e^{\ln(a)} = a$.

Définition

La fonction logarithme népérien, notée ln, est la fonction qui à tout réel $x > 0$ lui associe son logarithme népérien $\ln(x)$.
On a donc : $\ln :]0 ; +\infty[\to \mathbb{R}$

$$x \mapsto y = \ln(x).$$

Propriétés

La fonction ln est **strictement croissante** sur $]0 ; +\infty[$.
$\ln(1) = 0$; $\ln(e) = 1$ et pour tout naturel n et tous réels a, b et x **strictement positifs**, on a :

- $\ln(ab) = \ln(a) + \ln(b)$
- $\ln\left(\frac{1}{b}\right) = -\ln(b)$
- $\ln\left(\frac{a}{b}\right) = \ln(a) - \ln(b)$
- $\ln(a^n) = n\ln(a)$
- $\ln(a^x) = x\ln(a)$

En particulier, on a :

$$\ln(\sqrt{a}) = \ln\left(a^{\frac{1}{2}}\right) = \frac{1}{2}\ln(a) \text{ et } \ln(e^x) = x.$$

Remarque :

Pour tout réel x **strictement positif**, on a : $\log(x) = \dfrac{\ln(x)}{\ln(10)}$.
On a bien :

$$\log(10) = \frac{\ln(10)}{\ln(10)} = 1.$$

Notes

EXERCICES TYPES CORRIGÉS

EXERCICE 1

Résoudre dans $\mathbb{R}$ les équations suivantes :

a) $\ln(x) = 0$

b) $\ln(x) = 1$

c) $\ln(x) = 2\ln(3)$

d) $\ln(x) = -\ln(5)$

EXERCICE 2

Résoudre dans $\mathbb{R}$ les inéquations suivantes :

a) $\ln(x) < 0{,}5$

b) $\ln(x) \geqslant 1$

c) $\ln(3x) < -\ln(3)$

d) $\ln(8x) \geqslant 4\ln(2)$

EXERCICE 3

Pour le plutonium 238, le nombre de noyaux N, en millions, est fonction du temps t, en années.

Il est donné par : $N(t) = N_0 e^{-0{,}0079t}$ où N_0 est le nombre initial d'éléments radioactifs.

Déterminer, à une année prés, la demi-vie du plutonium 238, c'est-à-dire la durée nécessaire pour que le nombre de noyaux soit divisé par 2.

Corrigés

1 a) $\ln(x) = 0 \Leftrightarrow x = e^0 = 1$ et $\boldsymbol{S} = \{1\}$.

b) $\ln(x) = 1 \Leftrightarrow x = e^1 = e$ et $\boldsymbol{S} = \{e\}$.

c) $\ln(x) = 2\ln(3) = \ln(3^2) = \ln(9) \Leftrightarrow x = 9$ et $\boldsymbol{S} = \{9\}$.

d) $\ln(x) = -\ln(5) = \ln(5^{-1}) = \ln\left(\frac{1}{5}\right) \Leftrightarrow x = \frac{1}{5}$ et $\boldsymbol{S} = \left\{\frac{1}{5}\right\}$.

2 a) $\ln(x) < 0{,}5 \Leftrightarrow x < e^{0,5} = \sqrt{e}$ et $\boldsymbol{S} =]0\,;\sqrt{e}[$.

b) $\ln(x) \geqslant 1 \Leftrightarrow x \geqslant e$ et $\boldsymbol{S} = [e\,;+\infty[$.

c) $\ln(3x) < -\ln(3) = \ln(3^{-1}) = \ln\left(\frac{1}{3}\right) \Leftrightarrow 3x < \frac{1}{3} \Leftrightarrow x < \frac{1}{9}$

et $\boldsymbol{S} = \left]0\,;\frac{1}{9}\right[$.

d) $\ln(8x) \geqslant 4\ln(2) = \ln(2^4) = \ln(16) \Leftrightarrow 8x \geqslant 16 \Leftrightarrow x \geqslant 2$
et $\boldsymbol{S} = [2\,;+\infty[$.

3 On cherche t tel que : $N(t) = N_0 e^{-0{,}0079t} = 0{,}5N_0$.

$$N_0 e^{-0{,}0079t} = 0{,}5N_0 \Leftrightarrow e^{-0{,}0079t} = 0{,}5 \Leftrightarrow -0{,}0079t = \ln(0{,}5)$$

$$\Leftrightarrow t = -\frac{\ln(0{,}5)}{0{,}0079} \approx 88.$$

La demi-vie du plutonium 238 est donc approximativement de **88 ans**.

Étude de la fonction logarithme népérien

LE COURS

Dérivée et sens de variation

Pour tout réel x **strictement positif** : $(\ln(x))' = \dfrac{1}{x}$.

Comme $(\ln(x))' = \dfrac{1}{x} > 0$, on retrouve que la fonction ln est **strictement croissante** sur $]0\,;+\infty[$.

Plus généralement, si u est une fonction dérivable et strictement positive sur un intervalle I, la fonction $\ln(u)$ est dérivable sur I et on a : $(\ln(u))' = \dfrac{u'}{u}$.

Limites

- $\lim\limits_{x \to 0^+} \ln(x) = -\infty$
- $\lim\limits_{x \to +\infty} \ln(x) = +\infty$

Tableau de variations et représentation graphique

x	0	1	$+\infty$
$\ln(x)$	‖ $-\infty$	↗ 0	↗ $+\infty$

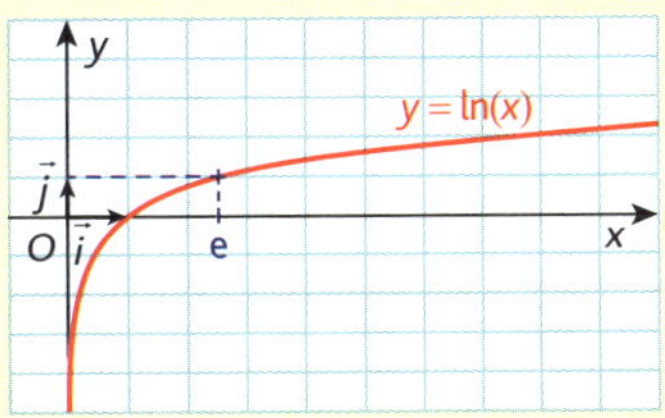

Théorèmes des croissances comparées

Soit n un entier naturel **non nul**.

- $\lim\limits_{x \to 0^+} x\ln(x) = 0$
- $\lim\limits_{x \to +\infty} \dfrac{\ln(x)}{x^n} = 0$

Notes

EXERCICE 1

Soit f la fonction définie sur $]0\,;+\infty[$ par : $f(x)=x(\ln(x)-1)$.
Déterminer la dérivée de la fonction f sur $]0\,;+\infty[$.
En déduire que la fonction f est une primitive de la fonction ln sur $]0\,;+\infty[$.

EXERCICE 2

Soit f la fonction définie sur $]0\,;+\infty[$ par : $f(x)=x-\ln(x)$.
a) Étudier les variations de la fonction f sur $]0\,;+\infty[$.
En déduire que la courbe représentative de la fonction ln est située en dessous de la première bissectrice du repère.
b) Déterminer les limites de $f(x)$ en 0^+ et en $+\infty$.

Pour la limite en $+\infty$ on utilisera que : $f(x)=x\left(1-\dfrac{\ln(x)}{x}\right)$.

Corrigés

1 La fonction f est dérivable sur $]0\,;+\infty[$ et on a :

$$f'(x)=1\times(\ln(x)-1)+x\times\frac{1}{x}=\ln(x)-1+1=\mathbf{\ln(x)}.$$

On a utilisé la formule : $(uv)'=u'v+uv'$.
La fonction f est donc une primitive de la fonction ln sur $]0\,;+\infty[$.

2 **a)** La fonction f est dérivable sur $]0\,;+\infty[$ et on a :

$$f'(x)=1-\frac{1}{x}=\frac{x-1}{x}.$$

$f'(x)$ est du signe de $x-1$ sur $]0\,;+\infty[$ car $x>0$ sur $]0\,;+\infty[$.
$f'(x)\leqslant 0$ sur $]0\,;1]$ et donc **f est strictement décroissante sur $]0\,;1]$.**
$f'(x)\geqslant 0$ sur $[1\,;+\infty[$ et donc **f est strictement croissante sur $[1\,;+\infty[$.**
La fonction f admet un minimum en $x=1$ et comme $f(1)=1$, on a : $f(x)=x-\ln(x)\geqslant 1>0$ sur $]0\,;+\infty[$.
$x-\ln(x)>0\Leftrightarrow \ln(x)<x$ sur $]0\,;+\infty[$, ce qui démontre que **la courbe représentative de la fonction ln est bien située en dessous de la première bissectrice du repère, qui a comme équation $y=x$.**

b) $\lim\limits_{x\to 0^+} f(x)=+\infty$ car $\lim\limits_{x\to 0^+} x=0$ et $\lim\limits_{x\to 0^+}\ln(x)=-\infty$.

$$\lim_{x\to+\infty} f(x)=\lim_{x\to+\infty} x\left(1-\frac{\ln(x)}{x}\right)=+\infty \text{ car } \lim_{x\to+\infty}\frac{\ln(x)}{x}=0$$

d'après le théorème des croissances comparées, et donc

$$\lim_{x\to+\infty}\left(1-\frac{\ln(x)}{x}\right)=1.$$

Étudier une fonction logarithme

EXERCICE TYPE CORRIGÉ

Soient les fonctions f et g définies sur $]0\,;+\infty[$ par :

$$f(x) = x + \frac{\ln x}{x} \text{ et } g(x) = x^2 + 1 - \ln x.$$

On note $\mathscr{C}$ la courbe représentative de la fonction f dans le plan muni d'un repère orthogonal $(O\,;\vec{i}\,;\vec{j})$ d'unités 2 cm sur l'axe (Ox) et 1 cm sur l'axe (Oy).

1. Étudier les variations de g sur $]0\,;+\infty[$.
En déduire le signe de g sur $]0\,;+\infty[$.

2. a) Déterminer les limites de f en 0 et en $+\infty$.
b) Donner le tableau de variations de f sur $]0\,;+\infty[$.

3. Représenter $\mathscr{C}$ et la droite Δ d'équation $y = x$.

4. a) Démontrer que, sur $[1\,;e]$, $\mathscr{C}$ est au-dessus de Δ.
b) En déduire l'aire $\mathscr{A}$ du domaine situé entre $\mathscr{C}$, Δ et les droites d'équations $x = 1$ et $x = e$.

Corrigé

1. $g'(x) = 2x - \dfrac{1}{x} = \dfrac{2x^2-1}{x} = \dfrac{2\left(x^2 - \frac{1}{2}\right)}{x} = \dfrac{2\left(x - \frac{\sqrt{2}}{2}\right)\left(x + \frac{\sqrt{2}}{2}\right)}{x}$.

Comme $x + \dfrac{\sqrt{2}}{2} > 0$ et $x > 0$ sur $]0\,;+\infty[$, $g'(x)$ a le signe de $x - \dfrac{\sqrt{2}}{2}$.

$g'(x) > 0 \Leftrightarrow x - \dfrac{\sqrt{2}}{2} > 0 \Leftrightarrow x > \dfrac{\sqrt{2}}{2}$.

On en déduit le tableau de variations de la fonction g :

x	0		$\frac{\sqrt{2}}{2}$		$+\infty$
$g'(x)$	‖	$-$	0	$+$	
$g(x)$	‖	↘	$g\left(\frac{\sqrt{2}}{2}\right)$	↗	

$g\left(\dfrac{\sqrt{2}}{2}\right) \approx 1{,}847 > 0$.

Comme le minimum de g sur $]0\,;+\infty[$ est strictement positif, **$g(x) > 0$ sur $]0\,;+\infty[$.**

Notes

2. a) $\lim\limits_{x\to 0^+} f(x) = \lim\limits_{x\to 0^+}\left(x + \dfrac{\ln x}{x}\right) = \lim\limits_{x\to 0^+}\left(\dfrac{\ln x}{x}\right)$

$= \lim\limits_{x\to 0^+}\left(\ln x \times \dfrac{1}{x}\right) = -\infty$ car $\lim\limits_{x\to 0^+} \ln x = -\infty$ et $\lim\limits_{x\to 0^+} \dfrac{1}{x} = +\infty$.

$\lim\limits_{x\to +\infty} f(x) = \lim\limits_{x\to +\infty}\left(x + \dfrac{\ln x}{x}\right) = \lim\limits_{x\to +\infty} x = +\infty$ car $\lim\limits_{x\to +\infty}\left(\dfrac{\ln x}{x}\right) = 0$

d'après le théorème des croissances comparées.

b) $f'(x) = \left(x + \dfrac{\ln x}{x}\right)' = 1 + \left(\dfrac{\ln x}{x}\right)' = 1 + \dfrac{\dfrac{1}{x}\times x - \ln x \times 1}{x^2}$

$= 1 + \dfrac{1-\ln x}{x^2} = \dfrac{x^2+1-\ln x}{x^2} = \dfrac{g(x)}{x^2}$.

Comme sur $]0\,;+\infty[$, $g(x) > 0$ et $x^2 > 0$, $f'(x) > 0$ sur $]0\,;+\infty[$.

On en déduit le tableau de variations de la fonction f :

x	0	$+\infty$
$f'(x)$	‖ $+$	
$f(x)$	‖ $-\infty$ ↗	$+\infty$

3. On représente $\mathscr{C}$ et Δ :

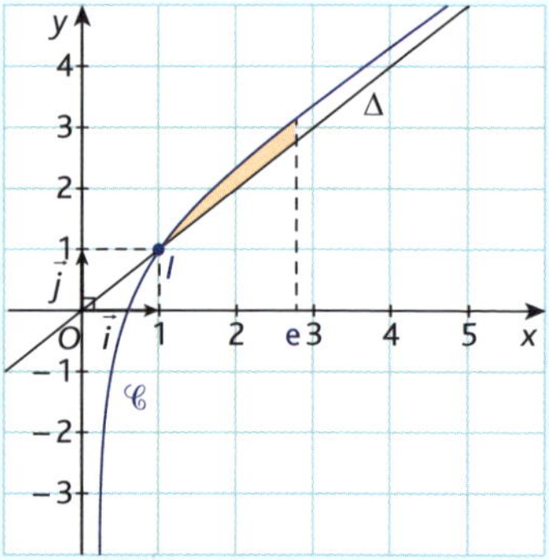

4. a) $d(x) = f(x) - x$

$= \dfrac{\ln x}{x} \geqslant 0$

sur $[1\,;\mathrm{e}]$ car $\ln x \geqslant 0$ et $x > 0$ sur $[1\,;\mathrm{e}]$ et donc :

$\mathscr{C}$ est au-dessus de la droite Δ sur $]1\,;\mathrm{e}]$ et coupe Δ en $I\,(1\,;1)$.

b) L'aire cherchée est égale à : $\mathscr{A} = \displaystyle\int_1^{\mathrm{e}} d(x)\,\mathrm{d}x$.

On pose $u(x) = \ln x$ et on a $u'(x) = \dfrac{1}{x}$.

$d(x) = \dfrac{1}{x}\times \ln x = u'(x)\times u(x)$ qui a pour primitive $D(x) = \dfrac{1}{2}u^2(x)$

et donc $D(x) = \dfrac{1}{2}\ln^2 x$ est une primitive de $d(x)$ sur $[1\,;\mathrm{e}]$.

On a alors : $\mathscr{A} = \left[D(x)\right]_1^{\mathrm{e}} = D(\mathrm{e}) - D(1) = \dfrac{1}{2}\ln^2\mathrm{e} - \dfrac{1}{2}\ln^2 1 = \dfrac{1}{2}$ u.a,

soit $\dfrac{1}{2}\times 2 = $ **1 cm²** car 1 unité d'aire $= 2\times 1 = 2$ cm².

On rappelle que : $\ln \mathrm{e} = 1$ et $\ln 1 = 0$.

Équations différentielles

LE COURS

Définition

Soit f une fonction définie sur un intervalle I.

Une équation différentielle est une équation qui met en relation la variable, la fonction f, la dérivée de la fonction f, ainsi qu'éventuellement ses dérivées d'ordre supérieur.

Remarques

- On peut dire qu'une équation différentielle est une équation où l'inconnue est une fonction.
- Généralement l'inconnue d'une équation différentielle est notée y, sa dérivée y', sa dérivée seconde y'', etc.

On peut noter également y, $\frac{dy}{dx}$, $\frac{d^2y}{dx^2}$, etc.

Définition

Soit n un **entier naturel non nul.**

Une équation différentielle d'ordre n est une équation différentielle où la dérivée de plus grand ordre est n.

Résolution

Toute fonction f qui vérifie une équation différentielle est appelée solution de cette équation.

Résoudre une équation différentielle, c'est déterminer toutes les fonctions solutions.

Condition initiale

Soit une équation différentielle d'ordre n, d'inconnue y, définie sur un intervalle I et $x_0 \in I$.

La donnée de $y(x_0)$, ou d'une des dérivées de y en x_0 (par exemples $y'(x_0)$, ou $y''(x_0)$ ou encore $y^{(n)}(x_0)$, s'appelle condition initiale.

Notes

EXERCICES TYPES CORRIGÉS

EXERCICE 1

Soit la fonction f définie sur $\mathbb{R}$ par : $f(x) = 2x^2 + 5x - 7$.
Montrer que f est solution de l'équation différentielle (E) :

$$xy' - 2y + 1 = -5(x - 3).$$

EXERCICE 2

Soient A et B deux constantes réelles quelconques.

a) Vérifier que les fonctions $y = A\sin(3x) + B\cos(3x)$ sont solutions de l'équation différentielle (E) : $y'' + 9y = 0$.

b) Donner la solution particulière f dont la courbe représentative $\mathscr{C}$ passe par le point $I(0\,;\sqrt{3})$ et admet en ce point une tangente parallèle à la droite D d'équation $y = 3x$.
Mettre $f(x)$ sous la forme $A\cos(3x - \varphi)$.

Corrigés

1 On a : $y' = f'(x) = 4x + 5$.

$$xy' - 2y + 1 = 4x^2 + 5x - 2(2x^2 + 5x - 7) + 1$$
$$= 4x^2 + 5x - 4x^2 - 10x + 14 + 1 = -5x + 15 = -5(x - 3).$$

La fonction f est donc bien solution de (E).

2 a) On rappelle que : $(\sin u)' = u'\cos u$ et $(\cos u)' = -u'\sin u$.

$y' = 3A\cos(3x) - 3B\sin(3x)$ et $y'' = -9A\sin(3x) - 9B\cos(3x)$.

On calcule $y'' + 9y$:

$$-9A\sin(3x) - 9B\cos(3x) + 9A\sin(3x) + 9B\cos(3x) = 0.$$

Les fonctions y sont bien solutions de l'équation (E).

b) On rappelle que : $\sin(0) = 0$ et $\cos(0) = 1$.

On a : $f(0) = A\sin(0) + B\cos(0) = A \times 0 + B \times 1 = B = \sqrt{3}$ et
$f'(0) = 3A\cos(0) - 3B\sin(0) = 3A \times 1 - 3B \times 0 = 3A = 3 \Leftrightarrow A = 1$.

On rappelle que deux droites sont parallèles si et seulement si elles ont le même coefficient directeur et on sait que le coefficient directeur de la tangente en I est égal à $f'(0)$.

En conclusion, $\boldsymbol{f(x) = \sin(3x) + \sqrt{3}\cos(3x)}$.

$$f(x) = \sin(3x) + \sqrt{3}\cos(3x) = 2\left[\frac{\sqrt{3}}{2}\cos(3x) + \frac{1}{2}\sin(3x)\right]$$
$$= 2\left[\cos\left(\frac{\pi}{6}\right)\cos(3x) + \sin\left(\frac{\pi}{6}\right)\sin(3x)\right] = \mathbf{2cos}\left(\mathbf{3x - \frac{\pi}{6}}\right) \text{ car}$$

$\cos(a + b) = \cos(a)\cos(b) - \sin(a)\sin(b)$;

$\cos\left(\frac{\pi}{6}\right) = \frac{\sqrt{3}}{2}$ et $\sin\left(\frac{\pi}{6}\right) = \frac{1}{2}$.

Équations différentielles $y' = ay$, $a \neq 0$

Fiche 23

Mathématiques

LE COURS

Définition

L'équation différentielle (E) : $y' = ay$, où a est un nombre réel, avec $\boldsymbol{a \neq 0}$, est **une équation différentielle du premier ordre**. On l'appelle aussi **équation homogène**.

Théorèmes

• Les solutions de l'équation différentielle $y' = ay$, avec $\boldsymbol{a \neq 0}$, sont les fonctions définies sur $\mathbb{R}$ par :

$y = k\,\mathrm{e}^{ax}$ où k est une constante arbitraire.

Exemple

Considérons l'équation différentielle $y' = -3y$.
Les solutions de cette équation sont toutes les fonctions $y = k\,\mathrm{e}^{-3x}$ avec $k \in \mathbb{R}$.

• Il existe **une solution unique** de l'équation différentielle $y' = ay$, avec $\boldsymbol{a \neq 0}$, qui vérifie une condition initiale donnée, par exemple, $y(x_0) = y_0$.
Cette condition initiale permet de déterminer la constante k de $y = k\,\mathrm{e}^{ax}$.

Exemple

Considérons l'équation différentielle $y' = 2y$.
Les solutions de cette équation sont toutes les fonctions $y = k\,\mathrm{e}^{2x}$ avec $k \in \mathbb{R}$.
Si on cherche en particulier la solution vérifiant la condition initiale $y(1) = 3$, on a :

$$k\,\mathrm{e}^{2\times 1} = 3 \Leftrightarrow k\,\mathrm{e}^{2} = 3 \Leftrightarrow k = \frac{3}{\mathrm{e}^2} = 3\mathrm{e}^{-2}.$$

L'unique solution de l'équation $y' = 2y$ vérifiant $y(1) = 3$ est donc : $y = 3\mathrm{e}^{-2} \times \mathrm{e}^{2x} = 3\mathrm{e}^{2(x-1)}$.

On rappelle que : $\dfrac{1}{\mathrm{e}^a} = \mathrm{e}^{-a}$ et $\mathrm{e}^a \times \mathrm{e}^b = \mathrm{e}^{a+b}$.

Notes

EXERCICES TYPES CORRIGÉS

EXERCICE 1

Soit (E) l'équation différentielle : $y' = -\ln(2)y$.

a) Résoudre (E).

b) Déterminer la solution particulière vérifiant $y(1) = -1$.

EXERCICE 2

Un véhicule, lancé à une certaine vitesse sans accélération, va ralentir sous l'effet des forces de frottement.

Sa vitesse V, en km/h, évolue en fonction du temps t, en heures, en suivant l'équation différentielle (E) :

$V'(t) = -CV(t)$, où C est une constante réelle positive.

a) En utilisant l'équation différentielle (E), expliquer pourquoi la vitesse est décroissante.

b) Résoudre l'équation différentielle (E).

c) Sachant que $V(0) = 100$ km/h, exprimer $V(t)$ en fonction de C et t.

d) Déterminer $\lim\limits_{t \to +\infty} V(t)$.

Corrigés

1 a) L'équation est de la forme $y' = ay$ avec $a = -\ln(2)$.

Les solutions s'écrivent : $y(x) = ke^{-\ln(2)x} = k\dfrac{1}{e^{\ln(2)x}} = \dfrac{k}{2^x}$, avec $k \in \mathbb{R}$.

On rappelle que : $e^{\ln(2)x} = \left(\left(e^{\ln(2)}\right)\right)^x = 2^x$ car $e^{\ln(a)} = a$.

b) $y(1) = -1 \Leftrightarrow \dfrac{k}{2} = -1 \Leftrightarrow k = -2$.

La solution particulière est donc : $y(x) = -\dfrac{2}{2^x} = -\dfrac{1}{2^{x-1}} = \mathbf{-2^{1-x}}$.

2 a) Par hypothèse, $V(t)$ et C sont positives et comme on a : $V'(t) = -CV(t)$, $V'(t)$ est négative et donc **V est décroissante**.

b) L'équation est de la forme $y' = ay$ avec $a = -C$.
Les solutions s'écrivent : $V(t) = \mathbf{k e^{-Ct}}$, avec $k \in \mathbb{R}$.

c) $V(0) = 100 \Leftrightarrow k e^0 = k = 100$ et donc $V(t) = \mathbf{100e^{-Ct}}$.

d) Lorsque t tend vers $+\infty$, $-Ct$ tend vers $-\infty$ et donc $\lim\limits_{t \to +\infty} V(t) = \mathbf{0}$.

On rappelle que : $\lim\limits_{X \to -\infty} e^X = 0$.

Il est normal que, sans accélération et à cause des frottements, le véhicule va finir par s'arrêter.

Équations différentielles $y' = ay + b$, $a \neq 0$

Fiche 24

Mathématiques

LE COURS

Définition

L'équation différentielle (E) : $y' = ay + b$, où a et b sont des nombres réels, avec $\boldsymbol{a \neq 0}$, est **une équation différentielle du premier ordre**.
On dit que c'est une équation différentielle **avec second membre**.

Théorèmes

- Les solutions de l'équation différentielle $y' = ay + b$, avec $\boldsymbol{a \neq 0}$, sont les fonctions définies sur $\mathbb{R}$ par :

$$y = ke^{ax} - \frac{b}{a}$$

où k est une constante arbitraire.

- Il existe **une solution unique** de l'équation différentielle $y' = ay + b$, avec $\boldsymbol{a \neq 0}$, qui vérifie une condition initiale donnée, par exemple, $y(x_0) = y_0$.
Cette condition initiale permet de déterminer la constante k de $y = ke^{ax} - \dfrac{b}{a}$.

Exemple

Considérons l'équation différentielle $y' = 3y - 2$.
Dans ce cas, $a = 3$ et $b = -2$ et donc les solutions de cette équation sont toutes les fonctions $y = k\,e^{3x} + \dfrac{2}{3}$, avec $k \in \mathbb{R}$.

Si on cherche en particulier la solution vérifiant la condition initiale $y(0) = 1$, on a :

$$ke^{3\times 0} + \frac{2}{3} = 1 \Leftrightarrow ke^0 = \frac{1}{3} \Leftrightarrow k = \frac{1}{3} \text{ car } e^0 = 1.$$

L'unique solution de l'équation $y' = 3y - 2$ vérifiant $y(0) = 1$, est donc : $y = \dfrac{1}{3}e^{3x} + \dfrac{2}{3} = \dfrac{1}{3}(e^{3x} + 2)$.

Notes

EXERCICE TYPE CORRIGÉ

Un circuit électrique comprend en série un générateur de force électromotrice $E = 10$ volts, une bobine d'inductance $L = 0{,}2$ henry et une résistance $R = 100$ ohms.

Dans le circuit, l'intensité i du courant, exprimée en ampères, est fonction du temps t et est solution de l'équation différentielle :

$$L\frac{\mathrm{d}i(t)}{\mathrm{d}t} + Ri(t) = E \text{ soit } 0{,}2\frac{\mathrm{d}i(t)}{\mathrm{d}t} + 100i(t) = 10.$$

a) Résoudre l'équation différentielle précédente.

b) Déterminer l'intensité i du courant dans le circuit sachant qu'à l'instant $t = 0$, le courant est nul.

c) Déterminer $\lim\limits_{t \to +\infty} i(t)$ et conclure.

d) Représenter la fonction intensité et la droite d'équation $i = 0{,}1$ sur $[0\,;+\infty[$.

Corrigé

a) $0{,}2\frac{\mathrm{d}i(t)}{\mathrm{d}t} + 100i(t) = 10 \Leftrightarrow \frac{\mathrm{d}i(t)}{\mathrm{d}t} = -500i(t) + 50.$

L'équation est de la forme $y' = ay + b$ avec $a = -500$ et $b = 50$.

Les solutions s'écrivent : $i(t) = k\mathrm{e}^{-500t} - \frac{50}{-500} = \boldsymbol{k\mathrm{e}^{-500t} + 0{,}1}$ avec $k \in \mathbb{R}$.

b) Par hypothèse $i(0) = 0$ et donc

comme $i(0) = k\mathrm{e}^{-500\times 0} + 0{,}1 = k\mathrm{e}^0 + 0{,}1 = k + 0{,}1$,

on a : $i(0) = 0 \Leftrightarrow k + 0{,}1 = 0 \Leftrightarrow k = -0{,}1$.

On a alors : $i(t) = -0{,}1\mathrm{e}^{-500t} + 0{,}1 = \boldsymbol{0{,}1(1 - \mathrm{e}^{-500t})}$.

c) $\lim\limits_{t \to +\infty} i(t) = \mathbf{0{,}1}$ car $\lim\limits_{t \to +\infty}(-500t) = -\infty$ et donc $\lim\limits_{t \to +\infty} \mathrm{e}^{-500t} = 0$.

On rappelle que : $\lim\limits_{X \to -\infty} \mathrm{e}^X = 0$.

Quand le temps augmente, l'intensité $i(t)$ du courant va tendre vers 0,1 ampère.

d) À l'aide d'une calculatrice, on obtient :

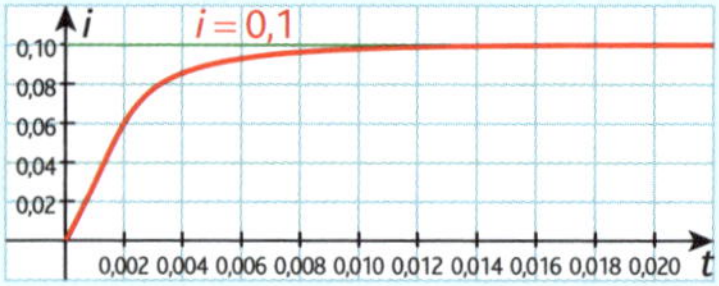

Probabilités conditionnelles

LE COURS

Définition

Soit A un événement tel que $P(A) \neq 0$.

La probabilité de B sachant A, notée $P_A(B)$ ou $P(B/A)$, est définie par : $P_A(B) = \dfrac{P(A \cap B)}{P(A)}$.

$P_A(B)$ peut également se lire : « Probabilité de B sachant que A s'est réalisé ».

Propriété

Soient A et B deux événements tels que $P(A) \neq 0$ **et** $P(B) \neq 0$.

On a : $P(A \cap B) = P(A) \times P_A(B) = P(B) \times P_B(A)$.

Partition

On dit que les ensembles $A_1, A_2, \ldots, A_n$ forment **une partition** de l'univers Ω si et seulement si :

- les ensembles $A_1, A_2, \ldots, A_n$ sont tous non vides.
- les ensembles $A_1, A_2, \ldots, A_n$ sont disjoints deux à deux.
- la réunion des ensembles $A_1, A_2, \ldots, A_n$ donne Ω.

Formule des probabilités totales

Soit $A_1, A_2, \ldots, A_n$ une partition de Ω.

Pour tout événement B de Ω, on a :

$P(B) = P(A_1 \cap B) + P(A_2 \cap B) + \cdots + P(A_n \cap B)$ et

$P(B) = P(A_1) \times P_{A_1}(B) + P(A_2) \times P_{A_2}(B) + \cdots + P(A_n) \times P_{A_n}(B)$.

Cas particulier important

Si A est un événement de Ω tel que $P(A) \neq 0$ **et** $P(A) \neq 1$ alors A et $\overline{A}$ forment une partition de Ω.

Pour tout événement B de Ω, on a :

$P(B) = P(A \cap B) + P(\overline{A} \cap B)$ et

$P(B) = P(A) \times P_A(B) + P(\overline{A}) \times P_{\overline{A}}(B)$.

Notes

EXERCICE TYPE CORRIGÉ

Un laboratoire met au point un test virologique (RT-PCR) de dépistage du COVID-19 par une prise de sang.
Le laboratoire publie les données suivantes obtenues à l'issue d'études cliniques :

- La population étudiée comporte 20 % d'individus malades.
- Si un individu est malade, le test est positif dans 99 % des cas.
- Si un individu n'est pas malade, le test est positif dans 0,01 % des cas.

L'OMS (Organisation Mondiale de la Santé) estime qu'un test est fiable si sa valeur prédictive, c'est-à-dire la probabilité qu'un individu soit malade sachant que le test est positif, est supérieure à 0,999 9.
Le test proposé est-il fiable ?

Corrigé

On choisit un individu au hasard parmi la population étudiée et on considère les événements :
M : « l'individu est malade » et T : « le test est positif ».
Par hypothèse, on a : $P(M) = 0{,}2$; $P_M(T) = 0{,}99$ et $P_{\overline{M}}(T) = 0{,}000\,1$.
En passant aux événements contraires, on en déduit que :
$P(\overline{M}) = 1 - P(M) = 1 - 0{,}2 = 0{,}8$;
$P_M(\overline{T}) = 1 - P_M(T) = 1 - 0{,}99 = 0{,}01$ et
$P_{\overline{M}}(\overline{T}) = 1 - P_{\overline{M}}(T) = 1 - 0{,}000\,1 = 0{,}999\,9$.
On illustre la situation à l'aide de l'arbre pondéré ci-contre :

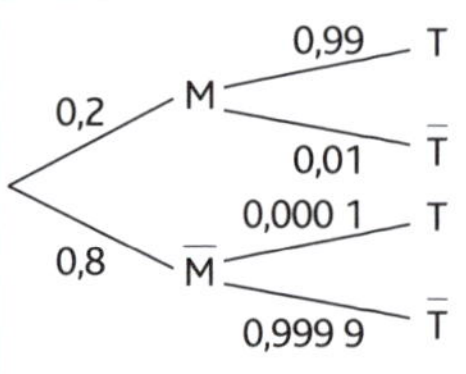

D'après la formule des probabilités totales :

$$P(T) = P(M) \times P_M(T) + P(\overline{M}) \times P_{\overline{M}}(T) = 0{,}2 \times 0{,}99 + 0{,}8 \times 0{,}000\,1 = 0{,}198\,08.$$

$$P(T \cap M) = P(M) \times P_M(T) = 0{,}2 \times 0{,}99 = 0{,}198.$$

Par suite, $P_T(M) = \dfrac{P(T \cap M)}{P(T)} = \dfrac{0{,}198}{0{,}198\,08} \approx 0{,}999\,6.$

D'après les critères de l'OMS, **le test n'est donc pas reconnu fiable** car $0{,}999\,6 < 0{,}999\,9$.

Indépendance

LE COURS

Définition

Soient A et B deux événements de probabilités **non nulles**.
Intuitivement l'événement B est indépendant de l'événement A si la connaissance de A ne modifie pas la probabilité de B.
L'événement B est **indépendant** de l'événement A si et seulement si $P_A(B) = P(B)$.

Rappel : $P_A(B) = \dfrac{P(A \cap B)}{P(A)}$.

Théorème

On démontre et on admettra que deux événements A et B sont indépendants si et seulement si $P(A \cap B) = P(A) \times P(B)$.

Remarque

Il ne faut pas confondre événements indépendants et événements incompatibles.
On rappelle que deux événements A et B sont incompatibles si et seulement si $A \cap B = \varnothing$ et donc $P(A \cap B) = 0$.

Conséquences

- Si B est indépendant de A, alors A est indépendant de B et donc on dira que A et B sont indépendants.
- Si A et B sont indépendants, alors $\overline{A}$ et B, A et $\overline{B}$, $\overline{A}$ et $\overline{B}$ sont indépendants.

Propriété fondamentale

Dans le cas d'une succession d'expériences aléatoires indépendantes, la probabilité d'une suite d'événements est le produit des probabilités de chacun des événements de cette suite.
On utilisera cette propriété en particulier pour la loi binomiale.

Notes

EXERCICES TYPES CORRIGÉS

EXERCICE 1

Soient A et B deux événements tels que : $P(\mathrm{A}) = 0,2$ et $P(\mathrm{B}) = 0,6$.
Déterminer $P(\mathrm{A} \cap \mathrm{B})$ et $P(\mathrm{A} \cup \mathrm{B})$ lorsque :

a) Les événements A et B sont indépendants.

b) Les événements A et B sont incompatibles.

EXERCICE 2

Soient A et B deux événements indépendants.
Déterminer $P(\mathrm{B})$ sachant que $P(\mathrm{A} \cap \mathrm{B}) = 0,03$ et $P(\mathrm{A}) = 0,15$.

EXERCICE 3

On tire au hasard une carte dans un jeu de 32 cartes.
On considère les événements :

- F : « La carte est une figure (valet, dame, roi, as) » ;
- C : « La carte est un cœur ».

Les événements F et C sont-ils indépendants ?
En déduire $P_{\mathrm{C}}(\mathrm{F})$.

Corrigés

1 a) Les événements A et B sont indépendants et donc :
$P(\mathrm{A} \cap \mathrm{B}) = P(\mathrm{A}) \times P(\mathrm{B}) = 0,2 \times 0,6 = \mathbf{0,12}$ et
$P(\mathrm{A} \cup \mathrm{B}) = P(\mathrm{A}) + P(\mathrm{B}) - P(\mathrm{A} \cap \mathrm{B}) = 0,2 + 0,6 - 0,12 = \mathbf{0,68}$.

b) Les événements A et B sont incompatibles et donc :
$P(\mathrm{A} \cap \mathrm{B}) = \mathbf{0}$ car $\mathrm{A} \cap \mathrm{B} = \varnothing$ et
$P(\mathrm{A} \cup \mathrm{B}) = P(\mathrm{A}) + P(\mathrm{B}) - P(\mathrm{A} \cap \mathrm{B}) = 0,2 + 0,6 - 0 = \mathbf{0,80}$.

2 Les événements A et B sont indépendants et donc :
$P(\mathrm{A} \cap \mathrm{B}) = P(\mathrm{A}) \times P(\mathrm{B})$.

On en déduit que : $P(\mathrm{B}) = \dfrac{P(\mathrm{A} \cap \mathrm{B})}{P(\mathrm{A})} = \dfrac{0,03}{0,15} = \mathbf{0,2}$.

3 Dans un jeu de 32 cartes, il y a 16 figures (4 valets, 4 dames, 4 rois et 4 as), 8 cœurs et 4 figures cœurs.
Il y a équiprobabilité car chacune des 32 cartes a la même probabilité d'être tirée.

On a alors : $P(\mathrm{F}) = \dfrac{16}{32} = \dfrac{1}{2}$, $P(\mathrm{C}) = \dfrac{8}{32} = \dfrac{1}{4}$ et $P(\mathrm{F} \cap \mathrm{C}) = \dfrac{4}{32} = \dfrac{1}{8}$.

$P(\mathrm{F}) \times P(\mathrm{C}) = \dfrac{1}{2} \times \dfrac{1}{4} = \dfrac{1}{8} = P(\mathrm{F} \cap \mathrm{C})$ et donc **les événements F et C sont indépendants**.

On en déduit que $P_{\mathrm{C}}(\mathrm{F}) = P(\mathrm{F}) = \mathbf{\dfrac{1}{2}}$.

On peut vérifier le résultat en remarquant qu'il y a 8 cœurs et 4 figures cœurs et donc $P_{\mathrm{C}}(\mathrm{F}) = \dfrac{4}{8} = \dfrac{1}{2}$.

Variables aléatoires discrètes finies

LE COURS

Définitions

Soit Ω un univers associé à une expérience aléatoire.

- **Une variable aléatoire** X est une fonction définie sur Ω et à valeurs dans $\mathbb{R}$.

On note $x_1, x_2, ..., x_n$ les valeurs prises par X.

- **La loi de probabilité** de la variable aléatoire X est la fonction qui à chaque x_i associe le nombre $p_i = P(X = x_i)$.

On peut résumer cela dans un tableau de probabilités :

X	x_1	x_2	...	x_n
$P(X = x_i)$	p_1	p_2	...	p_n

On a : $\sum_{i=1}^{n} p_i = 1$.

Espérance d'une variable aléatoire discrète finie

Soit X une variable aléatoire prenant n valeurs $x_1, x_2, ..., x_n$.

L'espérance de la variable aléatoire X, notée $E(X)$, est la moyenne arithmétique des valeurs x_i pondérées par leur probabilité $P(X = x_i)$. On a donc : $E(X) = \sum_{i=1}^{n} x_i\, P(X = x_i)$.

Exemple

Soit G la variable aléatoire qui donne le gain G en euros d'un jeu.

G	-5	-2	10
$P(G = g_i)$	0,3	0,5	0,2

On a : $E(G) = -5 \times 0{,}3 - 2 \times 0{,}5 + 10 \times 0{,}2 = -0{,}5$ euro.

Le jeu est en défaveur du joueur car l'espérance de G est négative.

Notes

EXERCICE TYPE CORRIGÉ

On vous propose de tirer une carte dans un jeu de 32 cartes.
Si vous tirez un as, vous perdez 20 €, si vous tirez le 10 de cœur, vous perdez 9 € et dans tous les autres cas, vous gagnez 3 €.

On note G la variable aléatoire donnant votre gain en euros.
a) Donnez la loi de probabilité de la variable aléatoire G.
b) Calculer l'espérance de la variable aléatoire G.
Que peut-on en conclure ?
c) Vous tirez deux cartes successivement avec remise.
Quelle est la probabilité p que vous perdiez 29 € ?

Corrigé

a) L'expérience aléatoire est le tirage d'une carte.
Ω est l'ensemble des 32 cartes du jeu.
Il y a équiprobabilité car chaque carte a la même probabilité d'être tirée.
La variable aléatoire G prend comme valeurs : – 20, – 9 et 3.

$P(G = -20) = \frac{4}{32} = \frac{1}{8}$ car il y a 4 as ;

$P(G = -9) = \frac{1}{32}$ car il y a un seul 10 de cœur et

$P(G = 3) = \frac{27}{32}$ car il y a $32 - 4 - 1 = 27$ autres cartes.

On en déduit **la loi de probabilité de la variable aléatoire G** :

G	– 20	– 9	3
$P(G = g_i)$	$\frac{1}{8}$	$\frac{1}{32}$	$\frac{27}{32}$

On vérifie que : $\sum_{i=1}^{n} p_i = \frac{4}{32} + \frac{1}{32} + \frac{27}{32} = \frac{32}{32} = 1.$

b) $E(G) = -20 \times \frac{4}{32} - 9 \times \frac{1}{32} + 3 \times \frac{27}{32} = -\frac{8}{32} = -$ **0,25 euro.**

Le jeu est en votre défaveur car en moyenne vous perdrez 25 centimes d'euros par tirage.

c) Les tirages sont indépendants, on a : $p = 2 \times \frac{1}{8} \times \frac{1}{32} = \mathbf{\frac{1}{128}}$.

On a le chiffre 2 car vous pouvez perdre 20 € au premier tirage et 9 € au second ou l'inverse.

Épreuve de Bernoulli Coefficient binomial

LE COURS

Définitions

• **Une épreuve de Bernoulli** de paramètre p, avec $p \in [0\,;1]$ est une expérience aléatoire qui n'a que deux issues possibles, l'une appelée « succès », qui a pour probabilité p, et l'autre appelée « échec », qui a pour probabilité $1 - p$.
Soient n et k deux entiers naturels avec k compris entre 0 et n.
On considère une épreuve de Bernoulli que l'on répète n fois et on représente la situation par un arbre.

• **Le coefficient binomial**, noté $\binom{n}{k}$, est défini comme le nombre de chemins dans cet arbre conduisant à k succès.
Les coefficients binomiaux peuvent s'obtenir à l'aide du **triangle de Pascal**.

n \ k	0	1	2	3	4	5
0	1					
1	1	1				
2	1	2	1			
3	1	3	3	1		
4	1	4	6	4	1	
5	1	5	10	10	5	1

Dans la première colonne, tous les coefficients binomiaux valent 1.
Chacun des termes d'une ligne est obtenue en additionnant le terme de la ligne immédiatement au-dessus avec celui juste à gauche de ce dernier.
Ici, par exemple, le 6 dans l'encadrement est obtenu en faisant $3 + 3$ dans la ligne précédente.

Le coefficient situé ligne 4 et colonne 3 donne $\binom{4}{3} = 4$.

On a aussi : $\binom{5}{2} = \binom{5}{3} = 10$.

Propriétés

Soient n et k deux entiers naturels **non nuls**, avec k compris entre 1 et n.

$$\binom{n}{0} = \binom{n}{n} = 1\,;\ \binom{n}{k} = \binom{n}{n-k} \text{ et } \binom{n}{k} = \binom{n-1}{k} + \binom{n-1}{k-1}.$$

Notes

EXERCICE TYPE CORRIGÉ

Dans un sujet de Bac, on propose 5 questions indépendantes. Fabrice a 90 % de chances de répondre juste à chaque question. Chaque réponse juste rapporte 1 point.

1. Soit X la variable aléatoire donnant le nombre de point obtenu par Fabrice à une quelconque des 5 questions.

a) Donner la loi de probabilité de la variable aléatoire X.

b) Déterminer l'espérance de la variable aléatoire X.

2. a) Combien de façons Fabrice a-t-il de répondre au sujet ?

b) Déterminer les possibilités que Fabrice réponde faux, puis juste à toutes les questions.

c) Combien y a-t-il de cas où Fabrice a 4 réponses justes ?

d) Quelle est la probabilité p que Fabrice obtienne 4 points ?

Corrigé

1. a) C'est une épreuve de Bernoulli de paramètre 0,9.
La variable aléatoire X peut prendre deux valeurs : 0 ou 1.
$X = 0$, lorsque Fabrice a mal répondu (échec) et $X = 1$, lorsque Fabrice a bien répondu (succès) à la question.

On obtient la loi de probabilité de la variable aléatoire X :

$\boldsymbol{x_i}$	0	1
$\boldsymbol{P(X = x_i)}$	0,1	0,9

b) $E(X) = \sum_{i=1}^{2} x_i P(X = x_i) = 0 \times 0{,}1 + 1 \times 0{,}9 = \mathbf{0{,}9}$.

2. a) Pour chaque question, il y a deux possibilités (0 ou 1), et comme il y a 5 questions, il y a $2^5 =$ **32 réponses possibles**.
On peut le vérifier en faisant un arbre de probabilités.

b) On obtient respectivement :
$(0{,}1)^5 =$ **0,000 01** et $(0{,}9)^5 =$ **0,590 49**.

c) Il y a $\binom{5}{4} =$ **5 cas** où il y a 4 réponses justes.
En effet, la réponse fausse peut être à 5 places possibles.
On peut aussi le retrouver sur l'arbre ou en listant ces réponses : (1, 1, 1, 1, 0) ; (1, 1, 1, 0, 1) ; (1, 1, 0, 1, 1) ; (1, 0, 1, 1, 1) et (0, 1, 1, 1, 1).

d) On a : $p = 5 \times (0{,}9)^4 \times (0{,}1)^1 =$ **0,328 05** car les 5 questions sont indépendantes.

Loi binomiale

LE COURS

Définition

Soient n un entier naturel **non nul** et p un nombre réel de l'intervalle **[0 ; 1]**.

On répète n épreuves de Bernoulli, **identiques et indépendantes**.

La loi de probabilité de la variable aléatoire qui compte le nombre de succès parmi les n épreuves, s'appelle **loi binomiale** de paramètres n et p.

On la note $\mathcal{B}(n\,;p)$.

Exemple

On lance une pièce de monnaie équilibrée 50 fois de suite.

La variable aléatoire qui compte le nombre de fois où sort « Pile » suit la loi binomiale $\mathcal{B}\left(50\,;\frac{1}{2}\right)$.

Théorème

Si X est la variable aléatoire suivant la loi binomiale $\mathcal{B}(n\,;p)$ de paramètres n et p, pour tout entier naturel $k \leqslant n$, on a :

$$P(X=k)=\binom{n}{k}p^k(1-p)^{n-k}$$

Remarque

Soit X une variable aléatoire suivant une loi binomiale.

La plupart des calculatrices permettent de calculer $P(X=a)$, $P(X \leqslant a)$ et $P(a \leqslant X \leqslant b)$, pour a et b donnés.

Pour la TI82 et la TI83, dans 2nd DISTR, on a :

binompdf pour $P(X=a)$ et binomcdf pour $P(X \leqslant a)$.

Espérance

Si X est la variable aléatoire suivant la loi binomiale $\mathcal{B}(n\,;p)$ de paramètres n et p, alors **l'espérance de X = $E(X) = np$**.

Par exemple, pour la loi binomiale $\mathcal{B}\left(50\,;\frac{1}{2}\right)$,

$E(X) = 50 \times \frac{1}{2} = 25$.

Cela signifie, qu'en moyenne, on obtiendra 25 « Piles » sur les 50 lancers d'une pièce de monnaie équilibrée.

Notes

EXERCICE TYPE CORRIGÉ

Un candidat passe un concours qui comporte un questionnaire à choix multiples noté sur 20.
Ce Q.C.M a 10 questions indépendantes.
Pour chaque question, il y a 5 réponses possibles dont une seule est correcte et le candidat répond au hasard.
Chaque réponse juste rapporte 2 points.
Soit X la variable aléatoire qui compte le nombre de réponses exactes.

1. Quelle est la loi de probabilité de X ?
2. Quel est le nombre moyen de réponses exactes ?
3. Calculer, à 10^{-9} près, les probabilités des événements :
a) A : Le candidat a 20 au Q.C.M ;
b) B : Le candidat a 0 au Q.C.M ;
c) C : Le candidat a au moins la moyenne au Q.C.M ;
d) D : Le candidat a de 8 inclus à 12 inclus.

Corrigé

1. X suit **la loi binomiale de paramètres $n = 10$ et $p = \frac{1}{5} = 0{,}2$** car :
• Pour chaque question, il y a deux résultats possibles :
la réponse du candidat est exacte (« succès ») ou la réponse du candidat n'est pas exacte (« échec ») ;
• Les 10 questions sont indépendantes ;
• La variable aléatoire X compte le nombre de « succès » sur les 10 réponses.

2. $E(X) = np = 10 \times 0{,}2 = 2$.
En moyenne, un candidat qui répond au hasard aux 10 questions du Q.C.M donnera **2 bonnes réponses**.

3. À l'aide d'une calculatrice, on obtient :
a) $P(A) = P(X = 10) = (0{,}2)^{10} \approx$ **0,000 000 102** ;
b) $P(B) = P(X = 0) = (0{,}8)^{10} \approx$ **0,107 374 182** ;
c) $P(C) = P(X \geqslant 5) = 1 - P(X \leqslant 4) \approx$ **0,032 793 498** ;
d) $P(D) = P(4 \leqslant X \leqslant 6) = P(X \leqslant 6) - P(X \leqslant 3) \approx$ **0,120 009 523**.
On a aussi : $P(D) = P(4 \leqslant X \leqslant 6) = P(X = 4) + P(X = 5) + P(X = 6)$.
$P(X = 4) \approx 0{,}088\,080\,384$; $P(X = 5) \approx 0{,}026\,424\,115$
et $P(X = 6) \approx 0{,}005\,505\,024$.
Par suite, on a :
$$P(D) \approx 0{,}088\,080\,384 + 0{,}026\,424\,115 + 0{,}005\,505\,024 = 0{,}120\,009\,523.$$
On retrouve bien le même résultat.
On aurait pu trouver un résultat un peu différent à cause des arrondis.

Utiliser la calculatrice pour la loi binomiale

LE COURS

Soit X une variable aléatoire suivant la loi binomiale de paramètres n et p.

Calcul de $P(X = a)$

NumWorks	TI82 / TI83	CASIO graph35+
[⌂] Probabilités Binomiale Saisir n et p. Sélectionner : et saisir a.	[2nde 2ND] [distrib DISTR var VARS] [catalog 0] Saisir n (nbreEssais), p, puis a (Valeur de x).	[OPTN] [F5] [F3] [F5] [F1] Saisir dans l'ordre a, n et p.

Calcul de $P(X \leqslant a)$

NumWorks	TI82 / TI83	CASIO graph35+
[⌂] Probabilités Binomiale Saisir n et p. Sélectionner : et saisir a.	[2nde 2ND] [distrib DISTR var VARS] [alpha texte] [tests TEST math] Saisir n (nbreEssais), p, puis a (Valeur de x).	[OPTN] [F5] [F3] [F5] [F2] Saisir dans l'ordre a, n et p.

Calcul de $P(a \leqslant X \leqslant b)$

NumWorks	TI82 / TI83 et CASIO graph35+
[⌂] Probabilités Binomiale Saisir n et p. Sélectionner : et saisir a et b.	Effectuer le calcul : $P(X \leqslant b) - P(X \leqslant a - 1)$

Notes

EXERCICES TYPES CORRIGÉS

EXERCICE 1

Soit X la variable aléatoire suivant la loi binomiale $\mathcal{B}(60\,;0{,}2)$.
Déterminer à l'aide de la calculatrice, à 10^{-4} près :
$P(X=10)$, $P(X \leqslant 15)$, $P(X \geqslant 20)$, $P(X > 12)$ et $P(10 \leqslant X \leqslant 14)$.

EXERCICE 2

Soit n un entier naturel non nul et X la variable aléatoire suivant la loi binomiale $B(n\,;0{,}05)$.

1. À l'aide de la calculatrice, déterminer, par tâtonnement, le plus petit entier n tel que $P(X \geqslant 1) > 0{,}99$.

2. a) Montrer que $P(X \geqslant 1) = 1-(0{,}95)^n$.
En déduire que si n augmente, $P(X \geqslant 1)$ augmente aussi.
b) Retrouver le résultat de 1. en utilisant les logarithmes.

Corrigés

1 $P(X=10) \approx$ **0,110 2**. $P(X \leqslant 15) \approx$ **0,869 4**.
$P(X \geqslant 20) = 1 - P(X < 20) = 1 - P(X \leqslant 19) \approx$ **0,010 7**.
$P(X > 12) = 1 - P(X \leqslant 12) \approx$ **0,423 6**.
$P(10 \leqslant X \leqslant 14) = P(X \leqslant 14) - P(X \leqslant 9) \approx$ **0,580 2**.

2 1. On procède par tâtonnement, en prenant différentes valeurs de n et en remarquant que $P(X \geqslant 1) = 1 - P(X=0)$.
Pour $n=50$, $P(X \geqslant 1) \approx 0{,}923\,1$. Pour $n=100$, $P(X \geqslant 1) \approx 0{,}994\,1$.
Pour $n=90$, $P(X \geqslant 1) \approx 0{,}990\,1$. Pour $n=89$, $P(X \geqslant 1) \approx 0{,}989\,6$.
Ainsi, $\boldsymbol{n=90}$ est le premier entier tel que $P(X \geqslant 1) > 0{,}99$.

2. a) $P(X \geqslant 1) = 1 - P(X=0) = 1 - \binom{n}{0}(0{,}05)^0(1-0{,}05)^{n-0}$

$= 1-(0{,}95)^n$ car $\binom{n}{0} = 1$; $(0{,}05)^0 = 1$ et $(1-0{,}05)^{n-0} = (0{,}95)^n$.

Si n augmente, $(0{,}95)^n$ diminue car $0 < 0{,}95 < 1$ et donc $1-(0{,}95)^n$ augmente.

b) On cherche le plus petit entier n tel que $P(X \geqslant 1) > 0{,}99$.
$P(X \geqslant 1) > 0{,}99 \Leftrightarrow 1-(0{,}95)^n > 0{,}99 \Leftrightarrow (0{,}95)^n < 0{,}01$
$\Leftrightarrow \ln((0{,}95)^n) < \ln(0{,}01)$ car la fonction ln est croissante
$\Leftrightarrow n\ln(0{,}95) < \ln(0{,}01)$ car $\ln((a)^n) = n\ln(a)$ si $a > 0$

$$\Leftrightarrow n > \frac{\ln(0{,}01)}{\ln(0{,}95)} \approx 89{,}78 \text{ et donc } n \geqslant 90.$$

On a changé le sens de l'inéquation car on a divisé par $\ln(0{,}95) < 0$.
On retrouve bien le même résultat qu'en 1.

Séries statistiques à deux variables

LE COURS

Dans certains cas, il semble exister un lien entre deux caractères d'une même population, comme par exemples, la taille et le poids d'une personne ou le budget publicité et le chiffre des ventes d'un certain produit.
Pour étudier d'éventuels liens entre deux caractères d'une même population, on va considérer des séries statistiques à deux variables.
Si un des caractères est le temps, on est en présence d'une série dite chronologique.
C'est le cas, par exemple, du nombre de noyaux d'un élément radioactif présents en fonction du temps.

Définition

Soient x et y deux caractères quantitatifs d'une population.
À chaque individu de la population, on associe un couple $(x_i\,;y_i)$ où x_i et y_i sont des valeurs prises par les caractères x et y.
Une série statistique à deux variables est l'ensemble de tous ces couples.

Nuage de points

Soit une série statistique à deux variables x et y prenant respectivement les valeurs $x_1, x_2, ..., x_n$ et $y_1, y_2, ..., y_n$.
Le plan étant muni d'un repère, on associe au couple $(x_i\,;y_i)$, de la série statistique double, le point $M_i(x_i\,;y_i)$.
Le nuage de points est l'ensemble des points M_i obtenus qui représentent la série statistique.

Point moyen

Soit une série statistique à deux variables x et y prenant respectivement les valeurs $x_1, x_2, ..., x_n$ et $y_1, y_2, ..., y_n$.
Le point moyen du nuage statistique est le point $G(\overline{x}\,;\overline{y})$ où $\overline{x}$ est la moyenne arithmétique des x_i et $\overline{y}$ la moyenne arithmétique des y_i.

Notes

EXERCICE TYPE CORRIGÉ

On a relevé la taille T, en cm, et le poids P, en kg, de 8 élèves garçons d'une classe :

T	158	160	166	168	171	173	175	181
P	56	58	62	64	66	67	69	74

1. Construire le nuage statistique.
Quelle remarque peut-on faire ?

2. On partage la série statistique en deux sous-séries S_1 et S_2 de 4 élèves : les 4 plus petits et les 4 autres.

a) Déterminer les coordonnées des points moyens G_1 et G_2 de ces deux séries S_1 et S_2.

b) Donner une équation de la droite (G_1G_2) dite de Mayer.

c) Tracer la droite (G_1G_2) dans le même repère que le nuage statistique. Que peut-on constater ?

Corrigé

1. La figure est laissée au soin du lecteur.
Les points du nuage sont relativement alignés, ce qui laisse penser qu'**il y a un lien entre la taille et le poids et que ce lien est affine.**

2. a) $\bar{x}_1 = \dfrac{158 + 160 + 166 + 168}{4} = 163$;

$\bar{y}_1 = \dfrac{56 + 58 + 62 + 64}{4} = 60$;

$\bar{x}_2 = \dfrac{171 + 173 + 175 + 181}{4} = 175$;

$\bar{y}_2 = \dfrac{66 + 67 + 69 + 74}{4} = 69.$

On a donc $\mathbf{G_1(163\,;60)}$ et $\mathbf{G_2(175\,;69)}$.

b) Soit $P = aT + b$, une équation de la droite (G_1G_2).
Comme les coordonnées de G_1 et G_2 vérifient cette équation, on obtient le système suivant : $\begin{cases} 60 = 163a + b \\ 69 = 175a + b \end{cases}$

En soustrayant ces deux équations, on trouve : $12a = 9 \Leftrightarrow a = 0{,}75$.
Par suite, $b = 60 - 163 \times 0{,}75 = -62{,}25$.
La droite (G_1G_2) a donc comme équation : $\mathbf{P = 0{,}75T - 62{,}25}$.

c) Cette droite passe très près des points du nuage.
Cette droite peut être utilisée, par exemple, pour déterminer un poids pour une taille donnée.
Le résultat trouvé est très proche de la loi de Lorenz qui dit que pour les hommes, on a la relation : $P = 0{,}75T - 62{,}5$.

Ajustement affine

LE COURS

Définition

Étant donnés une série statistique double et son nuage de points, on peut chercher une fonction f dont la courbe représentative $\mathscr{C}$ passe « le plus près possible » des points du nuage.
Le problème de l'ajustement consiste à déterminer cette fonction f.
L'ajustement est dit affine lorsque le graphe $\mathscr{C}$ de cette fonction est une droite.

Moindres carrés

On considère une série statistique double et son nuage de points $M_i(x_i\,;y_i)$ avec i compris entre 1 et n.
Soit une droite D d'équation $y = ax + b$.
À chaque point $M_i(x_i\,;y_i)$ du nuage de points, on associe le point $P_i(x_i\,;ax_i + b)$ d'abscisse x_i de la droite D.
Pour chaque i, on calcule les carrés des distances (PM_i), et on les ajoute pour obtenir E :

$$E = \sum_{i=1}^{n}(P_iM_i)^2 = \sum_{i=1}^{n}(y_i - (ax_i + b))^2$$

La méthode des moindres carrés consiste à déterminer les valeurs de a et b pour que la somme E soit la plus petite possible.

Théorème

On démontre et on admettra que la droite obtenue par la méthode des moindres carrés a pour équation $y = ax + b$ avec :

$$a = \frac{\sum_{i=1}^{n}(x_i - \overline{x})(y_i - \overline{y})}{\sum_{i=1}^{n}(x_i - \overline{x})^2} \text{ et } b = \overline{y} - a\overline{x}$$

où $\overline{x}$ et $\overline{y}$ sont les moyennes respectives des x_i et y_i.
La droite des moindres carrés passe par le point moyen $G(\overline{x}\,;\overline{y})$ du nuage de points.
Une équation de la droite des moindres carrés peut s'obtenir à l'aide d'une calculatrice ou d'un tableur.

Notes

EXERCICE TYPE CORRIGÉ

On a noté, pendant 6 années consécutives, le budget publicité x_i et le chiffre d'affaires correspondant y_i d'une société.
Les x_i et les y_i sont en millions d'euros.

x_i	2,5	2,8	3,1	3,4	3,6	4,4
y_i	156	177	180	210	230	298

Dans la suite, on arrondira les résultats à 10^{-3} près.

1. Représenter le nuage statistique.
Peut-on envisager un ajustement affine ?

2. Donner une équation de la droite D d'ajustement de y en x par la méthode des moindres carrés.

3. Utiliser D pour avoir :

a) Une estimation du chiffre d'affaires si le budget publicité est de 10 millions d'euros ;

b) Une estimation du budget publicité si l'on désire 600 millions d'euros de chiffre d'affaires.

Corrigé

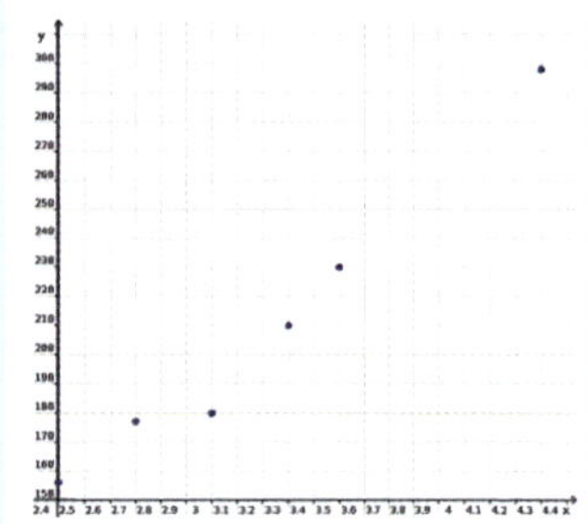

1. Les points du nuage statistique sont relativement alignés et donc **on peut envisager un ajustement affine.**

2. À l'aide d'une calculatrice, on obtient :

$$y = 75{,}223x - 39{,}737.$$

3. a) On remplace x par 10 dans l'équation de D :

$y = 75{,}223 \times 10 - 39{,}737$
$= 712{,}493.$

On peut donc prévoir un chiffre d'affaires de **712,493 millions d'euros.**

b) On remplace y par 600 dans l'équation de D :

$$600 = 75{,}223 \times x - 39{,}737 \Leftrightarrow x = \frac{600 + 39{,}737}{75{,}223}$$

$$= \frac{639{,}737}{75{,}223} \approx 8{,}505.$$

Il faut donc prévoir un budget publicité de **8,505 millions d'euros.**

Ajustement non affine

LE COURS

Les nouveaux programmes stipulent que :

- Les ajustements réalisés ne sont pas uniquement affines.
- On doit proposer aux élèves quelques exemples pour lesquels on se ramène à un ajustement affine d'un nuage de points après avoir effectué un changement de variable indiqué aux élèves (par exemples, $z = \log(y)$, $z = \ln(y)$, $z = \frac{1}{x}$, $z = a^x$...).

EXERCICES TYPES CORRIGÉS

EXERCICE 1

On cherche un ajustement entre deux caractères x et y mais cet ajustement n'est pas affine.

On constate que si on fait le changement de variable $z = 10^y$, on peut envisager un ajustement affine entre x et z.

Par la méthode des moindres carrés, on a obtenu la droite d'équation $z = 0{,}54x + 7{,}38$.

En déduire l'ajustement entre x et y.

EXERCICE 2

Le plutonium n'existe pas dans la nature.

C'est un sous-produit obtenu dans les réactions nucléaires, à partir d'uranium 238.

On a relevé dans un échantillon le nombre $N(t)$ (en millions) de noyaux de plutonium 241 présents en fonction du temps t (en années) :

t	0	3	6	9	12	15
$N(t)$	2	1,7	1,46	1,24	1,06	0,90

Dans la suite de l'exercice, on arrondira les résultats à 10^{-3} près.

1. Représenter le nuage statistique $(t\,;N(t))$ et expliquer pourquoi on ne peut pas envisager un ajustement affine.

2. On pose $n(t) = \ln(N(t))$.

Notes

a) Placer les couples (t ; $n(t)$) dans un tableau.

b) Représenter le nuage statistique (t ; $n(t)$).
Peut-on envisager un ajustement affine ?

c) Déterminer une équation de la droite d'ajustement de $n(t)$ en fonction de t par la méthode des moindres carrés.
On donnera le résultat sous la forme $n(t) = -\lambda t + \mu$.
λ est la constante radioactive du plutonium 241 en an^{-1}.

d) En déduire $N(t)$ en fonction de t.

e) Déterminer, à un an près, le temps de demi-vie (noté $t_{0,5}$) du plutonium 241.
On rappelle que la demi-vie est la durée nécessaire pour que le nombre de noyaux soit divisé par 2 et que $t_{0,5} = \dfrac{\ln 2}{\lambda}$.

Corrigés

1 On a : $z = 10^y = 0,54x + 7,38 \Leftrightarrow$ $\mathbf{y = \log(0,54x + 7,38)}$.

2 **1.** La figure est laissée au soin du lecteur.
Pour ce faire, on pourra utiliser une calculatrice.
Les points du nuage statistique ne semblent pas alignés et donc on ne peut pas envisager un ajustement affine.

2. a) On obtient le tableau suivant :

t	0	3	6	9	12	15
$n(t)$	0,693	0,531	0,378	0,215	0,058	– 0,105

b) La représentation graphique est laissée au soin du lecteur.
Les points du nuage statistique sont relativement alignés et donc **on peut envisager un ajustement affine.**

c) À l'aide d'une calculatrice, on obtient :

$$\mathbf{n(t) = -0,053t + 0,693.}$$

La constante radioactive λ du plutonium 241 est donc égale à 0,053 an^{-1}.

d) $n(t) = \ln(N(t)) = -0,053t + 0,693 \Leftrightarrow N(t) = e^{-0,053t+0,693}$

$$\Leftrightarrow N(t) = e^{-0,053t} \times e^{0,693} \approx 2e^{-0,053t}.$$

On a aussi : $N(t) \approx 2e^{-0,053t} = 2(e^{-0,053})^t \approx \mathbf{2(0,948)^t}$.

On rappelle que : $e^{a+b} = e^a \times e^b$ et $e^{ab} = (e^a)^b = (e^b)^a$.

On vérifie que : $N(0) \approx 2(0,948)^0 = 2$ millions car $a^0 = 1$.

e) On sait que $t_{0,5} = \dfrac{\ln 2}{\lambda}$ et donc on a :

$$t_{0,5} = \frac{\ln 2}{\lambda} = \frac{\ln 2}{0,053} \approx \mathbf{13\ années.}$$

Utiliser des algorithmes en probabilités et statistiques

Fiche 34

Mathématiques

EXERCICES TYPES CORRIGÉS

EXERCICE 1

Le chiffre d'affaires d'une entreprise, en milliers d'euros, en fonction des années est présenté dans le tableau ci-dessous :

Année	2014	2015	2016	2017	2018	2019
CA	41,8	40,5	47,6	52,3	56,7	53,4
Indice	100					

Compléter l'algorithme ci-contre pour que la fonction *moyenne* renvoie le chiffre d'affaires moyen de cette entreprise et que la fonction *indice* retourne une liste contenant les indices correspondant au chiffre d'affaires de chacune des années, l'année 2014 étant celle d'indice 100.

```
L=[41.8,40.5,.........]

def moyenne(L):
    s = 0
    for i in range(0,len(...)):
        s = s + ...
    return s /...

def indice(L):
    M = []
    for i in range(0,len(...)):
        M.append( 100*L[i] / L[...]  )
    return M
```

EXERCICE 2

On considère un dé cubique truqué et on note X la variable aléatoire donnant le numéro porté par la face de dessus après avoir lancé ce dé.

La loi de probabilité de X est donnée par le tableau ci-dessous :

k	1	2	3	4	5	6
$P(X=k)$	0,5	0,2	0,1	0,1	0,05	0,05

Expliquer le rôle de l'algorithme ci-contre :

```
L = [1,2,3,4,5,6]
P = [0.5,0.2,0.1,0.1,0.05,0.05]
e = 0
for i in range(0,6):
    e = e +L[i]*P[i]
print(e)
```

Notes

EXERCICE 3

Une compagnie aérienne estime que la probabilité qu'un passager ne se présente pas à l'embarquement est de $\frac{1}{20}$.

Les avions de cette compagnie disposent chacun de 574 places pour les passagers.
Après exécution de l'algorithme ci-contre, la console affiche 29.
Interpréter ce résultat.

```
from random import*
p = 0
for i in range(0,574):
    e = randint(1,20)
    if e == 1:
        p = p+1
print(p)
```

Corrigés

1 L'instruction *len(L)* fournit la taille de la liste *L*. Pour calculer la moyenne on additionne tout d'abord tous les éléments de la liste *L* puis on divise par le nombre d'éléments *len(L)*.

```
L=[41.8,40.5,47.6,52.3,56.7,53.4]
def moyenne(L):
    s = 0
    for i in range(0,len(L)):
        s = s + L[i]
    return s /len(L)
def indice(L):
    M = []
    for i in range(0,len(L)):
        M.append( 100*L[i] / L[0] )
    return M
```

Pour calculer les indices on divise chacun des termes de la liste par le premier (à savoir L[0]). On obtient :

2014	2015	2016	2017	2018	2019
100	96,9	113,9	125,1	135,6	127,8

2 Cet algorithme permet de calculer :
$1 \times 0{,}5 + 2 \times 0{,}2 + 3 \times 0{,}1 + 4 \times 0{,}1 + 5 \times 0{,}05 + 6 \times 0{,}05$ c'est-à-dire **l'espérance de *X***, on trouve 2,15.

3 L'instruction *rand(1,20)* génère un entier aléatoire entre 1 et 20.

Ainsi la condition suivante *if e == 1:* a une probabilité de $\frac{1}{20}$ de se réaliser.
Cela correspond à la probabilité qu'un passager ne se présente pas à l'embarquement.
Puisque la boucle *for* contient 574 itérations, la valeur de la variable *p* après exécution de l'algorithme correspond donc au nombre de passagers manquants après l'embarquement.
L'exécution de cet algorithme correspond donc à une simulation d'un nombre de passagers pour un embarquement, et dans cette simulation, **il en manque 29 parmi les 574 attendus.**

LE COURS

Cercle trigonométrique

Le cercle trigonométrique est le cercle de centre O et de rayon 1 dans le repère orthonormé $(O\ ;\vec{i}\ ;\vec{j})$ du plan.

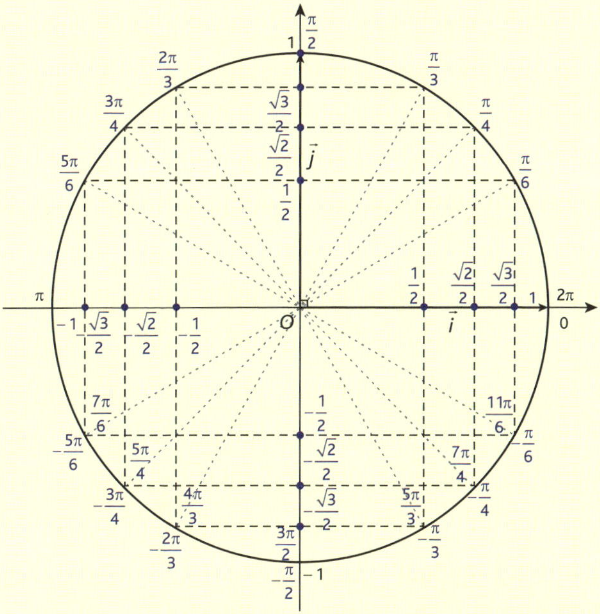

Rappels

- Pour tout point M du cercle trigonométrique, il existe un réel θ tel que $M(\cos(\theta)\ ;\ \sin(\theta))$.

θ est une mesure de l'angle $\left(\vec{i}\ ,\overrightarrow{OM}\right)$.

- **La mesure principale** d'un angle orienté est l'unique mesure de ce dernier comprise dans **$]-\pi\ ;\ \pi]$**.

- Pour convertir des angles de degrés en radians (et réciproquement) on utilise la correspondance :

π radians = 180 degrés.

Notes

EXERCICE 1

Convertir les angles suivants en radians (on donnera leur mesure principale) : 30° ; 45° ; – 150° ; 405° et – 240°.

EXERCICE 2

Déterminer sans calculatrice les valeurs de :

$\cos\left(\frac{11\pi}{4}\right)$ et $\sin\left(-\frac{23\pi}{3}\right)$.

EXERCICE 3

Résoudre sur $]-\pi\,;\pi]$ l'équation et les inéquations suivantes :

a) $\cos(x) = -\frac{1}{2}$ b) $\sin(x) > \frac{\sqrt{3}}{2}$ et $\sin(x) \leqslant \frac{\sqrt{3}}{2}$.

Corrigés

1 $30° = \frac{\pi}{6}$ **rad** ; $45° = \frac{\pi}{4}$ **rad** ; $-150° = -\frac{5\pi}{6}$ **rad** ;

$405° = (360 + 45)° = \left(2\pi + \frac{\pi}{4}\right)\text{rad} = \frac{\pi}{4}[2\pi]$ **rad** et

$-240° = (-360 + 120)° = \left(-2\pi + \frac{2\pi}{3}\right)\text{rad} = \frac{2\pi}{3}[2\pi]$ **rad.**

2 On a :

$$\cos\left(\frac{11\pi}{4}\right) = \cos\left(\frac{8\pi}{4} + \frac{3\pi}{4}\right) = \cos\left(2\pi + \frac{3\pi}{4}\right) = \cos\left(\frac{3\pi}{4}\right) = -\frac{\sqrt{2}}{2}.$$

$$\sin\left(-\frac{23\pi}{3}\right) = \sin\left(-\frac{24\pi}{3} + \frac{\pi}{3}\right) = \sin\left(-8\pi + \frac{\pi}{3}\right) = \sin\left(\frac{\pi}{3}\right) = \frac{\sqrt{3}}{2}.$$

3 a) $\cos(x) = -\frac{1}{2} \Leftrightarrow x = \frac{2\pi}{3}$ ou $x = -\frac{2\pi}{3}$ sur $]-\pi\,;\pi]$.

On a utilisé le cercle trigonométrique.

b) On trace la droite horizontale D' d'équation $y = \frac{\sqrt{3}}{2}$ et on retient les mesures, sur $]-\pi\,;\pi]$, des angles correspondants aux points du cercle trigonométrique situés au-dessus de la droite D'.

L'inéquation $\sin(x) > \frac{\sqrt{3}}{2}$ a donc comme ensemble solution :

$$S = \left]\frac{\pi}{3}\,;\frac{2\pi}{3}\right[\text{ sur }]-\pi\,;\pi].$$

En passant au complémentaire, on en déduit que l'inéquation $\sin(x) \leqslant \frac{\sqrt{3}}{2}$ a comme ensemble solution :

$$S_1 = \left]-\pi\,;\frac{\pi}{3}\right] \cup \left[\frac{2\pi}{3}\,;\pi\right] \text{ sur }]-\pi\,;\pi].$$

Trigonométrie

Fiche 36

Mathématiques

LE COURS

Rappels

- $-1 \leqslant \cos x \leqslant 1$ • $-1 \leqslant \sin x \leqslant 1$ • $\cos^2 x + \sin^2 x = 1$

Angles associés

On utilise le cercle trigonométrique pour visualiser les formules des arcs associés : opposés, supplémentaires, complémentaires et dont les mesures diffèrent de π.

Pour tout réel x :

- $\cos(-x) = \cos x$
- $\sin(-x) = -\sin x$
- $\cos(\pi - x) = -\cos x$
- $\sin(\pi - x) = \sin x$
- $\cos(\pi + x) = -\cos x$
- $\sin(\pi + x) = -\sin x$
- $\cos\left(\frac{\pi}{2} - x\right) = \sin x$
- $\sin\left(\frac{\pi}{2} - x\right) = \cos x$
- $\cos\left(\frac{\pi}{2} + x\right) = -\sin x$
- $\sin\left(\frac{\pi}{2} + x\right) = \cos x$

Formules d'addition

Pour tous réels a et b :

- $\cos(a + b) = \cos a \cos b - \sin a \sin b$
- $\cos(a - b) = \cos a \cos b + \sin a \sin b$
- $\sin(a + b) = \sin a \cos b + \sin b \cos a$
- $\sin(a - b) = \sin a \cos b - \sin b \cos a$

Formules de duplication

Pour tout réel x :

- $\cos 2x = \cos^2 x - \sin^2 x = 2\cos^2 x - 1 = 1 - 2\sin^2 x$
- $\sin 2x = 2\sin x \cos x$

Formules de linéarisation

Pour tout réel x :

- $\cos^2 x = \dfrac{1 + \cos 2x}{2}$
- $\sin^2 x = \dfrac{1 - \cos 2x}{2}$

Notes

EXERCICES TYPES CORRIGÉS

EXERCICE 1

a) Vérifier que $\frac{5\pi}{12} = \frac{\pi}{4} + \frac{\pi}{6}$.

b) Déterminer en valeurs exactes $\cos\left(\frac{5\pi}{12}\right)$ et $\sin\left(\frac{\pi}{12}\right)$.

EXERCICE 2

Calculer l'intégrale : $I = \int_0^{\frac{\pi}{4}} \sin^2 x dx$.

EXERCICE 3

Déterminer les réels A et φ, avec $\varphi \in \left]-\frac{\pi}{2} ; \frac{\pi}{2}\right[$ tels que, pour tout réel t : $f(t) = \sqrt{3}\cos 2t + \sin 2t = A\sin(2t + \varphi)$.

Corrigés

1 **a)** $\frac{\pi}{4} + \frac{\pi}{6} = \frac{3\pi + 2\pi}{12} = \mathbf{\frac{5\pi}{12}}$.

b) On rappelle que : $\cos(a+b) = \cos a \cos b - \sin a \sin b$.

$$\cos\left(\frac{\pi}{4} + \frac{\pi}{6}\right) = \cos\frac{\pi}{4}\cos\frac{\pi}{6} - \sin\frac{\pi}{4}\sin\frac{\pi}{6} = \frac{\sqrt{2}}{2} \times \frac{\sqrt{3}}{2} - \frac{\sqrt{2}}{2} \times \frac{1}{2}$$

et donc $\cos\left(\frac{5\pi}{12}\right) = \mathbf{\frac{\sqrt{2}}{4}(\sqrt{3} - 1)}$.

$\cos\left(\frac{5\pi}{12}\right) = \cos\left(\frac{\pi}{2} - \frac{\pi}{12}\right) = \sin\left(\frac{\pi}{12}\right)$ car $\cos\left(\frac{\pi}{2} - x\right) = \sin x$ et

$\frac{\pi}{2} - \frac{\pi}{12} = \frac{6\pi - \pi}{12} = \frac{5\pi}{12}$, et donc $\sin\left(\frac{\pi}{12}\right) = \mathbf{\frac{\sqrt{2}}{4}(\sqrt{3} - 1)}$.

2 On utilise la formule de linéarisation : $\sin^2 x = \frac{1 - \cos 2x}{2}$.

$$I = \int_0^{\frac{\pi}{4}} \sin^2 x dx = \int_0^{\frac{\pi}{4}} \frac{1 - \cos 2x}{2} dx = \frac{1}{2}\int_0^{\frac{\pi}{4}} (1 - \cos 2x) dx.$$

$F(x) = x - \frac{1}{2}\sin 2x$ est une primitive de $1 - \cos 2x$.

$$I = \frac{1}{2}\left[F\left(\frac{\pi}{4}\right) - F(0)\right] = \frac{1}{2}\left[\left(\frac{\pi}{4} - \frac{1}{2}\sin\frac{\pi}{2}\right) - \left(0 - \frac{1}{2}\sin 0\right)\right] = \mathbf{\frac{\pi - 2}{8}}.$$

3 $A\sin(2t + \varphi) = A[\sin 2t \cos\varphi + \cos 2t \sin\varphi]$.

On rappelle que : $\sin(a+b) = \sin a \cos b + \sin b \cos a$.

En identifiant à $f(t)$, il vient : $A\sin\varphi = \sqrt{3}$ et $A\cos\varphi = 1$.

En divisant ces deux équations, on trouve : $\tan\varphi = \sqrt{3}$.

Par suite, $\varphi = \frac{\pi}{3}$ et $A\cos\varphi = A\cos\frac{\pi}{3} = \frac{A}{2} = 1 \Leftrightarrow A = 2$.

En conclusion, $f(t) = \sqrt{3}\cos 2t + \sin 2t = \mathbf{2\sin\left(2t + \frac{\pi}{3}\right)}$.

Étudier une fonction trigonométrique

Fiche 37

Mathématiques

EXERCICE TYPE CORRIGÉ

Soit la fonction f définie sur $[0\,;\pi]$ par : $f(x) = \cos^2 x - \cos x$.
On note $\mathscr{C}$ sa courbe représentative dans le plan muni d'un repère orthonormé $(O\,;\vec{i}\,;\vec{j})$ d'unité 1 cm.

1. a) Donner la dérivée de la fonction f et déterminer son signe.
b) Dresser le tableau de variations de la fonction f et construire $\mathscr{C}$.
2. a) Déterminer une primitive de $f(x)$ sur $[0\,;\pi]$.
b) Déterminer l'aire $\mathscr{A}_1$ du domaine situé entre $\mathscr{C}$, l'axe (Ox) et les droites d'équations $x = \frac{\pi}{2}$ et $x = \pi$.
c) En déduire la valeur moyenne de $f(x)$ sur $\left[\frac{\pi}{2}\,;\pi\right]$.
d) Déterminer l'aire $\mathscr{A}_2$ du domaine situé entre $\mathscr{C}$, l'axe (Ox) et les droites d'équations $x = 0$ et $x = \frac{\pi}{2}$.
e) En déduire l'aire $\mathscr{A}$ du domaine situé entre $\mathscr{C}$, l'axe (Ox) et les droites d'équations $x = 0$ et $x = \pi$ et donner $\int_0^{\pi} f(x)\,dx$.
N.B : On donnera les aires au mm² près.

Corrigé

1. a) f est dérivable sur $[0\,;\pi]$ et on a :

$$f'(x) = -2\cos x \sin x + \sin x = \sin x(1 - 2\cos x).$$

On rappelle que : $(\cos x)' = -\sin x$ et $(u^2)' = 2uu'$.
Comme $\sin x \geqslant 0$ sur $[0\,;\pi]$, $f'(x)$ est du signe de $1 - 2\cos x$.

$1 - 2\cos x \geqslant 0 \Leftrightarrow \cos x \leqslant \frac{1}{2} \Leftrightarrow \frac{\pi}{3} \leqslant x \leqslant \pi$ sur $[0\,;\pi]$.

On a résolu l'inéquation à l'aide du cercle trigonométrique.

Par suite, $f'(x) \leqslant 0$ **sur** $\left[0\,;\frac{\pi}{3}\right]$ **et** $f'(x) \geqslant 0$ **sur** $\left[\frac{\pi}{3}\,;\pi\right]$.

b) On en déduit le tableau de variations de f sur $[0\,;\pi]$ et $\mathscr{C}$:

x	0		$\frac{\pi}{3}$		π
$f'(x)$		$-$	0	$+$	
$f(x)$	0	↘	$-\frac{1}{4}$	↗	2

Notes

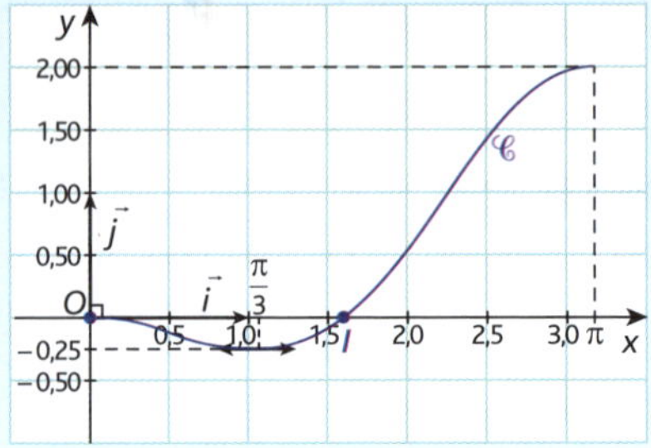

$\mathscr{C}$ coupe l'axe (Ox) en O et en $I\left(\dfrac{\pi}{2};0\right)$.

2. a) On utilise la formule de linéarisation : $\cos^2 x = \dfrac{1+\cos 2x}{2}$.

$f(x) = \cos^2 x - \cos x = \dfrac{1}{2} + \dfrac{1}{2}\cos 2x - \cos x$ et donc :

$\boldsymbol{F(x) = \dfrac{1}{2}x + \dfrac{1}{4}\sin 2x - \sin x}$ est une primitive de $f(x)$ sur $[0\,;\pi]$.

b) $\mathscr{C}$ est au-dessus de l'axe (Ox) sur $\left[\dfrac{\pi}{2};\pi\right]$ et donc :

$\mathscr{A}_1 = \displaystyle\int_{\frac{\pi}{2}}^{\pi} f(x)\,\mathrm{d}x = F(\pi) - F\left(\dfrac{\pi}{2}\right) = \dfrac{\pi}{2} - \left(\dfrac{\pi}{4} - 1\right) = \left(1 + \dfrac{\pi}{4}\right)$ u.a

$= \left(1 + \dfrac{\pi}{4}\right)\text{cm}^2 \approx$ **1,79 cm²** car 1 u.a = 1 cm².

On rappelle que : $\sin 2\pi = \sin\pi = \sin 0 = 0$ et $\sin\left(\dfrac{\pi}{2}\right) = 1$.

c) La valeur moyenne μ de f sur $\left[\dfrac{\pi}{2};\pi\right]$ est égale à :

$$\frac{1}{\pi - \frac{\pi}{2}}\int_{\frac{\pi}{2}}^{\pi} f(x)\,\mathrm{d}x = \frac{\mathscr{A}_1}{\frac{\pi}{2}} = \mathscr{A}_1 \times \frac{2}{\pi} = \left(1 + \frac{\pi}{4}\right) \times \frac{2}{\pi} = \frac{\pi + 4}{2\pi}.$$

L'aire du rectangle de largeur μ et de longueur $\pi - \dfrac{\pi}{2} = \dfrac{\pi}{2}$ est égale à l'aire $\mathscr{A}_1$.

d) $\mathscr{C}$ est en dessous de l'axe (Ox) sur $\left[0;\dfrac{\pi}{2}\right]$ et donc :

$\mathscr{A}_2 = -\displaystyle\int_0^{\frac{\pi}{2}} f(x)\,\mathrm{d}x = F(0) - F\left(\dfrac{\pi}{2}\right) = 0 - \left(\dfrac{\pi}{4} - 1\right) = \left(1 - \dfrac{\pi}{4}\right)$ u.a

$= \left(1 - \dfrac{\pi}{4}\right)\text{cm}^2 \approx$ **0,21 cm²** car 1 u.a = 1 cm².

e) On a : $\mathscr{A} = \mathscr{A}_1 + \mathscr{A}_2 = 1 + \dfrac{\pi}{4} + 1 - \dfrac{\pi}{4} =$ **2 cm²** et $\displaystyle\int_0^{\pi} f(x)\,\mathrm{d}x$

$= \displaystyle\int_0^{\frac{\pi}{2}} f(x)\,\mathrm{d}x + \int_{\frac{\pi}{2}}^{\pi} f(x)\,\mathrm{d}x = -\mathscr{A}_2 + \mathscr{A}_1 = \dfrac{\pi}{4} - 1 + 1 + \dfrac{\pi}{4} = \dfrac{\pi}{2}$.

On a aussi : $\displaystyle\int_0^{\pi} f(x)\,\mathrm{d}x = F(\pi) - F(0) = \dfrac{\pi}{2} - 0 = \dfrac{\pi}{2}$.

Nombres complexes
Forme algébrique

LE COURS

Définitions

- L'ensemble des nombres complexes se note $\mathbb{C}$.
- Pour tout **nombre complexe** z de $\mathbb{C}$, il existe un couple unique de nombres réels $(a\ ;\ b)$ tel que :

$$z = a + ib, \text{ avec } i^2 = -1.$$

C'est **la forme algébrique** de z.

- Les nombres réels a et b s'appellent respectivement **partie réelle** et **partie imaginaire** de z.

On note : $a = \mathrm{Re}(z)$ et $b = \mathrm{Im}(z)$.

- **Le conjugué** de $z = a + ib$, noté $\overline{z}$ est défini par : $\overline{z} = a - ib$.

On a : $z + \overline{z} = 2a$; $z\overline{z} = a^2 + b^2$ et $\dfrac{z_1}{z_2} = \dfrac{z_1\overline{z_2}}{z_2\overline{z_2}}$.

Équation du premier degré

Pour résoudre une équation du premier degré dans $\mathbb{C}$, on procède exactement de la même façon que dans $\mathbb{R}$.
C'est-à-dire que l'on cherche à isoler l'inconnue dans l'un des deux membres de l'équation.

Équation $z^2 = a$ avec $a \in \mathbb{R}$

Soit a un nombre réel.

- Si $a = 0$, l'équation $z^2 = a$ admet une seule solution réelle :

$$z = 0$$

- Si $a > 0$, l'équation $z^2 = a$ admet deux solutions réelles :

$$z = -\sqrt{a} \quad \text{et} \quad z = \sqrt{a}$$

- Si $a < 0$, l'équation $z^2 = a$ admet deux solutions imaginaires pures conjuguées :

$$z = -i\sqrt{-a} \quad \text{et} \quad z = i\sqrt{-a}$$

Exemple

L'équation $z^2 = -4$ a pour ensemble solution : $S = \{-2i\ ;\ 2i\}$.

Notes

EXERCICES TYPES CORRIGÉS

EXERCICE 1

Soient $z_1 = 1 + 2i$ et $z_2 = 3 - 5i$.

Donner la forme algébrique de $\dfrac{z_1}{\overline{z_2}}$.

EXERCICE 2

Résoudre dans $\mathbb{C}$ l'équation : $3i(5 + z) = 2z + 8$.
Donner la forme algébrique des éventuelles solutions.

EXERCICE 3

Résoudre dans $\mathbb{C}$ l'équation : $5z^2 = -4$.

Corrigés

1 $z_2 = 3 - 5i$ et donc $\overline{z_2} = 3 + 5i$.

$$\frac{z_1}{\overline{z_2}} = \frac{1+2i}{3+5i} = \frac{1+2i}{3+5i} \times \frac{3-5i}{3-5i} = \frac{3 - 5i + 6i - 10i^2}{3^2 + 5^2} = \frac{3 + 10 + i}{34}$$

$$= \mathbf{\frac{13}{34} + \frac{1}{34}i.}$$

2 $3i(5 + z) = 2z + 8 \Leftrightarrow 15i + 3iz = 2z + 8 \Leftrightarrow 3iz - 2z = 8 - 15i$

$$\Leftrightarrow (-2 + 3i)z = 8 - 15i \Leftrightarrow z = \frac{8 - 15i}{-2 + 3i} \Leftrightarrow z = \frac{8 - 15i}{-2 + 3i} \times \frac{-2 - 3i}{-2 - 3i}$$

$$\Leftrightarrow z = \frac{-16 - 24i + 30i + 45i^2}{(-2)^2 + 3^2} \Leftrightarrow z = \frac{-16 - 45 + 6i}{13}$$

$$\Leftrightarrow z = -\frac{61}{13} + \frac{6}{13}i.$$

L'équation admet une unique solution : $\mathbf{-\frac{61}{13} + \frac{6}{13}i.}$

3 $5z^2 = -4 \Leftrightarrow z^2 = -\dfrac{4}{5} = \dfrac{4}{5}i^2 \Leftrightarrow z = -i\sqrt{\dfrac{4}{5}}$ ou $z = i\sqrt{\dfrac{4}{5}}$

$$\Leftrightarrow z = -i\frac{\sqrt{4}}{\sqrt{5}} \text{ ou } z = i\frac{\sqrt{4}}{\sqrt{5}} \Leftrightarrow z = -i\frac{2}{\sqrt{5}} \text{ ou } z = i\frac{2}{\sqrt{5}}$$

$$\Leftrightarrow z = -i\frac{2 \times \sqrt{5}}{\sqrt{5} \times \sqrt{5}} \text{ ou } z = i\frac{2 \times \sqrt{5}}{\sqrt{5} \times \sqrt{5}}$$

$$\Leftrightarrow z = -i\frac{2\sqrt{5}}{5} \text{ ou } z = i\frac{2\sqrt{5}}{5}.$$

L'équation admet deux solutions imaginaires pures conjuguées :

$$\mathbf{z = -i\frac{2\sqrt{5}}{5} \quad et \quad z = i\frac{2\sqrt{5}}{5}.}$$

Nombres complexes
Forme trigonométrique – Forme exponentielle

LE COURS

Forme trigonométrique

• Pour tout nombre complexe z **non nul**, il existe un unique couple de réels $(r\,;\theta)$ avec $r > 0$ et $\theta \in]-\pi\,;\pi]$, tel que :

$$z = r(\cos\theta + i\sin\theta).$$

C'est la **forme trigonométrique** de z. On note $z = [r\,;\theta]$.

• Soit $M(a\,;b)$ le point d'affixe $z = a + ib$ (Voir figure page 171).

• r est **le module** de z : $r = |z| = OM = \sqrt{a^2 + b^2}$.

• θ est **un argument** de z : $\theta = \arg(z) =$ mesure de l'angle $(\vec{u}\,,\overrightarrow{OM})$ si z est **non nul**.

On a : $\cos\theta = \dfrac{\text{Re}(z)}{|z|} = \dfrac{a}{r}$ et $\sin\theta = \dfrac{\text{Im}(z)}{|z|} = \dfrac{b}{r}$.

• Soient z et z' deux nombres complexes **non nuls** et n **un entier naturel**.

• $|z \times z'| = |z| \times |z'|$ • $\left|\dfrac{z}{z'}\right| = \dfrac{|z|}{|z'|}$ • $|z^n| = |z|^n$

• $\arg(z \times z') = \arg(z) + \arg(z')[2\pi]$ • $\arg(z^n) = n\arg(z)[2\pi]$

• $\arg\left(\dfrac{z}{z'}\right) = \arg(z) - \arg(z')[2\pi]$

Forme exponentielle

• Pour tout nombre réel θ, on a : $e^{i\theta} = \cos\theta + i\sin\theta$.

• On a alors : $z = r(\cos\theta + i\sin\theta) = [r\,;\theta] = re^{i\theta}$.

$re^{i\theta}$ est **la forme exponentielle** de z.

• Pour tous nombres réels θ et θ' et pour tout **entier relatif** n :

• $|e^{i\theta}| = 1$ • $\arg(e^{i\theta}) = \theta$ • $\dfrac{1}{e^{i\theta}} = e^{-i\theta}$ • $\overline{e^{i\theta}} = e^{-i\theta}$

• $e^{i\theta} \times e^{i\theta'} = e^{i(\theta+\theta')}$ • $\dfrac{e^{i\theta}}{e^{i\theta'}} = e^{i(\theta-\theta')}$ • $(e^{i\theta})^n = e^{ni\theta}$

• Soit θ un nombre réel.

• $\cos\theta = \dfrac{e^{i\theta} + e^{-i\theta}}{2}$ • $\sin\theta = \dfrac{e^{i\theta} - e^{-i\theta}}{2i}$

• $\cos^2\theta + \sin^2\theta = 1$

Notes

EXERCICE TYPE CORRIGÉ

Déterminer le module et un argument pour les nombres complexes suivants puis donner leur forme exponentielle :

a) $z_1 = 3 - 3i$ **b)** $z_2 = -5 + 5\sqrt{3}i$ **c)** $z_3 = \dfrac{z_1^4}{z_2^2}$

Corrigé

a) $|z_1| = \sqrt{3^2 + (-3)^2} = \sqrt{18} = \sqrt{9 \times 2} = \sqrt{9} \times \sqrt{2} = 3\sqrt{2}.$

En notant $\theta_1 = \arg(z_1)$ on a :

$$\cos\theta_1 = \frac{\operatorname{Re}(z_1)}{|z_1|} = \frac{3}{3\sqrt{2}} = \frac{1}{\sqrt{2}} = \frac{\sqrt{2}}{2}$$

et $\sin\theta_1 = \dfrac{\operatorname{Im}(z_1)}{|z_1|} = \dfrac{-3}{3\sqrt{2}} = \dfrac{-1}{\sqrt{2}} = -\dfrac{\sqrt{2}}{2}.$

On a alors $\arg(z_1) = \theta_1 = -\dfrac{\pi}{4}$ et $z_1 = \mathbf{3\sqrt{2}e^{-i\frac{\pi}{4}}}.$

b) $|z_2| = \sqrt{(-5)^2 + (5\sqrt{3})^2} = \sqrt{25 + 25 \times 3} = \sqrt{100} = 10.$

En notant $\theta_2 = \arg(z_2)$ on a :

$$\cos\theta_2 = \frac{\operatorname{Re}(z_2)}{|z_2|} = \frac{-5}{10} = -\frac{1}{2} \text{ et } \sin\theta_2 = \frac{\operatorname{Im}(z_2)}{|z_2|} = \frac{5\sqrt{3}}{10} = \frac{\sqrt{3}}{2}.$$

On a alors $\arg(z_2) = \theta_2 = \dfrac{2\pi}{3}$ et $z_2 = \mathbf{10e^{i\frac{2\pi}{3}}}.$

c) $|z_3| = \left|\dfrac{z_1^4}{z_2^2}\right| = \dfrac{|z_1^4|}{|z_2^2|} = \dfrac{|z_1|^4}{|z_2|^2} = \dfrac{(3\sqrt{2})^4}{10^2} = \dfrac{81}{25}.$

$$\arg(z_3) = \arg\left(\frac{z_1^4}{z_2^2}\right) = \arg(z_1^4) - \arg(z_2^2)[2\pi]$$

$$= 4\arg(z_1) - 2\arg(z_2)[2\pi] = -\pi - 2 \times \frac{2\pi}{3}[2\pi] = -\pi - \frac{4\pi}{3}[2\pi]$$

$$= -\frac{7\pi}{3}[2\pi] = -\frac{\pi}{3}[2\pi].$$

On a donc : $\mathbf{z_3 = \dfrac{81}{25}e^{-i\frac{\pi}{3}}}$ car $-\dfrac{7\pi}{3} = -2\pi - \dfrac{\pi}{3}.$

On peut aussi utiliser la forme exponentielle :

$$z_3 = \frac{z_1^4}{z_2^2} = \frac{\left(3\sqrt{2}e^{-i\frac{\pi}{4}}\right)^4}{\left(10e^{i\frac{2\pi}{3}}\right)^2} = \frac{(3\sqrt{2})^4}{10^2} \times \frac{e^{-i\pi}}{e^{i\frac{4\pi}{3}}} = \frac{81}{25}e^{-i\left(\pi+\frac{4\pi}{3}\right)} = \frac{81}{25}e^{-i\frac{7\pi}{3}}$$

$$= \frac{81}{25}e^{-i\frac{\pi}{3}}.$$

On a utilisé que : $(e^{i})^n = e^{ni\theta}$ et $\dfrac{e^{i\theta}}{e^{i\theta'}} = e^{i(\theta - \theta')}.$

Nombres complexes
Applications à la géométrie

LE COURS

Représentation graphique

On munit le plan d'un repère orthonormé $(O, \vec{u}, \vec{v})$.

• À tout nombre complexe $z = a + ib$, on peut lui associer de manière unique le point $M(a\ ;\ b)$ et on a :

$$|z| = OM \quad \text{et} \quad \theta = \arg(z) = (\vec{u}, \overrightarrow{OM}).$$

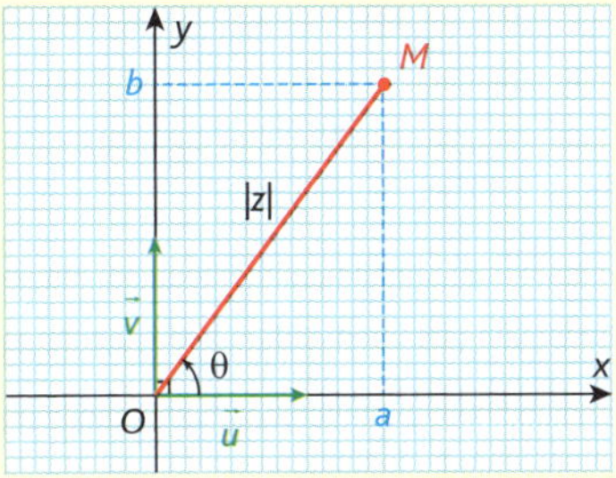

• Si deux points A et B sont d'affixes z_A et z_B alors l'affixe du vecteur $\overrightarrow{AB}$ est $z_B - z_A$.

Translation

Soit $z_0 \in \mathbb{C}$.
La transformation du plan complexe qui à tout point M d'affixe z associe le point M' d'affixe $z' = z + z_0$ est **la translation** de vecteur d'affixe z_0.

Rotation de centre O

Soit $\theta \in \mathbb{R}$.
La transformation du plan complexe qui à tout point M d'affixe z associe le point M' d'affixe $z' = e^{i\theta}z$ est **la rotation** de centre O et d'angle θ.

Homothétie de centre O

Soit $k \in \mathbb{R}$.
La transformation du plan complexe qui à tout point M d'affixe z associe le point M' d'affixe $z' = kz$ est **l'homothétie** de centre O et de rapport k.

Notes

EXERCICES TYPES CORRIGÉS

EXERCICE 1

Soient A et B deux points du plan complexe d'affixes respectives $z_A = 3 + 2i$ et $z_B = 1 - 5i$.

a) Déterminer l'affixe du vecteur $\overrightarrow{AB}$ puis la longueur AB.

b) Déterminer l'affixe du point C image de B dans la translation de vecteur $\overrightarrow{AB}$.

EXERCICE 2

Soit E le point du plan complexe d'affixe $z = 2i$.

Déterminer l'affixe de F image de E dans la rotation de centre O et d'angle $\frac{\pi}{3}$.

EXERCICE 3

Soient A et B deux points du plan complexe d'affixes respectives $z_A = 1 + i$ et $z_B = 3e^{i\frac{\pi}{4}}$.

Montrer que B est l'image de A dans une homothétie de centre O dont on précisera le rapport.

Corrigés

1 **a)** $z_{\overrightarrow{AB}} = z_B - z_A = 1 - 5i - (3 + 2i) = -2 - 7i.$

$$AB = |z_B - z_A| = |-2 - 7i| = \sqrt{(-2)^2 + (-7)^2} = \mathbf{\sqrt{53}}.$$

b) $z_C = z_B + z_{\overrightarrow{AB}} = 1 - 5i - 2 - 7i = \mathbf{-1 - 12i}.$

2 $z_F = e^{i\frac{\pi}{3}} z_E = \left(\cos\frac{\pi}{3} + i\sin\frac{\pi}{3}\right) \times 2i = \left(\frac{1}{2} + i\frac{\sqrt{3}}{2}\right) \times 2i = \mathbf{-\sqrt{3} + i}.$

3 $z_B = 3e^{i\frac{\pi}{4}} = 3\left(\cos\frac{\pi}{4} + i\sin\frac{\pi}{4}\right) = 3\left(\frac{\sqrt{2}}{2} + i\frac{\sqrt{2}}{2}\right) = \frac{3\sqrt{2}}{2}(1 + i),$

soit $z_B = \frac{3\sqrt{2}}{2} z_A$.

B est donc l'image de A dans **l'homothétie de centre O et de rapport $\frac{3\sqrt{2}}{2}$**.

On peut aussi remarquer que $z_A = 1 + i = \sqrt{2}e^{i\frac{\pi}{4}}$ et que l'on a :

$$\frac{z_B}{z_A} = \frac{3e^{i\frac{\pi}{4}}}{\sqrt{2}e^{i\frac{\pi}{4}}} = \frac{3}{\sqrt{2}} = \frac{3\sqrt{2}}{2}.$$

Conjecturer/Vérifier avec la calculatrice

LE COURS

Nombres complexes

Les calculatrices *NumWorks*, *TI 82/83* et *Casio graph 35+* permettent d'utiliser les nombres complexes.

Le nombre i est présent sur les touches et on peut obtenir l'argument, le module, avoir les parties réelles, imaginaires etc.

• **Sur la *NumWorks*** : écrire le nombre complexe, ou un calcul avec des nombres complexes, appuyer sur **EXE**, appuyer sur la flèche vers le haut puis aller sur les trois points et appuyer sur **EXE**. Un ensemble d'informations apparaît : graphique, module, etc.

• **Sur les *TI*** : écrire le nombre complexe, ou un calcul avec des nombres complexes, appuyer sur ENTRER, puis sur la touche **MATH**, et choisir le menu **CPX**.

On peut alors accéder à l'ensemble des fonctions sur les nombres complexes.

• **Sur les *Casio*** : écrire le nombre complexe, ou un calcul avec des nombres complexes, appuyer sur **EXE** puis sur la touche **OPTN**, et **F3**.

On accède alors à l'ensemble des fonctions sur les nombres complexes.

Fonctions

Tracer le graphique d'une fonction permet de conjecturer ou de vérifier les éventuelles limites d'une fonction, son sens de variations, ou la valeur de son maximum et de son minimum sur un intervalle donné.

On peut également calculer la valeur approchée d'une intégrale :

• **Sur la *NumWorks*** : 

, calcul puis int(f(x),x,a,b).

• **Sur les *TI*** : touche **MATH**, menu **MATH**, puis **intégrFonct(**. Saisir ensuite l'expression algébrique et les bornes.

En fonction des calculatrices $\int_1^3 x^2 dx$, par exemple, se calcule en tapant **intégrFonct(x^2,x,1,3)** ou en saisissant directement sur une intégrale.

Notes

• **Sur les *Casio*** : appuyer sur **OPTN**, puis choisir **CALC (F2)**, puis **F4**. Saisir alors l'expression algébrique suivie des deux bornes séparées par des virgules.

Suites

Les calculatrices *NumWorks*, *TI 82/83* et *Casio graph 35+* possèdent un menu suite, qui permet d'obtenir les premiers termes d'une suite et de conjecturer ou de vérifier le sens de variations de celle-ci.

• **Sur la *NumWorks*** : choisir le menu suite, saisir l'expression et choisir de voir le graphique ou le tableau de valeurs.

• **Sur les *TI*** : appuyer sur **MODE** et choisir Suite.
Appuyer sur **f(x)** puis définir la suite.
Pour une suite définie par récurrence, par exemple :
$u_{n+1} = 0{,}3u_n + 4$, on écrit u(n)=0.3*u(n-1)+4.

• **Sur les *Casio*** : entrer dans le menu **RECUR**, puis choisir le type de suite (par récurrence, ou explicite) en entrant dans le menu **TYPE**. Saisir ensuite l'expression de la suite.

Remarques :

• Lorsqu'une suite est définie par récurrence, on peut également utiliser la touche **REP** ou **ANS** pour obtenir les premiers termes.
Par exemple, pour la suite (u_n) définie par $u_0 = 5$ et $u_{n+1} = 0{,}3u_n + 4$, on peut suivre les instructions suivantes :
Écrire 5 puis taper **EXE**.
Écrire 0.3*REP+4 puis taper plusieurs fois sur **EXE**.

• Connaître les premiers termes d'une suite permet également de savoir lorsque dans un algorithme une boucle **while** va s'arrêter.
En considérant la suite (u_n) de la remarque précédente, on définit l'algorithme suivant :

```
n = 0
u = 5
while u < 5.7:
    n = n+1
    u = 0.3*u+4
print(n)
```

Cet algorithme affiche la valeur 4, car à l'aide de la calculatrice on sait que : $u_3 = 5{,}695$ et $u_4 = 5{,}708\,5$.

Mesures et incertitudes

LE COURS

Le résultat d'une mesure physique est toujours donné avec son unité et le nombre de chiffres significatifs pertinents, et, quand c'est possible, l'incertitude associée à sa détermination.

- On calcule l'incertitude-type notée ΔX ;
- **Présentation finale du résultat avec un taux de confiance de 95 % :**

$$X = X_{estimée} \pm 2 \times \Delta X$$

Incertitudes de type A : à partir d'une série de mesure

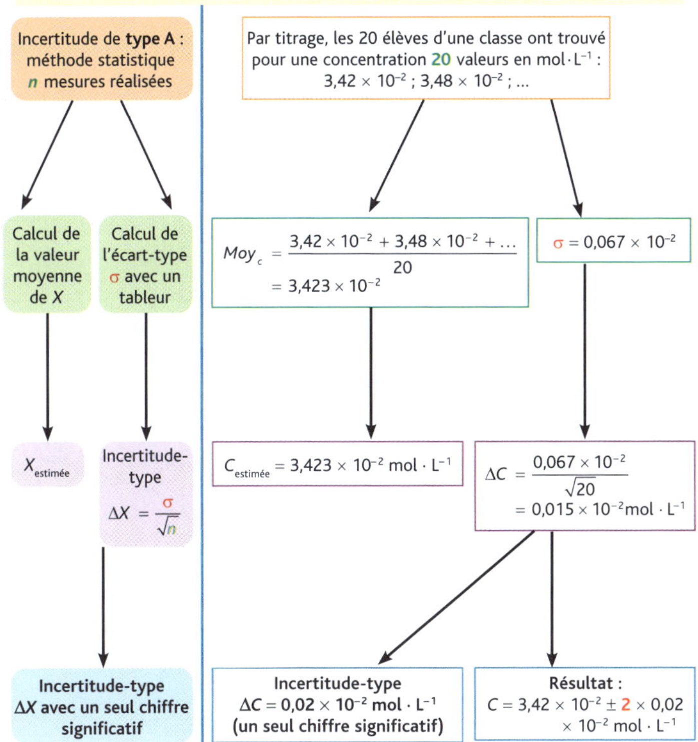

Notes

Incertitudes de type B : à partir d'une unique mesure

Incertitude de **type B** : une seule mesure réalisée
↓
Prise en compte des incertitudes des appareils de mesure
↓
Calcul de a et de l'incertitude-type qui vaut $\frac{a}{\sqrt{3}}$
↓
Incertitude-type ΔX avec un seul chiffre significatif

Mesure d'une tension avec un voltmètre numérique : $U = 6{,}05$ V
↓
Indications sur le voltmètre : *Précisions, toutes gammes : ± 0,5 % de la valeur affichée + 1 digit*
↓
- Incertitude **relative** : on multiplie la valeur affichée par $\frac{0{,}5}{100}$
- Le digit à ajouter correspond au dernier chiffre exprimé de la mesure 0,01 V ici

↓
$a = 0{,}005 \times 6{,}05 + 0{,}01 = 0{,}040$ V

Incertitude-type $= \frac{a}{\sqrt{3}} = 0{,}023$
↓
Incertitude-type $\Delta U = 0{,}02$ V → **Résultat : $U = 6{,}05 \pm 2 \times 0{,}02$ V**

La mesure est satisfaisante si **son intervalle de confiance à 95 % englobe la valeur de référence.** Sinon, il s'agit probablement d'une erreur dans le protocole de mesure.

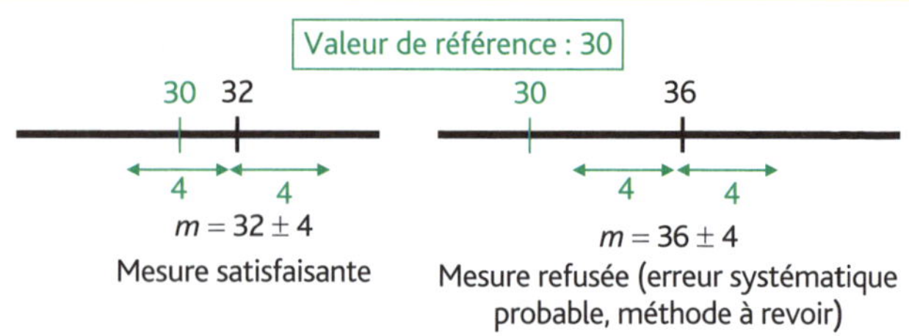

Énergie et puissance

LE COURS

La demande mondiale en énergie est de plus en plus importante : les enjeux énergétiques sont primordiaux pour les générations futures.

Quelques unités d'énergie

– Unité du système international : le joule (J)
– Le wattheure (Wh) : 1 Wh = 3 600 J
– La calorie (cal) : 1 cal = 4,18 J
– La tonne d'équivalent pétrole (tep) : 1 tep = 41,9 GJ

Puissance moyenne P_{moy}

L'énergie *E* mise en jeu par un système pendant un intervalle de temps Δt est liée à la puissance moyenne $\boldsymbol{P_{moy}}$ par la relation :

J W

$$E = P_{moy} \times \Delta t \Leftrightarrow P_{moy} = \frac{E}{\Delta t}$$

s

Puissance instantanée $p(t)$

• Pour un petit intervalle de temps noté dt durant lequel l'énergie mise en jeu est dE, la puissance instantanée $p(t)$ est obtenue par :

$$p(t) = \frac{dE}{dt}$$

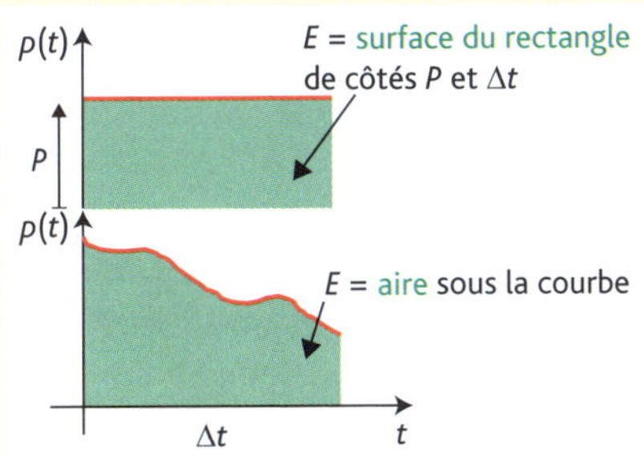

• **L'énergie** mise en jeu par un système pendant une durée Δt :

– Si la puissance est constante : $p(t) = P$. On a $E = P \times \Delta t$.

– Si la puissance varie au cours du temps : l'énergie mise en jeu est **l'aire sous la courbe** $p(t)$.

Elle est calculée à l'aide d'une intégrale :

$$E = \int_0^{\Delta t} p(t)\,dt$$

Notes

EXERCICE TYPE CORRIGÉ

On donne la courbe représentant la puissance consommée, sur une journée de 24 heures, par le groupe frigorifique qui permet la climatisation d'un hôpital. On modélise cette courbe par le graphique de la figure ci-dessous.

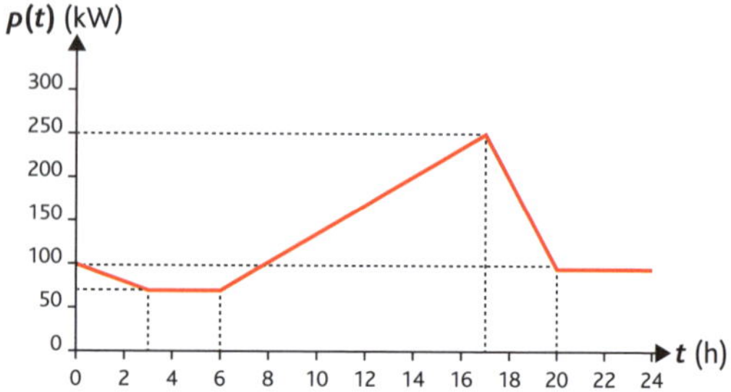

1. Rappeler l'expression liant la puissance instantanée, l'énergie et le temps.

2. On donne l'équation mathématique de la portion 0 – 3 h : $p(t) = -10t + 100$. Calculer l'énergie mise en jeu pendant ces 3 heures.

3. Comment peut-on graphiquement trouver l'énergie mise en jeu pendant 24 h ?

Corrigé

1. La puissance instantanée est définie par :

$$p(t) = \frac{dE}{dt}. \text{ M}$$

2. $E = \int_0^3 p(t)\,dt = \int_0^3 (-10t + 100)\,dt = \left[-10\frac{t^2}{2} + 100t\right]_0^3$

$= \mathbf{255\,kWh}$.

3. L'énergie mise en jeu correspond à l'aire sous la courbe de la puissance en fonction du temps. On détermine cette aire en la découpant en rectangles ou triangles rectangles.

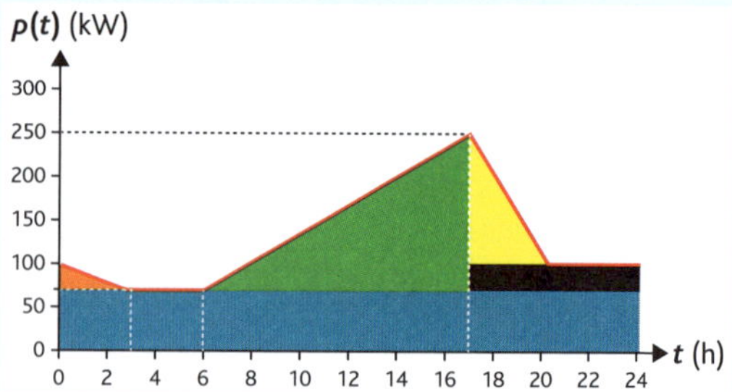

Conversions d'énergie

LE COURS

• **L'énergie se transforme** d'une forme à une autre.

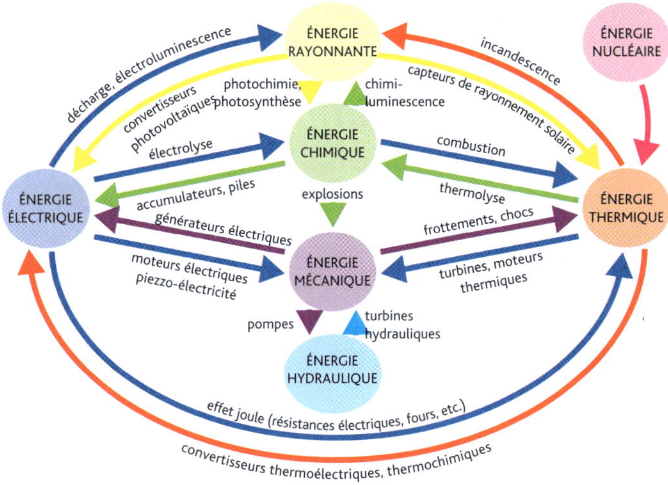

▲ Chaînes énergétiques.

• **Rendement d'un convertisseur d'énergie :**

$$R = \frac{P_u}{P_a}$$

R : % ; P_u : Puissance utile (W) ; P_a : Puissance absorbée (W)

EXERCICES TYPES CORRIGÉS

EXERCICE 1

Un moteur électrique délivre une puissance utile à l'arbre du moteur égale à 1,5 kW. Sachant que son rendement est de 76 % en déduire la puissance électrique consommée.

EXERCICE 2

Rendement d'une centrale hydraulique

Une centrale hydraulique utilise l'énergie cinétique d'une chute d'eau pour faire tourner une turbine. Un alternateur utilise

Notes

l'énergie mécanique fournie par la turbine pour produire l'énergie électrique.

1. Schématiser la chaîne énergétique de la centrale.

2. Exprimer les rendements de la turbine et de l'alternateur en fonction des diverses puissances mises en jeu dans la chaîne énergétique.

3. Le rendement de la turbine est de 60 %, celui de l'alternateur de 80 %. En déduire le rendement global de la conversion d'énergie opérée par la centrale hydraulique.

4. Une petite centrale hydraulique délivre une puissance de 10 MW. Calculer la puissance absorbée par la turbine.

Corrigés

1 La puissance consommée par le moteur correspond à la puissance absorbée, on a donc :

$$P_a = \frac{P_u}{R} = \frac{1\,500}{0{,}76} = 1\,974 \text{ W} \approx 2{,}0 \times 10^3 \text{ W} = \mathbf{2\,kW}.$$

2 **1.** Chaîne énergétique de la centrale :

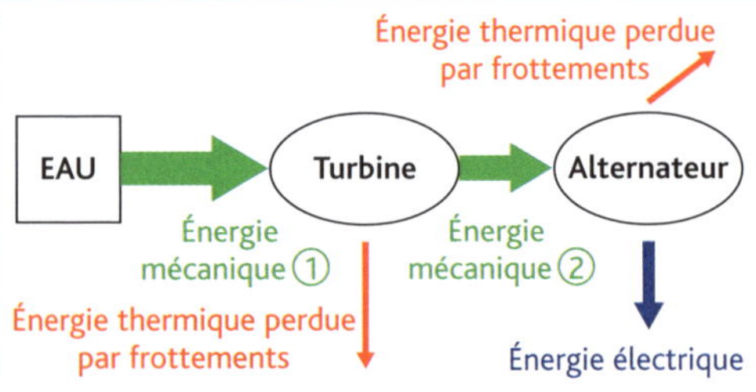

2. Par définition, on a :

$$R_{\text{turbine}} = \frac{P_{\text{méca2}}}{P_{\text{méca1}}} \text{ et } R_{\text{alternateur}} = \frac{P_{\text{élec}}}{P_{\text{méca2}}}.$$

3. La puissance utile de la centrale correspond à la puissance électrique qu'elle délivre, la puissance absorbée est la puissance mécanique absorbée par la turbine soit $P_{\text{méca1}}$.
Le rendement global est donc :

$$R_{\text{global}} = \frac{P_{\text{élect}}}{P_{\text{méca1}}} = \frac{P_{\text{méca2}}}{P_{\text{méca1}}} \times \frac{P_{\text{élect}}}{P_{\text{méca2}}} = 0{,}6 \times 0{,}8 = \mathbf{48\,\%}.$$

4. La puissance absorbée par la turbine est :

$$P_{\text{méca1}} = \frac{P_{\text{élec}}}{R_{\text{global}}} = \frac{10}{0{,}48} = \mathbf{20{,}8\ MW}.$$

Régime sinusoïdal

LE COURS

Expression des grandeurs électriques $u(t)$ et $i(t)$

- **Avec les amplitudes :**

$u(t) = U_m \cos(\omega t + \varphi)$	$i(t) = I_m \cos(\omega t)$

ω : pulsation (rad. s^{-1})
φ : phase à l'origine (en radian)
U_m : valeur maximale (ou amplitude) de la tension en volt.
I_m : valeur maximale (ou amplitude) de l'intensité en ampère.

$\omega = 2\pi f$: f fréquence du signal en Hz

$\omega = \dfrac{2\pi}{T}$: T période du signal en s.

- **Avec les grandeurs efficaces :**

$u(t) = U_{eff}\sqrt{2}\cos(\omega t + \varphi)$ tension efficace U_{eff} (V) : $U_{eff} = \dfrac{U_m}{\sqrt{2}}$	$i(t) = I_{eff}\sqrt{2}\cos(\omega t)$ intensité efficace I_{eff} (A) : $I_{eff} = \dfrac{I_m}{\sqrt{2}}$

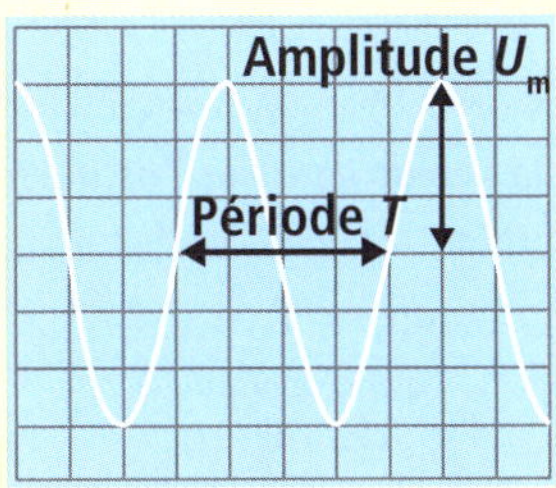

▲ Oscillogramme d'une tension.
Sensibilité horizontale : 5 ms · div^{-1}
Sensibilité verticale : 2 V · div^{-1}

- **Les grandeurs efficaces** sont les grandeurs mesurées avec des **multimètres.**

Notes

EXERCICE TYPE CORRIGÉ

Exploiter un oscillogramme

On enregistre une tension sinusoïdale de la forme $u(t) = U_m \cos(\omega t + \varphi)$ aux bornes d'un dipôle grâce à un oscilloscope.

L'oscillogramme obtenu est donné ci-dessous.

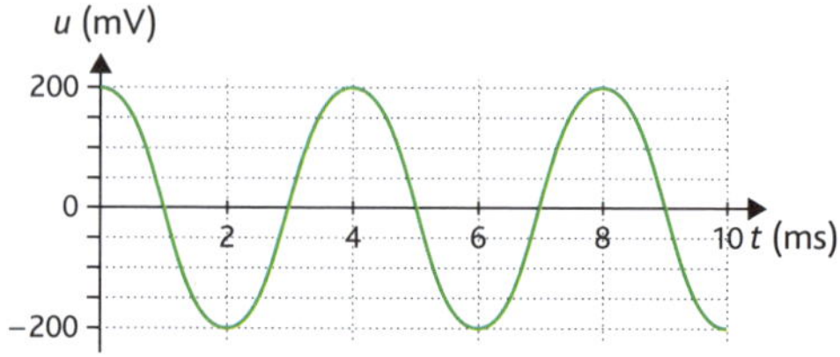

1. Déterminer la période T du signal et son amplitude U_m.

2. En déduire la valeur de la pulsation du signal.

3. Déterminer la phase à l'origine.

4. En déduire l'expression numérique de $u(t)$.

Corrigé

1. On mesure la période du signal entre deux maxima par exemple, on trouve dans ce cas $\boldsymbol{T = 4}$ **ms**.

On lit directement l'amplitude de la tension qui correspond à la valeur maximale de la tension soit $\boldsymbol{U_m = 200}$ **mV**.

2. La relation entre la période T et la pulsation ω est :

$$\omega = \frac{2\pi}{T}$$

soit $\omega = \dfrac{2\pi}{4 \times 10^{-3}} = 1\,571 \text{ rad.s}^{-1}$.

3. À $t = 0$ s, on lit la valeur de u sur l'oscillogramme : on trouve 200 mV soit U_m. Comme $u(t) = U_m \cos(\omega t + \varphi)$, on a :

$$u(0) = U_m \cos(\varphi)$$

$$\text{donc } \cos(\varphi) = 1$$

$$\textbf{donc } \boldsymbol{\varphi = 0.}$$

4. L'expression numérique de $u(t)$ est alors :

$$\boldsymbol{u(t) = 0{,}200 \cos(1\,571 t)} \textbf{ en volts.}$$

Méthode complexe en physique

LE COURS

- À toute grandeur sinusoïdale $s(t) = S_m \cos(\omega t + \varphi)$, on associe une **grandeur complexe $\underline{s}$** telle que :

$$\underline{s} = S_m e^{j(\omega t + \varphi)}.$$

Le nombre i tel que $i^2 = -1$ est noté j en physique pour éviter de le confondre avec l'intensité électrique.

- $\underline{s}$ est un outil mathématique permettant l'étude plus aisée d'un problème en régime sinusoïdal.

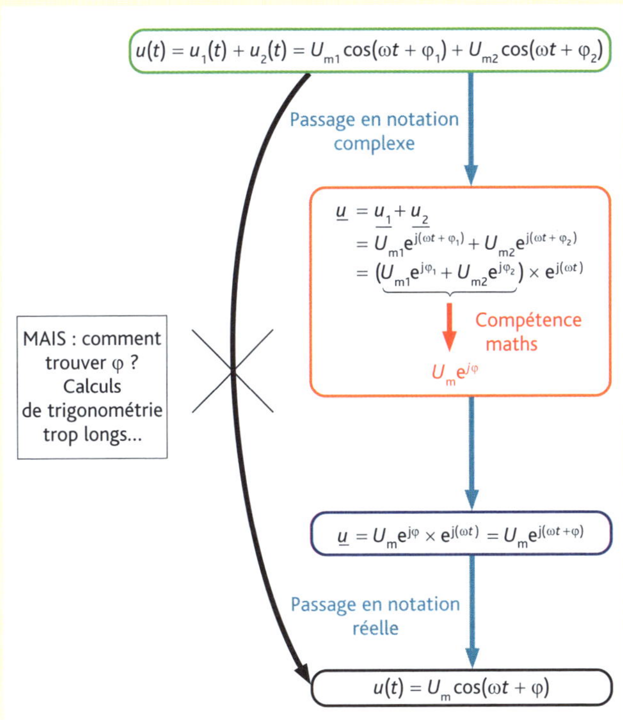

Notes

EXERCICE TYPE CORRIGÉ

Utiliser la méthode complexe

Un moteur est modélisé par un conducteur ohmique R en série avec une bobine d'inductance L. L'intensité du courant qui traverse ce moteur en régime sinusoïdal est $i(t) = I_m \cos(\omega t)$.

La fréquence d'alimentation du moteur est de 50 Hz.

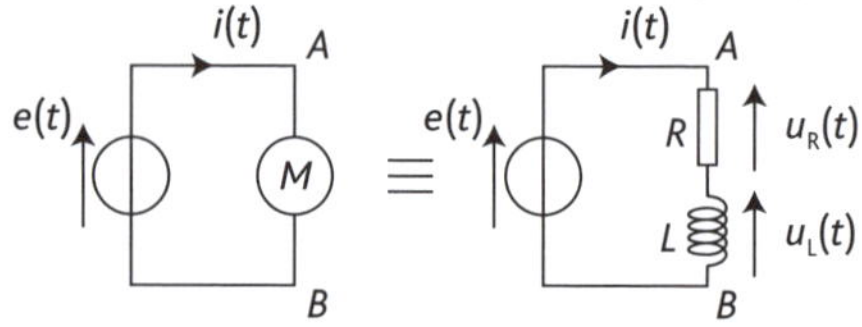

1. Exprimer la tension aux bornes de la résistance.

2. La tension aux bornes de la bobine d'inductance L est $L\omega I_m \cos\left(\omega t + \frac{\pi}{2}\right)$, quelle est la tension aux bornes du moteur ?

3. Écrire la tension aux bornes de la résistance et la tension aux bornes de la bobine à l'aide de la notation complexe.

On associe à la tension électrique aux bornes du moteur $u(t)$ une grandeur complexe notée $\underline{u} = U_m \exp j(\omega t + \varphi)$.

4. En déduire la valeur de U_m en fonction de R, L, ω et I_m.

Corrigé

1. En convention récepteur, on a :

$$u_R(t) = Ri(t) = \boldsymbol{RI_m\cos(\omega t)}.$$

2. En appliquant l'additivité des tensions, on obtient $u = u_R + u_L$ soit :

$$u(t) = \boldsymbol{RI_m \cos(\omega t) + L\omega I_m \cos\left(\omega t + \frac{\pi}{2}\right)}.$$

3. En utilisant la méthode complexe, on peut exprimer les grandeurs complexes associées à chacune des tensions :

$$\underline{u}_R = RI_m \exp(j\omega t) \text{ et } \underline{u}_L = \boldsymbol{L\omega I_m \exp\left[j\left(\omega t + \frac{\pi}{2}\right)\right]}.$$

4. La relation donnée à la question 2 est valable avec les grandeurs complexes donc :

$$\underline{u} = RI_m \exp(j\omega t) + L\omega I_m \exp\left[j\left(\omega t + \frac{\pi}{2}\right)\right]$$

$$= \left[RI_m + L\omega I_m \exp\left(\frac{j\pi}{2}\right)\right]\exp(j\omega t)$$

Or $\exp\left(\frac{j\pi}{2}\right) = j$ d'où $\underline{u} = (RI_m + jL\omega I_m)\exp(j\omega t)$.

Comme U_m est le module de u, on en déduit que :

$$\boldsymbol{U_m = I_m\sqrt{R^2 + (L\omega)^2}}.$$

Facteur de puissance

LE COURS

Définitions

• On considère un dipôle D soumis à une tension $u(t)$ et traversé par un courant d'intensité $i(t)$ avec la convention d'orientation récepteur.

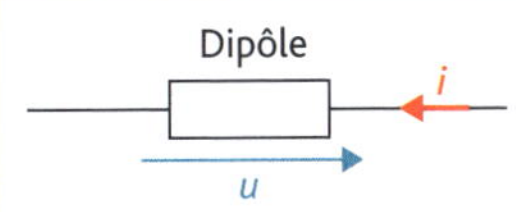

Puissance instantanée reçue par le dipôle :

$$p(t) = u(t) \times i(t)$$

si $p(t) > 0$: le dipôle **reçoit** de l'énergie → C'est un **récepteur**

si $p(t) < 0$: le dipôle **fournit** de l'énergie → C'est un **générateur**

• La **puissance moyenne** P reçue par le dipôle (ou puissance active) est définie par :

W

$$P = \frac{1}{T}\int_{t_0}^{t_0+T} p(t)\,dt$$

s

• La **puissance apparente** S reçue par le dipôle est définie par :

VA V

$$S = U_{eff} \times I_{eff}$$

A

• Le **facteur de puissance** est le rapport entre la puissance active et la puissance apparente :

W

$$k = \frac{P}{S}$$

VA

Cas du régime sinusoïdal

Puissance active	Puissance apparente	Facteur de puissance
$P = U_{eff} \times I_{eff} \times \cos\varphi$	$S = U_{eff} \times I_{eff}$	$k = \frac{P}{S} = \cos\varphi$

Notes

EXERCICES TYPES CORRIGÉS

EXERCICE 1

Un moteur consomme une puissance active de 1,5 kW. Sachant qu'il est alimenté avec une tension efficace de 220 V et parcouru par un courant d'intensité efficace de 5 A, calculer le facteur de puissance du moteur.

EXERCICE 2

Une installation électrique de puissance active 3 kW est alimentée sous une tension efficace U_{eff} de 230 V. On modélise l'aspect résistif des lignes électriques par une résistance de valeur $R = 10\ \Omega$ pour 1 km de câble. Le facteur de puissance de l'installation a une valeur de 0,9.

1. Donner l'expression de la tension $u(t)$ aux bornes d'une résistance en fonction de R et de $i(t)$ (en convention récepteur).
2. En déduire l'expression de la puissance instantanée reçue par la résistance.
3. Calculer la valeur de l'intensité efficace circulant dans l'installation.
4. Sachant que le facteur de puissance pour une résistance vaut 1, en déduire la valeur de la puissance moyenne dissipée par effet Joule dans la résistance modélisant 1 km de câble. On prendra pour la tension efficace aux bornes de cette résistance la valeur $U_{eff,R} = 7$ V, l'intensité y circulant étant la même que celle circulant dans l'installation.

Corrigés

1 La puissance apparente est :
$S = U_{eff} \times I_{eff} = 220 \times 5 = 1\,100$ VA pour une puissance active de 1 500 W.
Le facteur de puissance vaut donc $k = \dfrac{1\,100}{1\,500} = \mathbf{0{,}73}$.

2 1. La loi d'Ohm s'écrit $\boldsymbol{u(t) = R \times i(t)}$.
2. Comme $p(t) = u(t) \times i(t)$, on obtient $\boldsymbol{p(t) = R \times i^2(t)}$.
3. On sait que $P = kS$ et $S = U_{eff} \times I_{eff}$ d'où :

$$I_{eff} = \frac{P}{kU_{eff}} = \frac{3\,000}{0{,}9 \times 230} = \mathbf{14{,}5\ A}.$$

4. Si le facteur de puissance vaut 1 pour une résistance alors :

$$P = S = U_{eff,R} \times I_{eff} = 7 \times 14{,}5 = \mathbf{101{,}5\ W}.$$

Transport de l'énergie électrique

Fiche 7

Physique-Chimie

LE COURS

Schéma de principe

Une fois produite, l'énergie électrique est transportée, répartie dans les différents territoires puis distribuée.

Après production, la tension est augmentée par un transformateur pour le transport longue distance (THT) puis après répartition (distances moyennes, HT), selon l'utilisation, la tension est **abaissée par des transformateurs** successifs jusqu'à 220 V (BT) pour les installations domestiques ou plus pour des installations industrielles (MT).

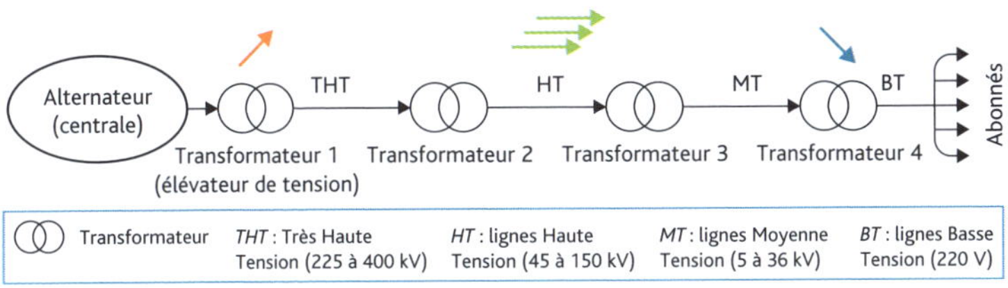

▲ Schéma de l'organisation du transport d'énergie.

Facteur de puissance et pertes en ligne

• **Les pertes d'énergie** lors du transport d'électricité sont dues essentiellement à l'**effet Joule** dans les lignes de résistance R_L.

$$P_J = R_L I_{eff}^2$$

• Les pertes en ligne (pour le distributeur) **sont d'autant plus importantes que le facteur de puissance k est faible et que la tension U_{eff} est faible.**

• L'électricité est donc transportée sur les longues distances en **haute ou très haute tension** pour limiter les pertes énergétiques. L'augmentation de la tension est assurée par des transformateurs. À l'approche du lieu d'utilisation, d'autres transformateurs diminuent la tension.

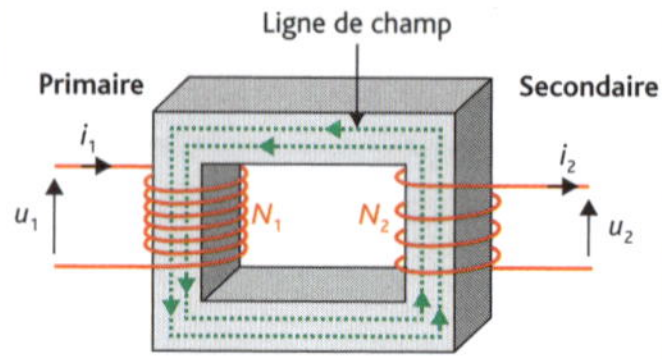

$$\frac{U_2}{U_1} = +\frac{N_2}{N_1}$$

U_1 et U_2 sont les valeurs efficaces des tensions u_1 et u_2.

$N_2 > N_1$: augmentation de tension.

$N_2 < N_1$: diminution de tension.

$N_2 = N_1$: isolation galvanique (transformateur de sécurité).

▲ Principe de fonctionnement d'un transformateur.

EXERCICE TYPE CORRIGÉ

Transformateur

La mesure des valeurs efficaces des tensions primaire et secondaire d'un transformateur parfait a donné :

$$U_1 = 230\ \text{V},\ U_2 = 24\ \text{V}.$$

Calculer le rapport de transformation ainsi que le nombre de spires du secondaire si $N_1 = 1\,030$.

Corrigé

La tension passe de 230 V à 24 V, le rapport de transformation est donc :

$$R = \frac{24}{230} = \mathbf{0{,}10}.$$

Comme $R = \frac{U_2}{U_1} = \frac{N_2}{N_1}$ donc $N_2 = N_1 \times \frac{U_2}{U_1}$, on en déduit :

$$N_2 = 1\,030 \times \frac{24}{230} \approx \mathbf{107\ spires}.$$

Risque électrique

Fiche 8

Physique-Chimie

LE COURS

Protection des individus

• **Le corps humain conduit l'électricité**, le passage du courant à travers l'organisme s'appelle l'électrisation.
La gravité du choc électrique dépend de :
- l'intensité du courant qui circule dans le corps ;
- la tension appliquée entre 2 points du corps ;
- la durée de passage du courant ;
- la résistance du corps qui varie en fonction de l'humidité et de l'épaisseur de la peau.

• **Pour se protéger :**
- prise de courant avec un fil de terre ;
- équipement de l'installation par des disjoncteurs différentiels ;
- alimentation en Très Basse Tension (6,12 ou 24 V) des appareils ;
- isolation de l'appareil contre les contacts indirects.

Protection des matériels

Un courant trop intense dans une ligne électrique peut conduire à une **détérioration et à un incendie**. Pour protéger de ces risques, une installation électrique comporte :
– des fusibles (fusion d'un fil métallique et coupure du circuit : à changer après la recherche de panne) ;
– des disjoncteurs (désenclenchement si dépassement du seuil d'intensité : à réenclencher après la recherche de panne).

EXERCICE TYPE CORRIGÉ

Risque électrique
Dans les cahiers techniques d'une société distributeur de matériels électriques, on trouve le tableau suivant mettant en relation les différents facteurs intervenant lors d'un choc électrique.

Notes

Tension de contact U_c (V)	Résistance du corps (peau sèche) R (Ω)	Courant passant par le corps humain I_n (mA)	Durée de passage maximale t_n (s)
50	1 725	29	≤ 5
75	1 625	46	0,60
100	1 600	62	0,40
150		97	0,28
230	1 500	153	0,17
300	1 480	203	0,12
400	1 450		0,07
500	1 430	350	0,04

1. Comment varie la résistance du corps humain lorsque la tension augmente ?
2. Dans un local sec, quelle est l'intensité du courant qui traverse le corps humain soumis à une tension de 50 V ?
3. Quelle relation lie U_c, R et I_n ?
4. Déduire de la relation précédente la valeur de R pour $U_c = 150$ V.
5. On dispose de deux disjoncteurs différentiels dont les caractéristiques techniques sont les suivantes :
n° 1 : courant de fuite 30 mA, temps de coupure du courant 1 000 ms.
n° 2 : courant de fuite 300 mA, temps de coupure du courant 30 ms.
Quel disjoncteur permet d'assurer la sécurité des personnes dans le cas d'une peau sèche et d'une tension de 500 V ?

Corrigé

1. D'après le tableau, **la résistance du corps humain diminue lorsque la tension augmente.**
2. Dans un local sec, pour une tension de 50 V, on peut lire que :

$$I_n = \mathbf{29\ mA}.$$

3. Si on effectue pour chaque ligne $\frac{R}{I_n}$, on obtient U_c. La relation est donc semblable à celle d'un conducteur ohmique $\boldsymbol{U_c = R \times I_n}$.
4. Pour une tension de 150 V, on peut donc calculer :

$$R = \frac{U_c}{I_n} = \mathbf{1546\ \Omega}.$$

5. Pour une tension de 500 V, la durée de passage maximale d'un courant de 350 mA est de 40 ms. **Le disjoncteur 2** permettra la coupure du circuit électrique au bout de 30 ms.

Énergie interne

LE COURS

Énergie interne et température d'un système

- **L'énergie interne** U d'un système résulte des interactions entre molécules et de l'agitation thermique.
- Lorsque la température d'un corps en phase condensée de masse m (liquide ou solide) passe de la température T_1 à la température T_2, son énergie interne U varie. Cette **variation d'énergie interne** ΔU est due à un **échange d'énergie thermique, notée Q**, entre le corps et l'extérieur.

Capacité thermique massique du corps (c)

$$\Delta U = Q = m \times c \times \underbrace{(T_2 - T_1)}_{\Delta T}$$

ΔU en J ; m en kg ; c en $J \cdot kg^{-1} \cdot K^{-1}$; ΔT en K

Flux thermique

- Le **flux thermique** Φ_{th} est la puissance thermique traversant la paroi de surface S.

$$\Phi_{th} = \frac{Q}{\Delta t}$$

Φ_{th} en W ; Q en J ; Δt en s

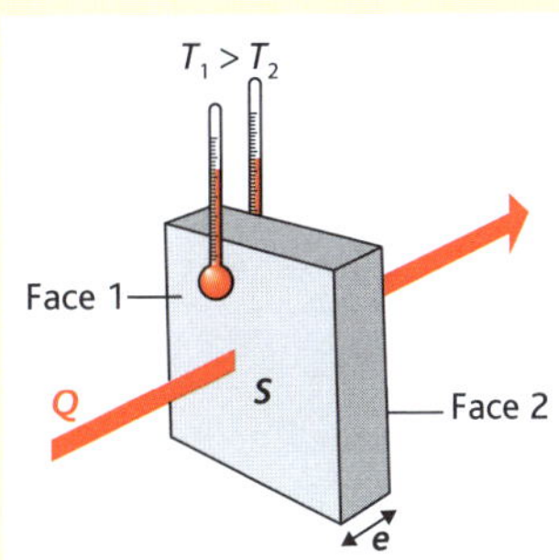

▲ Transfert thermique par conduction à travers une paroi d'épaisseur e et de surface S.

Notes

Résistance thermique R_{th}

- Lorsque les températures de chaque côté de la paroi sont constantes :

$$\Phi_{th} = \frac{T_1 - T_2}{R_{th}} \quad \text{avec } T_1 > T_2$$

(Φ_{th} en W ; T_1, T_2 en K ou °C ; R_{th} en $K \cdot W^{-1}$)

- **Pour une paroi plane :**

$$R_{th} = \frac{e}{\lambda \times S}$$

(R_{th} en $K \cdot W^{-1}$; e en m ; λ en $W \cdot m^{-1} \cdot K^{-1}$; S en m^2)

- **Propriété** : Lorsque plusieurs parois sont accolées :

$$R_{th.tot} = R_{th1} + R_{th2} + R_{th3} + \ldots$$

Limiter les transferts thermiques

- Pour augmenter la résistance thermique d'une paroi : augmenter son épaisseur e ; utiliser un matériau de conductivité thermique λ plus grande ; multiplier les couches et accoler les parois.

▲ Principe de l'isolation thermique d'un mur.

EXERCICE TYPE CORRIGÉ

La température intérieure d'une maison est maintenue grâce à un système de climatisation à 21 °C alors que la température extérieure est de 38 °C.
Indiquer le sens du transfert thermique et calculer le flux thermique à travers un mur de 5 m de large sur 2,5 m de haut et d'épaisseur 40 cm. Le mur est en brique creuse ($\lambda = 0{,}12\ W \cdot m^{-1} \cdot K^{-1}$).

Corrigé

étape 1 On calcule d'abord la résistance thermique du mur :

$$R_{th} = \frac{e}{\lambda \times S} = \frac{0{,}4}{0{,}12 \times 5 \times 2{,}5} = \mathbf{0{,}27\ K \cdot W^{-1}}.$$

étape 2 Puis, on en déduit le flux à travers le mur : il va du chaud vers le froid donc de l'extérieur de la maison vers l'intérieur.

$$\Phi_{th} = \frac{38 - 21}{0{,}27} = \mathbf{63\ W}.$$

Conversion énergie chimique – énergie électrique

LE COURS

Piles

• **Une réaction d'oxydo-réduction spontanée**, dans une pile, permet la circulation d'électrons et génère un courant électrique. Une pile est usée quand l'un des réactifs est épuisé.

Pour déterminer la polarité :

Les électrons vont du pôle – (anode) vers le pôle + (cathode) dans le circuit extérieur.

Pour retenir les noms des pôles : Anode commence par une voyelle comme dans Oxydation, alors que Cathode commence par une consonne comme dans Réduction.

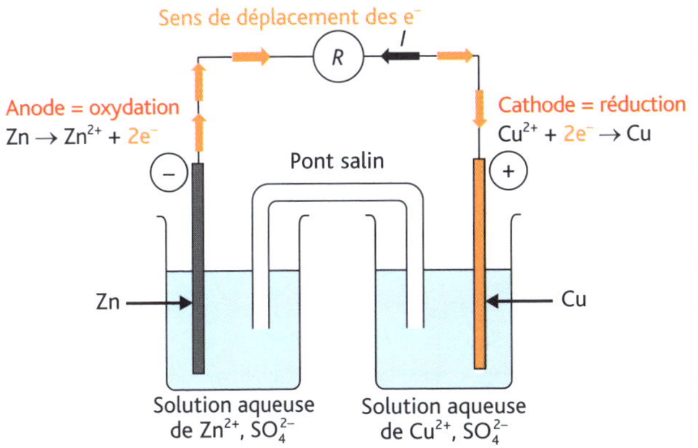

▲ Pile DANIELL.
$Cu^{2+}(aq) + Zn(s) \rightarrow Cu(s) + Zn^{2+}(aq)$

• **Le rôle du pont salin** (solution ionique, conductrice) est de mettre en contact les deux compartiments de la pile et de permettre le passage du courant.

Accumulateurs

Un accumulateur, quand il se décharge, fonctionne comme une pile. Mais contrairement à la pile, c'est un dispositif **réversible** et il peut être **rechargé** : de l'énergie est fournie au système chimique pour réaliser une réaction d'oxydo-réduction **non spontanée**.

Notes

EXERCICE TYPE CORRIGÉ

Une pile à combustible est constituée de deux électrodes séparées par un électrolyte (qui peut être une solution ionique ou une membrane échangeuse d'ions), elle est alimentée en continu en dihydrogène et en dioxygène.

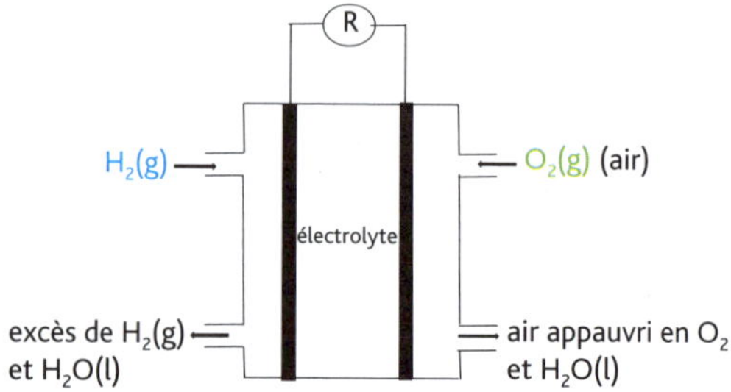

Demi-équations électroniques associées aux couples d'oxydo-réduction à considérer :
$O_2(g) + 4\ H_3O^+(aq) + 4\ e^- = 6\ H_2O(l)$;
$H_2(g) + 2\ H_2O(l) = 2\ H_3O^+\ (aq) + 2\ e^-$

1. En déduire l'équation-bilan de la réaction qui se produit dans une pile à combustible, les réactifs étant le dioxygène et le dihydrogène gazeux.

2. Identifier l'anode et la cathode. Déterminer la polarité de la pile.

3. Indiquer sur le schéma le sens de circulation des électrons.

Corrigé

1. On multiplie la deuxième demi-équation par 2 :

$$\mathbf{2\ H_2(g) + 4\ H_2O(l) = 4\ H_3O^+(aq) + 4\ e^-.}$$

On peut alors donner l'équation bilan : les électrons n'apparaissent pas, ils sont échangés entre le réducteur H_2 et l'oxydant O_2 :

$$\mathbf{2H_2(g) + O_2(g) \rightarrow 2\ H_2O(l).}$$

2. À l'anode se produit l'oxydation : H_2 est oxydé donc l'anode est à gauche.

Il s'agit du pôle –.

À la cathode se produit la réduction : O_2 est réduit donc **la cathode est à droite**, pôle +.

3. Les électrons vont **du pôle – vers le pôle +.**

Aspect énergétique : capacité et énergie stockée

Fiche 11

Physique-Chimie

LE COURS

Définition

La capacité Q d'une pile est la quantité d'électricité que peut fournir une pile ou un accumulateur.
La capacité est souvent exprimée en ampère-heure (Ah) : **1 Ah = 3 600 C**.

$$Q = n_{e-} \times N_A \times e$$

avec Q en C, n_{e-} en mol, N_A : Constante d'Avogadro en mol^{-1}, e en C.

- **La masse de réactif limitant** permet de calculer sa quantité de matière puis le nombre de mole maximal d'électrons qui peut circuler.
- **L'énergie W** stockée dans un accumulateur ou dans une pile est égale à la charge électrique **Q** multipliée par la tension à vide **E** (aussi appelée force électromotrice).

$$W = E \times Q$$

avec W en J, E en V, Q en C.

W est souvent exprimée en watt-heure (Wh), il faut alors :
– convertir Q en ampère-heure (Ah)
– multiplier par la tension à vide E exprimée en volt (V).

Notes

EXERCICE TYPE CORRIGÉ

Déterminer la capacité de la pile Daniell décrite précédemment, contenant 1 gramme de zinc solide (réactif limitant).

Données : $N_A = 6{,}02 \times 10^{23}\ mol^{-1}$;
$e = 1{,}6 \times 10^{-19}\ C$;
$M_{zn} = 65{,}4\ g \cdot mol^{-1}$.

Corrigé

Zn(s) : $n_{zn} = \dfrac{m_{zn}}{M_{zn}} = 0{,}015\ mol$. Quand 1 mole de Zn est oxydée, 2 moles d'électrons circulent donc $n_{e-} = 0{,}03\ mol$.
Dans 1 mole d'électron, il y a N_A électrons de charge –e donc :

$$\mathbf{Q = n_{e-} \times N_A \times e \text{ soit } Q = 2\,890\ C.}$$

Bilan énergétique d'une combustion complète

Fiche 12

Physique-Chimie

LE COURS

- **La combustion** est une réaction chimique d'oxydation exothermique, entre un comburant (le dioxygène) et un combustible (un alcane par exemple).
Elle est **complète** si la totalité du combustible est oxydée.
La combustion complète d'un carburant produit du **dioxyde de carbone CO_2** et de l'**eau**.

- **Le Pouvoir Calorifique Inférieur (PCI)** d'un combustible mesure la **quantité d'énergie libérée** par la combustion complète de l'unité de combustible, souvent exprimé en $kJ \cdot kg^{-1}$, l'eau étant formée à l'état de gaz.

Ex. : Ordre de grandeur du PCI pour l'essence : $45\ MJ \cdot kg^{-1}$ donc $45 \times 10^6\ J \cdot kg^{-1}$.

L'essence est un combustible constitué d'alcanes et de cycloalcanes, d'alcènes et d'hydrocarbures aromatiques.

- **Dans le cas de la combustion d'un alcane C_nH_{2n+2}**, le PCI est associé à l'équation-bilan suivante :

$$C_nH_{2n+2} + \frac{1}{2}(3n + 1)\ O_2(g) \rightarrow n\,CO_2(g) + (n + 1)\ H_2O(g).$$

Notes

EXERCICE TYPE CORRIGÉ

Calculer la masse de CO_2 libérée lors de la combustion de 1 kg de méthane CH_4.

Données : masses molaires : C : 12 g·mol^{-1} ;
H : 1 g·mol^{-1} ;
O : 16 g·mol^{-1}.

Corrigé

étape 1 Pour le méthane $n = 1$ donc on libère 1 mole de CO_2 pour une mole de méthane consommé :

$$CH_4 + 2\ O_2(g) \rightarrow CO_2(g) + 2\ H_2O(g).$$

étape 2 On calcule la quantité de matière de méthane utilisé :

$$n_{CH_4} = \frac{m_{CH_4}}{M_{CH_4}} \text{ soit } n_{CH_4} = \frac{10^3}{16} = 62{,}5 \text{ moles.}$$

étape 3 $n_{CH_4} = n_{CO_2}$ d'après l'équation bilan donc :
$m_{CO_2} = n_{CO_2} \times M_{CO_2}$ soit $m_{CO_2} = 62{,}5 \times 44 =$ **2 750 g soit 2,75 kg.**

Mouvement rectiligne

LE COURS

• **Le mouvement d'un point mobile *M* est rectiligne** si sa trajectoire est une **droite**.

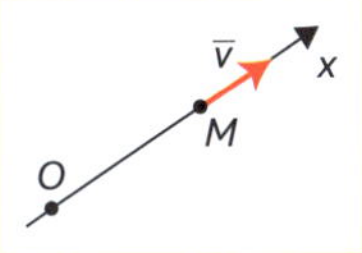

▲ Mouvement rectiligne.

• Lorsqu'un point *M* se déplace sur une trajectoire rectiligne dans un référentiel *R* et parcourt une distance *L* entre les dates t_1 et t_2, sa **vitesse moyenne** est :

$$v_{moy} = \frac{L}{t_2 - t_1}$$

• Si l'axe (*Ox*) qui porte la trajectoire a pour vecteur unitaire $\vec{i}$, alors les **vecteurs vitesse et accélération** ont pour expression :

$$\vec{v} = v \times \vec{i} \quad \text{et} \quad \vec{a} = a \times \vec{i}$$

• La **vitesse instantanée** du point *M* est définie par :

$$v = \lim_{(t_2 - t_1) \to 0} v_{moy}$$

• Les expressions de la **vitesse et l'accélération** sont, dans ce cas :

$$v = \frac{dx}{dt} \quad \text{et} \quad a = \frac{dv}{dt}$$

• Si on connaît la position du système au cours du temps, on peut tracer la courbe $x(t)$ puis $v(t)$ (courbe de la fonction dérivée par rapport au temps de *x*) et $a(t)$ (courbe de la fonction dérivée par rapport au temps de *v*).

Notes

EXERCICES TYPES CORRIGÉS

EXERCICE 1

Une balle de masse m et de centre de gravité G est lâchée d'une hauteur H sans vitesse initiale. L'axe Oz est orienté vers le bas, son origine est prise à l'endroit où la balle est lâchée.

L'évolution de $z(t)$ est donnée par $z(t) = \frac{1}{2}gt^2 + H$

où g est l'intensité du champ de pesanteur.

1. Déterminer l'expression de la vitesse au cours du temps.
2. Déterminer l'expression de l'accélération au cours du temps.
3. Choisir parmi les qualificatifs suivants pour le mouvement étudié : rectiligne uniforme, rectiligne uniformément accéléré ou rectiligne uniformément freiné.

EXERCICE 2

Un véhicule au démarrage a sa vitesse qui passe de 0 km/h à 100 km/h en 10 s, sur une distance de 140 m (phase 1). Il maintient ensuite sa vitesse pendant 30 s (phase 2) et freine brusquement jusqu'à s'arrêter en 5 s, la distance de freinage est de 70 m (phase 3).

1. Calculer la vitesse moyenne du véhicule sur les phases 1 et 2.
2. Quelle distance a-t-il parcouru pendant la phase 2 ?
3. Que vaut l'accélération du véhicule durant la phase 2 ?

Corrigés

1 1. La vitesse est obtenue par la dérivée de la position par rapport au temps soit : $\boldsymbol{v = \frac{dz}{dt} = g \times t}$.

2. L'accélération est obtenue par la dérivée de la position par rapport au temps soit : $\boldsymbol{a = \frac{dv}{dt} = g}$.

3. L'accélération est constante et la vitesse augmente au cours du temps : le mouvement est rectiligne uniformément accéléré.

2 1. Sur la phase 1 : $V_{moy,1} = \frac{140}{10} = 14\ \text{m} \cdot \text{s}^{-1}$ et sur la phase 2 :

$$V_{moy,2} = \frac{70}{10} = \mathbf{7\ m \cdot s^{-1}}.$$

2. En 30 s, la vitesse étant constante, on a $d = V \times t$. On convertit la vitesse en $\text{m} \cdot \text{s}^{-1}$, on obtient $V = \frac{100\,000}{3\,600} = 28\ \text{m} \cdot \text{s}^{-1}$.
Soit $d = 280$ m.

3. Comme la vitesse est constante la vitesse instantanée **ne varie pas donc l'accélération est nulle** car $a = \frac{dv}{dt}$.

Mouvement de rotation

LE COURS

• Soit un solide en rotation dans un référentiel donné. Les points du solide décrivent des cercles qui ne sont pas tous identiques : cela dépend de la distance *R* de chacun de ces points à l'axe de rotation.

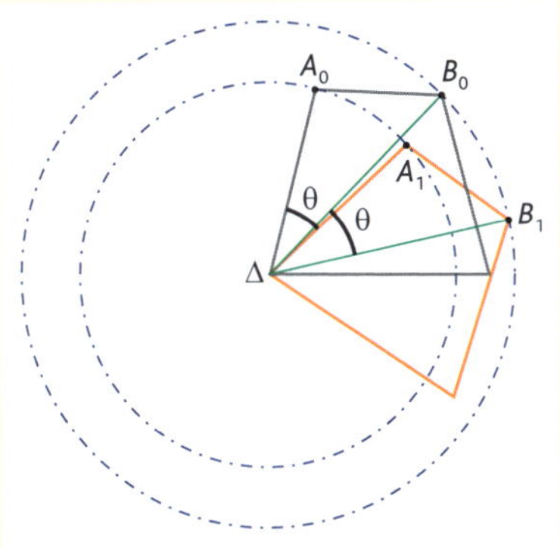

▲ Solide en rotation autour d'un axe Δ.
A_0 est la position de *A* à l'instant t_0,
A_1 est la position de *A* à t_1.
$t_1 - t_0 = \Delta t$.

Pendant l'intervalle de temps Δt :
– la distance parcourue par le point *A* est différente de celle parcourue par le point *B*
$\Rightarrow$ la vitesse linéaire *v* de *A* est différente de celle de *B* ;
– l'angle balayé est identique pour les deux points
$\Rightarrow$ leurs vitesses angulaires ω sont égales.

• **La relation entre la vitesse *v* linéaire et la vitesse angulaire ω est :**

$$\underset{\text{m}\cdot\text{s}^{-1}}{v} = \underset{\text{m}}{R} \times \underset{\text{rad. s}^{-1}}{\omega}$$

Pour une vitesse angulaire donnée en tour·s^{-1}, il faut pour calculer la vitesse linéaire la convertir en rad. s^{-1} en multipliant par 2π (1 tour : 2π radians).

Notes

EXERCICES TYPES CORRIGÉS

EXERCICE 1

Le solide tourne à une vitesse angulaire de 2 $\text{rad} \cdot \text{s}^{-1}$. Le point A est situé à 3 cm de l'axe Δ et le point B à 4 cm de l'axe Δ.
Calculer les vitesses linéaires de A et de B.

EXERCICE 2

Un manège de type Carrousel tourne à une vitesse de 6 tr.min^{-1}. Le plateau du manège à un diamètre de 14 m. Une première rangée de chevaux se situent à 3 m de l'axe et une autre rangée à 6 m.

1. Calculer la vitesse angulaire de rotation du manège.

2. Calculer la vitesse linéaire d'un enfant situé sur la première rangée de chevaux.

3. Un parent de l'enfant souhaite surveiller son enfant tout au long du tour de manège. En se plaçant à 1 m du bord du manège, il court pour rester à la hauteur de son enfant. Sachant que le tour de manège dure 2 min, calculer la distance qu'il a parcouru en courant.

Corrigés

1 La vitesse linéaire du point A est :

$$v_A = 3 \times 10^{-2} \times 2 = 6 \times 10^{-2}\ \text{m} \cdot \text{s}^{-1} = \mathbf{6\ cm \cdot s^{-1}}$$

alors que celle du point B est :

$$v_B = 4 \times 10^{-2} \times 2 = 8 \times 10^{-2}\ \text{m} \cdot \text{s}^{-1} = \mathbf{8\ cm \cdot s^{-1}}.$$

2 **1.** On convertit la vitesse de rotation en s^{-1} :

$$\omega = \frac{6 \times 2 \times \pi}{60} = \mathbf{0{,}6\ rad \cdot s^{-1}}.$$

2. La relation entre vitesse angulaire et vitesse linéaire donne :

$$v_1 = R_1\omega = 3 \times 0{,}6 = \mathbf{1{,}8\ m \cdot s^{-1}}.$$

3. Il faut commencer par calculer la vitesse linéaire du parent qui se situe donc à 8 m de l'axe soit $v_2 = R_2\omega = 8 \times 0{,}6 = 4{,}8\ \text{m} \cdot \text{s}^{-1}$.
En supposant qu'il conserve cette vitesse pendant toute la durée du tour, il aura parcouru :
$D = v_2 \times T = 4{,}8 \times 2 \times 60 = \mathbf{5{,}8 \times 10^2\ m}$.

Bilan des forces

LE COURS

- **On appelle résultante des forces la somme de toutes les forces** qui s'appliquent au système.

Quelques actions mécaniques sur un solide

- **Le poids :** pour un système de masse m, $\vec{P} = m \times \vec{g}$ où $\vec{g}$ est le champ de pesanteur.
- **Force de contact entre solides :** lorsqu'un système solide S est au contact d'un autre solide Z, le solide Z exerce une action mécanique sur le système appelée réaction du support et notée $\vec{R}$.

$$\vec{R} = \vec{R}_N + \vec{R}_T$$

$\vec{R}_T$ correspond aux frottements.
En l'absence de frottement :

$$\vec{R}_T = \vec{0}.$$

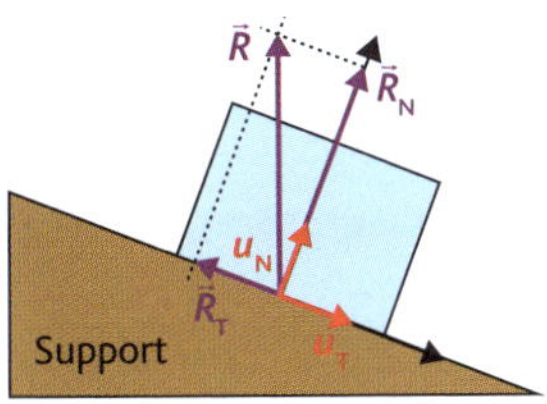

- **Force de frottement entre un solide et un fluide :** lorsqu'un solide est en mouvement dans un fluide, il subit une force de résistance $\vec{f}$ de la part du fluide. C'est une force de frottement qui s'oppose au déplacement du solide et qui est de **sens opposé à la vitesse**. Pour de faibles vitesses, $f = h \times v$, pour des vitesses élevées $f = h \times v^2$.
h est un coefficient qui dépend du solide et du fuide.
- **Force rappel élastique :** lorsqu'un système est accroché à un ressort de constante de raideur k, le ressort exerce une action mécanique sur le système appelée **force de rappel élastique** et notée $\vec{T}$. Dans le cas d'une déformation modérée, on a :

$$\vec{T} = -K(\ell - \ell_0)\vec{u}_x.$$

ℓ est la longueur du ressort.
ℓ_0 est la longueur à vide.

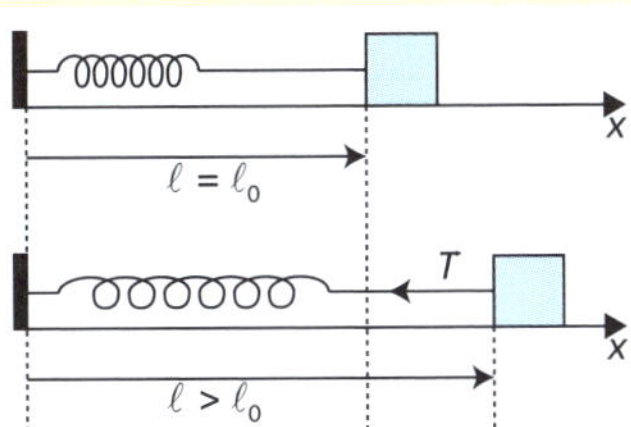

Notes

EXERCICE TYPE CORRIGÉ

Résultante des forces

Un livre de masse $m = 500$ g est posé sur une table inclinée d'un angle $\alpha = 10°$ par rapport à l'horizontale. Le livre ne glisse pas et reste en équilibre.

1. Quelles sont les forces s'exerçant sur le livre en équilibre ?
2. Déterminer les caractéristiques de la réaction de support exercée par la table sur le livre ($\vec{R}_N$ et $\vec{R}_T$).

Donnée : $g = 9{,}8\ \text{m}\cdot\text{s}^{-1}$.

Corrigé

1. Le livre est soumis à son poids $P = m \times g$ et à la réaction du support (ici la table). Le livre étant à l'équilibre la résultante des forces est nulle : $\vec{P} + \vec{R} = \vec{0}$.
On en déduit que ces 2 forces ont même intensité ($P = m \times g = R = 0{,}5 \times 9{,}8 = 4{,}9$ N) et sont verticales de direction opposée.
2. Schématisons les forces en décomposant la réaction :

$$\vec{R} = \vec{R}_N + \vec{R}_T.$$

L'angle en A du triangle BAH étant égal à α, on obtient grâce aux relations dans le triangle rectangle $\sin\alpha = \dfrac{R_T}{R}$ d'où :

$$R_T = R \times \sin\alpha = 0{,}85\ \text{N}.$$

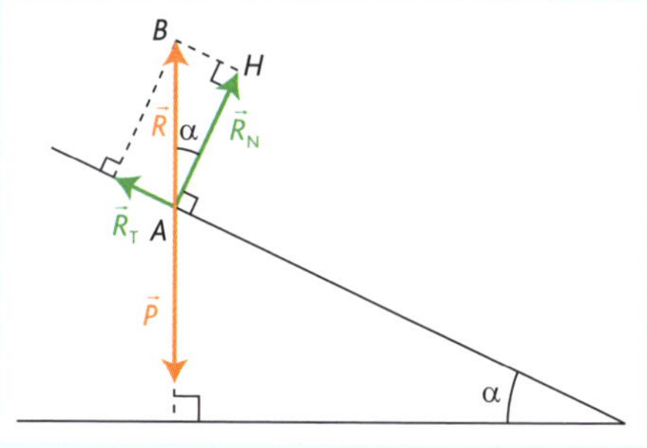

et $R_N = R \times \cos\alpha = 4{,}8$ N.

Forces et rotation

LE COURS

Définition

Le moment d'une force $\vec{F}$ par rapport à un axe Δ est une grandeur scalaire, notée $M_{\Delta}(\vec{F})$, qui caractérise la capacité de cette force à faire tourner le solide autour de cet axe.

Pour le calculer, on utilise d, la distance entre la droite d'action de la force, et F son intensité. d s'appelle **le bras de levier**.

On a :

$$M_{\Delta}(\vec{F}) = F \times d$$

($M_{\Delta}(\vec{F})$ en N·m ; F en N ; d en m)

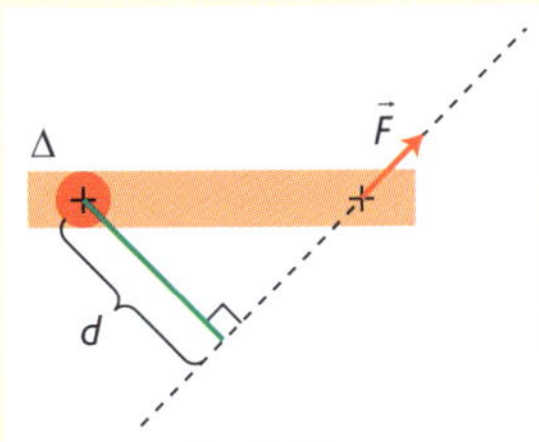

▲ Bras de levier.

• Une force dont le moment par rapport à l'axe est nul n'a aucun effet sur la rotation d'un solide (force dont la droite d'action coupe l'axe ou dont la droite d'action est parallèle à l'axe).
• La capacité d'une force à faire tourner un solide est d'autant plus grande :
– que la distance d est grande ;
– que l'intensité de cette force est grande.

Cas d'un couple de forces

• **Un couple de forces** est un ensemble de deux forces (schéma ci-contre) ayant des droites d'action distinctes et parallèles, des sens opposés et d'intensités égales $F_1 = F_2 = F$.

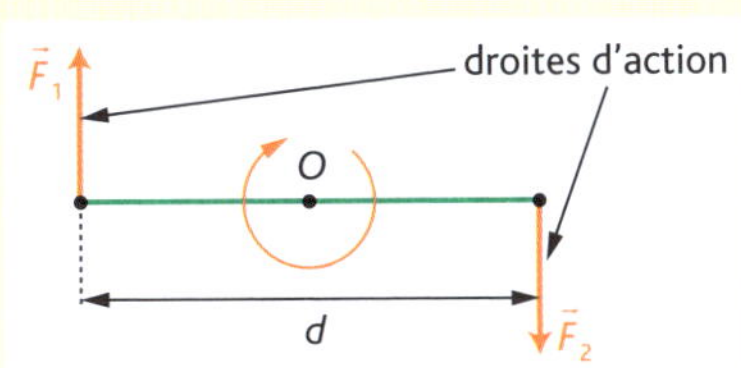

▲ Couple de forces.

• **Le moment du couple** s'écrit $M_{\Delta}(\text{couple}) = F \times d$.
• **Le point de fonctionnement d'un moteur** correspond à la situation où le couple moteur compense exactement le couple résistant de la charge $M_{\text{Résistant}} = M_{\text{Moteur}}$.

Notes

EXERCICE TYPE CORRIGÉ

Fermez la porte !

La figure ci-dessous représente la vue de dessus d'une porte.

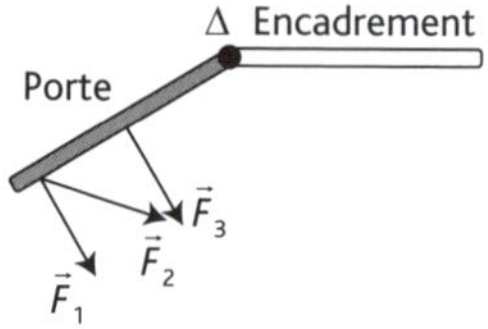

1. Pour chaque force, représenter le bras de levier par rapport à l'axe Δ.

2. Les forces étant toutes de même intensité, déduire quelle force a le moment par rapport à Δ le plus élevé.

3. Conclure quant à la force qui permet l'ouverture la plus efficace de la porte.

Corrigé

1. On cherche la distance entre la droite d'action de la force et l'axe Δ.

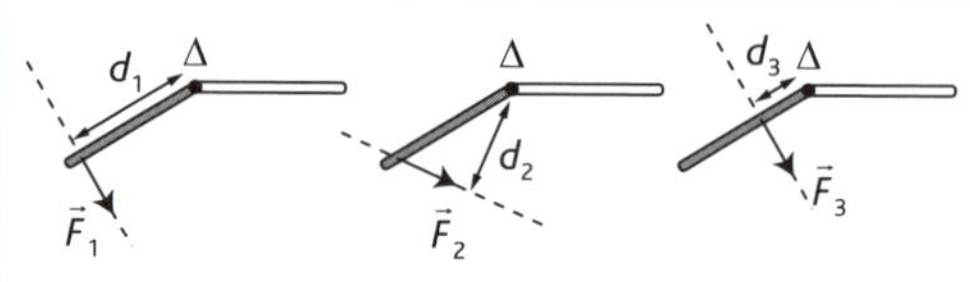

2. Comme $M = F \times d$ et que les forces ont toutes même intensité, la force qui a le moment le plus élevé est celle qui a le bras de levier (d) le plus grand : **Il s'agit de la force F_1**.

3. Plus le moment est grand et plus l'effet sur la rotation du solide est important donc **c'est la force F_1** qui permettra une ouverture la plus efficace de la porte.

Théorèmes en mécanique

LE COURS

Principe fondamental de la dynamique

- Dans un référentiel terrestre, **la résultante $\vec{F}$ des forces appliquées à un solide** de masse m et l'accélération $\vec{a}$ de son centre de gravité, sont liés par la relation :

$$\underset{\text{N}}{\vec{F}} = \overset{\text{kg}}{m} \times \underset{\text{m}\cdot\text{s}^{-2}}{\vec{a}}$$

Théorème de l'énergie cinétique

- **Le travail d'une force constante $\vec{F}$** lors du déplacement de A à B de son point d'application est :

$$\overset{\text{J}}{W_{AB}} = \underset{\text{N}}{\vec{F}} \cdot \underset{\text{m}}{\overrightarrow{AB}}$$

- Cas usuels :

$\alpha = 0$ $\cos \alpha = 1$		$W_{AB}(\vec{F}) = F \times AB > 0$
quelconque		$W_{AB}(\vec{F}) = F \times AB \times \cos\alpha$
$\alpha = 90°$ $\cos \alpha = 0$	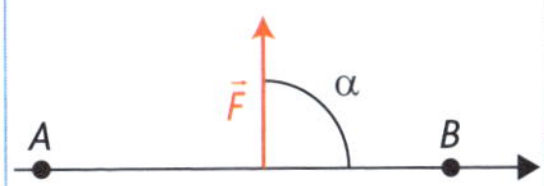	$W_{AB}(\vec{F}) = 0$
$90° < \alpha < 180°$ $\cos \alpha < 0$	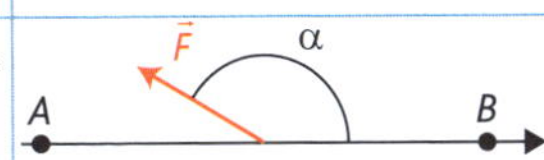	$W_{AB}(\vec{F}) = F \times AB \times \cos\alpha < 0$
$\alpha = 180°$ $\cos \alpha = -1$	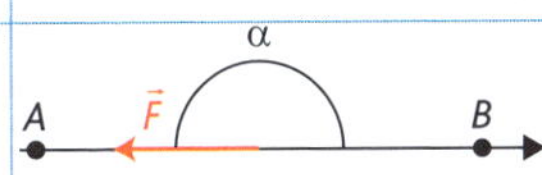	$W_{AB}(\vec{F}) = -F \times AB < 0$

Notes

Énergie cinétique

Pour un solide de masse m en mouvement de translation et dont le centre d'inertie se déplace à la vitesse $\vec{v}$, son **énergie cinétique** E_c est : $E_c = \frac{1}{2}mv^2$.

Théorème de l'énergie cinétique

Dans un référentiel terrestre, la **variation d'énergie cinétique** ΔE_c d'un solide entre 2 instants est égale au travail des forces $W(\vec{F})$ qui lui sont appliquées : $W(\vec{F}) = \Delta E_c$.

EXERCICE TYPE CORRIGÉ

Lors d'une séance de canyoning, un individu de 60 kg, assimilé à un point matériel effectue un saut de $L = 12$ m pour atteindre un plan d'eau situé en contrebas. On suppose qu'il n'a pas de vitesse initiale et que les frottements dus à l'air peuvent être négligés. Le mouvement est supposé parfaitement vertical.

1. Déterminer les caractéristiques de l'accélération du sauteur.

2. Exprimer puis calculer le travail du poids entre le point de départ et l'arrivée dans l'eau.

3. En déduire l'expression de la vitesse du sauteur à son arrivée dans l'eau. La calculer.

Données : accélération de la pesanteur $g = 9{,}8\ \mathrm{m \cdot s^{-2}}$.

Corrigé

1. Le système étudié est le sauteur assimilé à un point matériel, dans le référentiel terrestre supposé galiléen. Il n'est soumis qu'à son poids puisque les frottements sont négligés. Le principe fondamentale de la dynamique appliqué au sauteur permet d'écrire :

$$\vec{P} = m\vec{g} = m\vec{a} \text{ soit } \vec{\boldsymbol{g}} = \vec{\boldsymbol{a}}.$$

L'accélération est donc orientée selon la verticale descendante et a pour intensité $9{,}8\ \mathrm{m \cdot s^{-2}}$.

2. Le déplacement du sauteur est vertical, le poids est colinéaire au vecteur déplacement, on en déduit le travail du poids :

$$W_P = P \times L = 60 \times 9{,}8 \times 12 = \mathbf{7{,}1 \times 10^3\ J}.$$

3. En appliquant le théorème de l'énergie cinétique entre le point de départ (vitesse nulle) et l'arrivée (vitesse v), on obtient :

$$\frac{1}{2}mv^2 - 0 = W_P = mgL.$$

D'où $v = \sqrt{2gL} = \sqrt{2 \times 9{,}8 \times 12} = \mathbf{15\ m \cdot s^{-1}}$.

Force pressante et pression

LE COURS

Force pressante

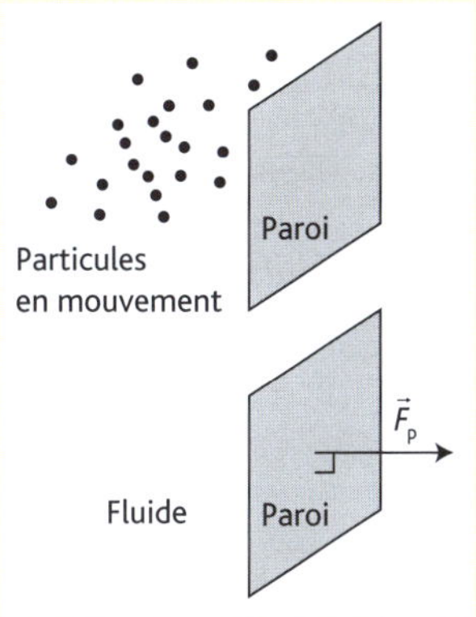

- **Un fluide est constitué de particules microscopiques en mouvement** permanent et désordonné.
La résultante des micro-forces qu'exercent les particules sur la paroi est appelée **force pressante, notée $\vec{F}_p$.**
- **La force pressante $\vec{F}_p$** est perpendiculaire à la surface de contact et dirigée du fluide vers la surface.
- **La pression p** exercée par le fluide au niveau d'une surface plane S vaut :

$$p = \frac{\|\vec{F}_p\|}{S}$$

(p en Pa ; $\|\vec{F}_p\|$ en N ; S en m²)

- Quelques unités de pression :
1 bar = 10^5 Pa ;
1 psi = 6 980 Pa (psi : *Pound Per Square Inch*) ;
1 bar = 750 mmHg (millimètre de mercure).

Pression absolue et pression relative

Pour mesurer la pression, on utilise un manomètre. Il existe deux types de manomètres :

Manomètre mesurant la pression p appelée **pression absolue** (ex. : le baromètre)	Manomètre mesurant une différence de pression Δp appelée **pression relative**, mesurée par rapport à la pression atmosphérique : $\Delta p = p_{absolue} - p_{atm}$ ($p_{atm} \approx 1$ bar = 10^5 Pa).

Notes

EXERCICES TYPES CORRIGÉS

EXERCICE 1

Un constructeur automobile préconise pour la pression des pneumatiques avant du véhicule « une pression de 2,2 bars pour conduite sur autoroute ».
Sachant que l'indication donnée est une pression relative, donner la pression de l'air à l'intérieur du pneumatique.

EXERCICE 2

La Nautile est un submersible permettant l'exploration des fonds marins. Il peut atteindre la profondeur de 6 000 mètres, où la pression est de 900 bars.
Déterminer, à cette profondeur, la force pressante F_p s'exerçant sur un panneau cylindrique de 45 centimètres de diamètre qui permet d'accéder à l'habitacle par l'intermédiaire d'un sas.

Corrigés

1 On a : $\Delta p = p_{pneu} - p_{atm}$ donc :

$$p_{pneu} = p_{atm} + \Delta p \text{ soit } p_{pneu} = 1 + 2{,}2 = \mathbf{3{,}2\ bars.}$$

2 Section du panneau cylindrique : $S = \pi \times R^2$ avec R le rayon.

On trouve $S = 3{,}14 \times \left(\dfrac{45 \times 10^{-2}}{2}\right)^2 = 0{,}159\ \text{m}^2$.

La force pressante est le produit de la pression par la surface sur laquelle cette pression s'exerce :

$$F_p = P \times S = 900 \cdot 10^5 \times 0{,}159 = \mathbf{1{,}43 \cdot 10^7\ N.}$$

Principe fondamental de l'hydrostatique

LE COURS

• Dans un fluide incompressible au repos, **la pression p_M en un point M dépend de l'altitude** de ce point.

• **Principe fondamental de l'hydrostatique** : en tout point $M(z)$ du fluide :

$$\underbrace{p_M}_{\text{Pa}} + \underbrace{\rho}_{\text{kg}\cdot\text{m}^{-3}} \times \underbrace{g}_{\text{m}\cdot\text{s}^{-2}} \times \underbrace{z_M}_{\text{m}} = \textbf{constante}$$

ρ est la masse volumique et g l'accélération de la pesanteur.

• Soient A et B deux points du fluide au repos :

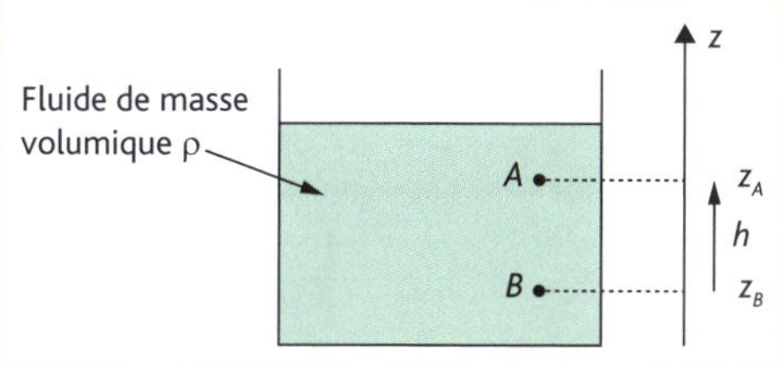

$$p_A + \rho \times g \times z_A = p_B + \rho \times g \times z_B$$
$$p_B - p_A = \rho \times g \times (z_A - z_B) = \rho \times g \times h$$

EXERCICES TYPES CORRIGÉS

EXERCICE 1

Calculer la différence de pression qui existe entre 2 points A et B séparés d'une distance verticale $h = 15$ cm et situés dans l'eau.

Données :

• Masse volumique de l'eau : $\rho_{eau} = 1\ \text{kg}\cdot\text{L}^{-1}$;

• Accélération de la pesanteur : $g = 9{,}8\ \text{m}\cdot\text{s}^{-2}$.

EXERCICE 2

On cherche à déterminer expérimentalement la masse volumique d'un détergent utilisé sous forme de gel très épais. On suppose que cette masse volumique est plus élevée que celle de l'eau. Pour cela, on suit le protocole suivant :

– Verser du détartrant dans une éprouvette graduée.

Notes

– Mesurer les pressions en un point *A* et en un point *B* situé à 8,0 cm en dessous.

On trouve $P_A = 1\,013$ hPa et $P_B = 1\,024$ hPa.

1. Faire un schéma de l'expérience.

2. Rappeler le principe fondamental de l'hydrostatique en précisant le nom et les unités des différentes grandeurs intervenant.

3. Calculer la masse volumique ρ du détergent.

4. La masse volumique de l'eau est $\rho_{eau} = 1$ kg.L^{-1}. La supposition était-elle correcte ?

Donnée : $g = 9{,}8\ \text{m}\cdot\text{s}^{-2}$.

Corrigés

1 étape **1** Il faut vérifier que les grandeurs sont dans la bonne unité : la masse volumique doit être en kg·m^{-3} donc $\rho_{eau} = 1\,000\ \text{kg}\cdot\text{m}^{-3}$ et la différence d'altitude en mètre soit $h = 0{,}15$ m.

étape **2** On calcule ensuite :

$$\Delta p = \rho_{eau} \times g \times h = 1\,000 \times 9{,}8 \times 0{,}15 = \mathbf{1\,470\ Pa}.$$

2 **1.** 1 013 hPa est la pression atmosphérique, *A* est donc au niveau de la surface libre du détergent.

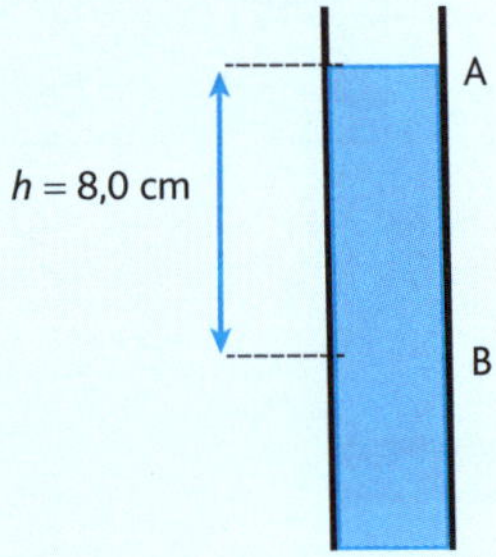

2. $\boldsymbol{P_B = P_A + \rho \times g \times h}$.

P_B et P_A sont les pressions en deux points *B* et *A* du fluide, *B* étant situé à une profondeur plus grande que celle de *A*. Ces pressions s'expriment en pascals.

ρ est la masse volumique du fluide, en kilogramme par mètre cube (kg·m^{-3}).

h est la différence de profondeur entre les points *A* et *B* en mètre.

g est l'accélération de la pesanteur.

3. $\rho = \dfrac{P_B - P_A}{g \times h}$ soit $\rho = \dfrac{(1\,024 - 1\,013) \times 10^2}{9{,}8 \times 8{,}0 \times 10^{-2}} = \mathbf{1400\ kg\cdot m^{-3}}$.

4. $\rho = 1\,400\ \text{kg}\cdot\text{m}^{-3} = 1{,}4\ \text{kg}\cdot\text{L}^{-1} > \rho_{eau}$: **la supposition était bien correcte.**

Dualité onde-corpuscule de la lumière

LE COURS

Onde-corpuscule

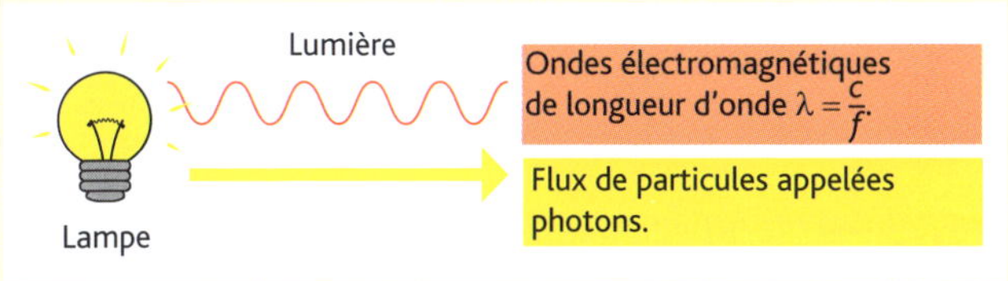

▲ Dualité onde/corpuscule de la lumière.

• **Un photon est une particule** non chargée, de masse nulle qui se déplace à la vitesse de la lumière. L'énergie de la lumière est transportée par ces photons (grains d'énergie).

• **L'énergie ε d'un photon** est égale au produit de la constante de Planck h par la fréquence de l'onde *f*.

$$\varepsilon = h \times f \Leftrightarrow \varepsilon = h \times \frac{c}{\lambda}$$

(ε en J ; h en J·s ; f en Hz ; c en m·s⁻¹ ; λ en m)

Échanges d'énergie

• **La lumière interagit avec la matière** : **échange d'énergie** entre les photons de la lumière et les atomes de la matière. Il y a **conservation de l'énergie** au cours de cet échange.

• Un atome ne peut exister que dans des états bien définis, chaque état étant caractérisé par un niveau d'énergie.

Lorsqu'un photon est **absorbé** par un atome : l'énergie de l'atome **augmente** d'une valeur égale à l'énergie du photon.

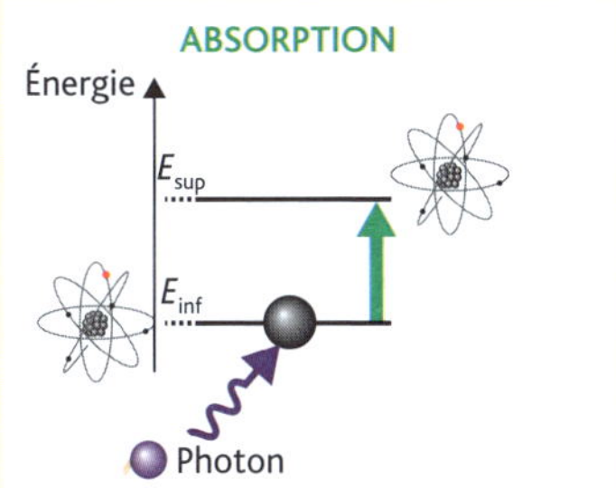

Notes

Lorsqu'un photon est **émis** par un atome : l'énergie de l'atome **diminue** d'une valeur égale à l'énergie du photon.

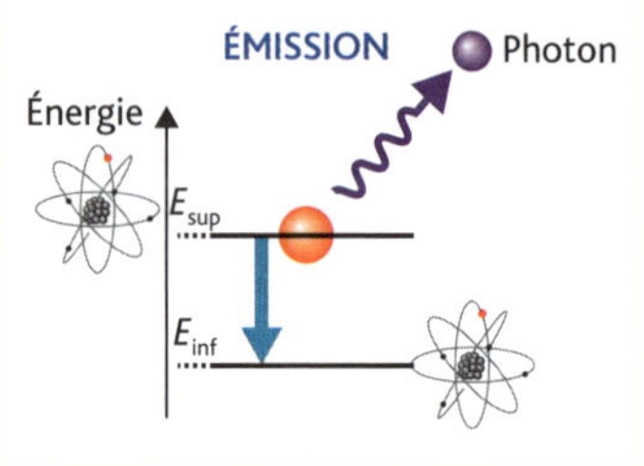

▲ Interaction lumière/matière

• **La conservation de l'énergie** lors de l'interaction lumière-matière s'écrit : $\Delta E = E_{sup} - E_{inf} = h \times f$

ΔE est la variation d'énergie de l'atome et $h \times f$ l'énergie du photon **absorbé** ou **émis**.

EXERCICES TYPES CORRIGÉS

EXERCICE 1

Calculer l'énergie d'un photon d'une radiation lumineuse de longueur d'onde $\lambda = 600$ nm.

Données : $c = 3 \times 10^8$ m·s^{-1} et $h = 6{,}63 \times 10^{-34}$ J·s.

EXERCICE 2

Soit un atome d'hydrogène dans son premier état excité (énergie $E_1 = -\ 3{,}4$ eV). Il se désexcite en passant à l'état fondamental (énergie $E_0 = -\ 13{,}6$ eV). Déterminer l'énergie du photon émis ainsi que la fréquence du rayonnement associé.

Données : $h = 6{,}6 \times 10^{-34}$ J.s ; 1 eV $= 1{,}6 \times 10^{-19}$ J.

Corrigés

1 L'énergie du photon vaut :

$$\varepsilon = h \times f = 6{,}63 \times 10^{-34} \times \frac{3 \times 10^8}{600 \times 10^{-9}} = \mathbf{3{,}3 \times 10^{-19}\ J}.$$

2 On convertit les énergies en joule :

$E_1 = -\ 3{,}4 \times 1{,}6 \times 10^{-19} = 5{,}4 \times 10^{-19}$ J et

$E_0 = -\ 13{,}6 \times 1{,}6 \times 10^{-19} = 2{,}2 \times 10^{-18}$ J.

Par conservation de l'énergie, $\Delta E = E_1 - E_0 = h \times f$. On calcule $\Delta E = 1{,}7 \times 10^{-18}$ J.

L'énergie du photon vaut $h \times f$ soit **1,7 × 10^{-18} J**. Fréquence du rayonnement émis : $f = \dfrac{1{,}7 \times 10^{-18}}{6{,}6 \times 10^{-34}} = \mathbf{2{,}6 \times 10^{15}\ Hz}$.

Conversion photovoltaïque et photothermique

Fiche 21

LE COURS

Chaînes énergétiques

- Une **cellule photovoltaïque** permet la conversion :
  énergie rayonnée par le Soleil → énergie électrique

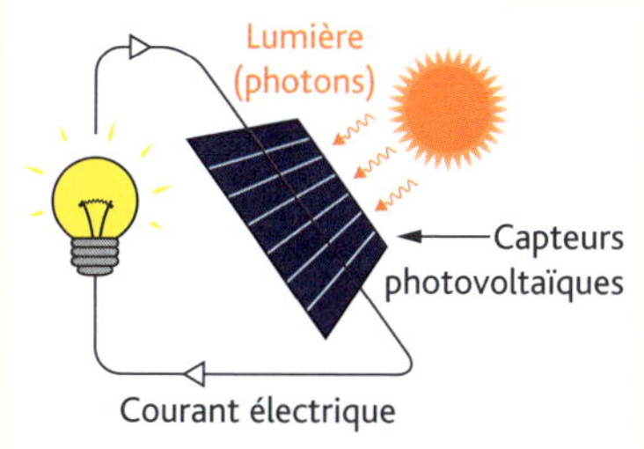

▲ Chaîne énergétique d'une cellule photovoltaïque.

- Un **panneau solaire thermique** permet la conversion :
énergie rayonnée par le soleil → énergie thermique (la température, donc l'énergie interne, d'un fluide caloporteur augmente)

Caractéristique tension-courant d'un panneau photovoltaïque

- **On représente l'intensité dans le circuit** en fonction de la tension aux bornes de la cellule photovoltaïque :

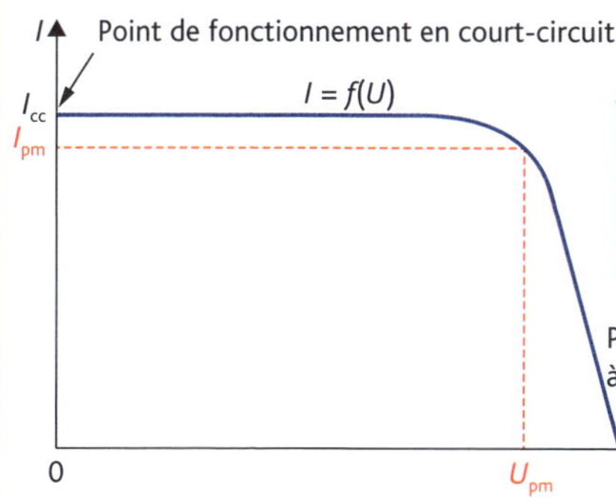

Rappel de 1re

L'irradiance ou éclairement P_{surf} est la puissance lumineuse reçue par unité de surface, elle s'exprime en $W \cdot m^{-2}$.

▲ Représentation de l'intensité du courant.

Notes

- **Le point de fonctionnement** permettant d'obtenir une puissance maximale P_{max} de la part de la cellule photovoltaïque est de coordonnées (U_{pm}, I_{pm}).

Rendement de conversion photovoltaïque

$$R_{max} = \frac{P_{max}}{P_{surf} \times S}$$

Surface du panneau solaire (S)

Irradiance (ou éclairement) (P_{surf})

EXERCICE TYPE CORRIGÉ

En supposant qu'un module photovoltaïque de caractéristique tension courant donnée ci-dessous soit branché sur une charge modélisée par une résistance $R = 5\ \Omega$, déterminer graphiquement son point de fonctionnement pour une irradiance de 800 W·m⁻².

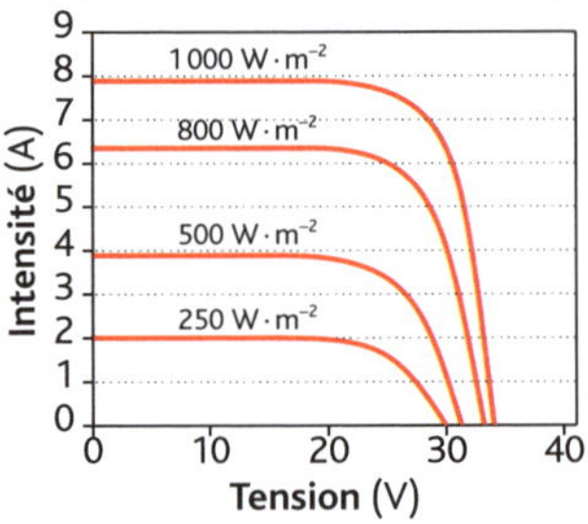

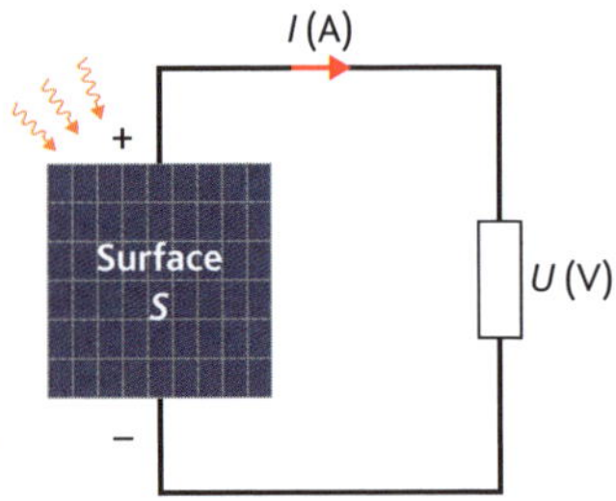

Corrigé

étape 1 On connaît la relation courant-tension pour la résistance : $U = R \times I$. Il faut superposer la courbe $I = f(U)$ sur la caractéristique du module photovoltaïque et chercher le point d'intersection : on obtient le point de fonctionnement.

étape 2 On trouve I = **5,5 A** et U = **27,5 V**.

Dans ce cas, le point de fonctionnement ne correspond pas au point de fonctionnement à puissance maximale qui est légèrement au-dessus de 6 A.

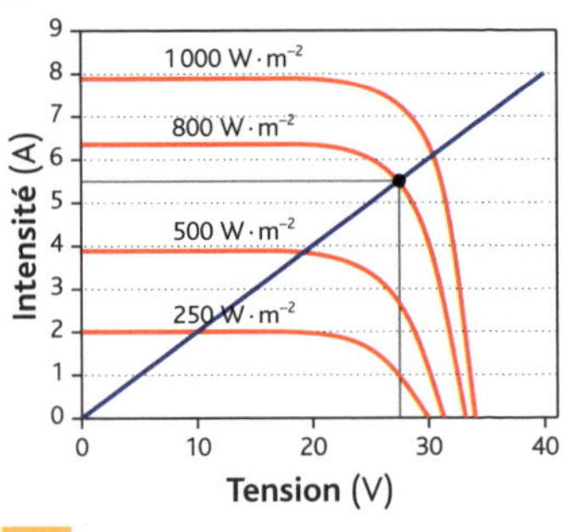

États de la matière

LE COURS

La matière existe sous trois états : solide, liquide et gaz. L'étude du passage d'un état à l'autre est l'étude des changements d'état.

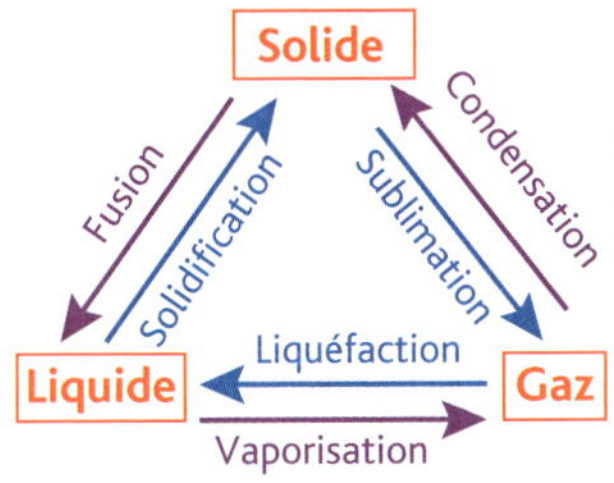

▲ Les changements d'état.

Aspect microscopique

• **Lors du passage de l'état solide à l'état liquide puis à l'état gazeux**, il y a **rupture** progressive des **interactions entre molécules**.

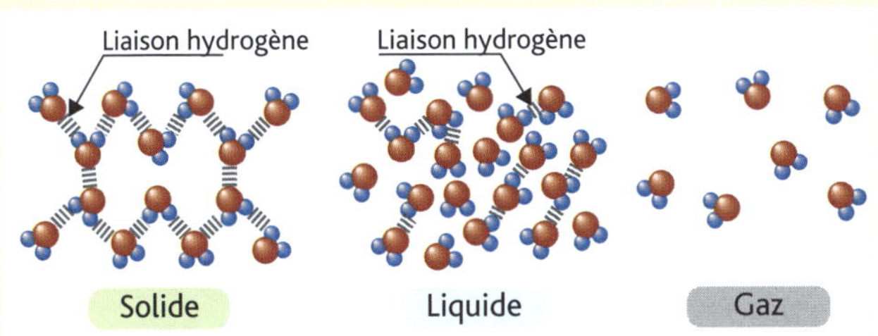

▲ Les 3 états physiques de l'eau.

Diagramme d'état (P, T)

Ce sont les conditions de température et de pression qui déterminent l'état physique sous lequel se trouve un corps pur : on utilise alors un diagramme d'état (P, T). Dans ce diagramme, il y a **un domaine** pour **chaque état physique**. Il y a **une courbe** pour **chaque changement d'état.**

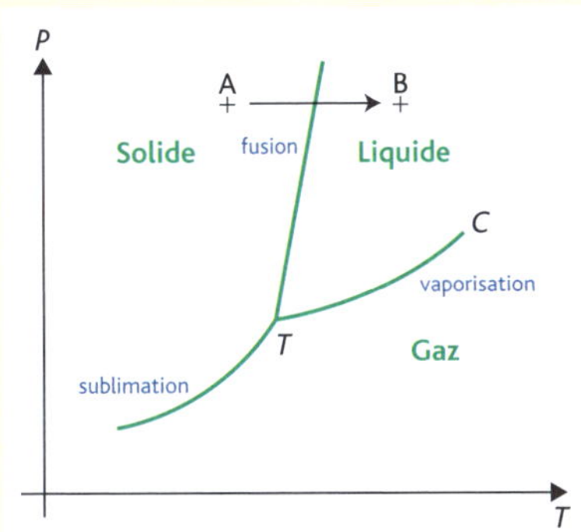

▲ Diagramme d'état du corps pur.

Notes

Au point T (point triple), les trois états de la matière coexistent. Au-delà du point C (point critique), on ne distingue plus le liquide du gaz.

EXERCICE TYPE CORRIGÉ

L'eau

On fournit le diagramme d'état de l'eau ci-dessous.

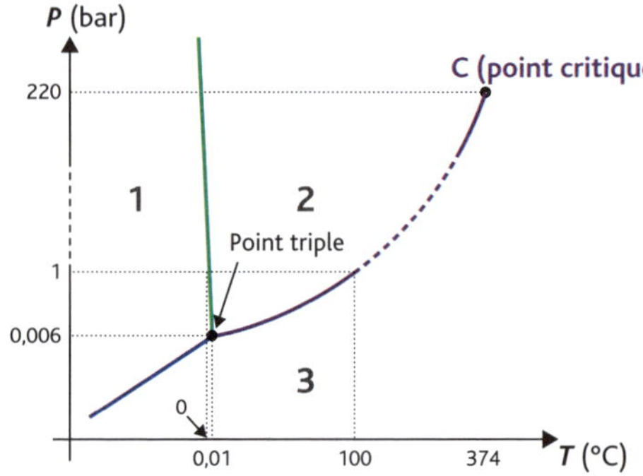

1. Compléter le diagramme en indiquant les états physiques de l'eau dans les domaines 1, 2 et 3.

2. À quoi correspond le point triple ?

3. Dans quel état physique se trouve l'eau à une pression de 1 bar et une température de 50 °C ? Placer le point correspondant sur le diagramme.

Corrigé

1. État solide : 1, état liquide : 2 et état gaz : 3.

2. Au point triple, **les trois états de la matière coexistent**.

3. On place le point sur l'horizontale $p = 1$ bar, à peu près au milieu des points d'intersection avec les courbes de fusion et de vaporisation : **l'eau se trouve à l'état liquide**.

Aspect énergétique

Fiche 23

Physique-Chimie

LE COURS

• **Pour passer de l'état solide à l'état liquide ou gazeux**, ou pour passer de l'état liquide à l'état gazeux, il faut rompre des liaisons : il faut apporter de l'énergie au corps pur.

• **Pour un changement de température, l'énergie notée *Q*** mise en jeu lorsqu'une masse *m* d'un corps pur en phase condensée (liquide ou solide) passe de la température T_1 à la température T_2 est :

$$Q = m \times c \times (T_2 - T_1) = m \times c \times (\theta_2 - \theta_1)$$

Unités : Q en J ; m en kg ; c en $J \cdot kg^{-1} \cdot K^{-1}$; T_1, T_2 en K ; θ_1, θ_2 en °C.

Remarque

La température absolue *T* en K est liée à la température θ en °C par :

$T = \theta + 273$

• **Pour un changement d'état, l'énergie notée *Q*** mise en jeu lorsqu'une masse *m* d'un corps pur passe d'un état à un autre est :

Nature du changement d'état	Vaporisation	Fusion	Sublimation
Expression de Q	$Q = m \times l_{vap}$	$Q = m \times l_{fus}$	$Q = m \times l_{sub}$

• l_{vap}, l_{fus}, l_{sub} sont des énergies massiques de changement d'état, elles s'expriment en $J \cdot kg^{-1}$ et correspondent à l'énergie mise en jeu lors du changement d'état d'un kilogramme de corps pur.

• **L'énergie mise en jeu** dans le cas d'une **condensation**, d'une **solidification** ou d'une **liquéfaction** est la même que la transformation inverse mais c'est de l'énergie qui est dégagée par le système.

Notes

EXERCICE TYPE CORRIGÉ

Calculer l'énergie mise en jeu pour transformer, sous pression atmosphérique, une masse *m* de 2 kg d'eau à l'état solide à – 5 °C en eau liquide à 20 °C. La température de fusion de la glace est 0 °C sous la pression atmosphérique.

Données :

- Capacité thermique massique de l'eau liquide :
$$c_{eau} = 4{,}2\ \text{kJ}\cdot\text{kg}^{-1}.\ \text{K}^{-1}\ ;$$
- Capacité thermique massique de la glace : $c_{glace} = 2{,}1\ \text{kJ}\cdot\text{kg}^{-1}\cdot\text{K}^{-1}$;
- Énergie massique de fusion de la glace à 0 °C : $l_{fus} = 333\ \text{kJ}\cdot\text{kg}^{-1}$.

Corrigé

On décompose la transformation en trois transformations successives :
– réchauffement de la glace jusqu'à 0 °C,
– fusion de la glace,
– réchauffement de l'eau obtenue jusqu'à la température finale.

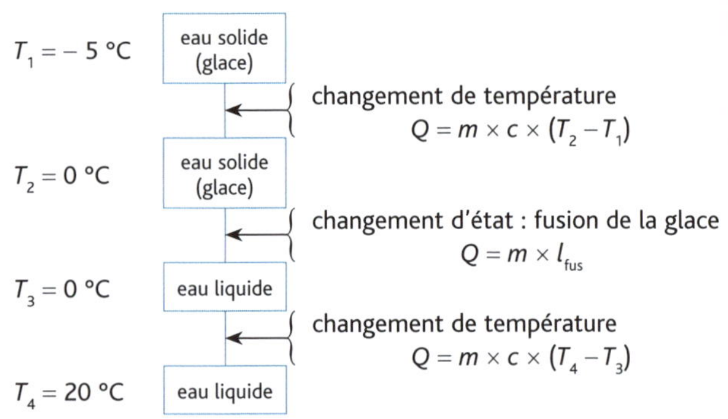

Les différents types de radioactivité

Fiche 24

Physique-Chimie

LE COURS

• Certains noyaux (**noyau père**) ont la particularité d'être instables, ils se désintègrent en donnant de nouveaux noyaux (**noyau fils**).

	Radioactivité α	Radioactivité β^-	Radioactivité β^+
Particule émise	Noyau d'Hélium (particule α)	Électron (particule β^-)	Positon (particule β^+)
	${}^{4}_{2}He$	${}^{0}_{-1}e$	${}^{0}_{+1}e$
Équation générale	${}^{A}_{Z}X \rightarrow {}^{A-4}_{Z-2}Y^* + {}^{4}_{2}He$	${}^{A}_{Z}X \rightarrow {}^{A}_{Z+1}Y^* + {}^{0}_{-1}e$	${}^{A}_{Z}X \rightarrow {}^{A}_{Z-1}Y^* + {}^{0}_{+1}e$
Exemple	${}^{238}_{92}U \rightarrow {}^{234}_{90}Th + {}^{4}_{2}He$	${}^{192}_{77}Ir \rightarrow {}^{192}_{78}Pt + {}^{0}_{-1}e$	${}^{18}_{9}F \rightarrow {}^{18}_{8}O + {}^{0}_{+1}e$

• Lors des désintégrations radioactives les noyaux fils sont dans un état excité (*), en se désexcitant, il y a émission d'un rayonnement électromagnétique γ de très grande énergie. Les longueurs d'onde de tels rayonnements sont inférieures à 10^{-4} nm.

• Radioactivité naturelle ou artificielle ?

Les sources de radioactivité naturelle sont nombreuses :

– les rayonnements cosmiques qui nous traversent chaque seconde,
– les rayonnements émis par certains radioéléments (comme l'uranium 235) présents dans certaines roches de l'écorce terrestre,
– les rayonnements issus de la désintégration radioactive du Radon (gaz rare situé dans l'atmosphère).

• Les sources de radioactivité artificielles sont, quant à elles, principalement d'origine médicale : les radioéléments utilisés sont fabriqués par l'homme pour un usage bénéfique (diagnostic ou curatif).

Notes

EXERCICES TYPES CORRIGÉS

EXERCICE 1

Pour chaque équation de désintégration radioactive, indiquer de quel type de radioactivité il s'agit.

1. $^{40}_{19}K \rightarrow ^{40}_{20}Ca + ^{0}_{-1}e$
2. $^{140}_{55}Cs \rightarrow ^{140}_{56}X + ^{0}_{-1}e$
3. $^{238}_{94}Pu \rightarrow ^{234}_{92}U + ^{4}_{2}He$
4. $^{15}_{8}O \rightarrow ^{15}_{7}N + ^{0}_{+1}e$

EXERCICE 2

En vous aidant du tableau donnant les équations générales et d'une classification périodique, compléter les équations des réactions nucléaires et préciser pour chacune d'elles le type de radioactivité.

1. $^{213}_{84}Po \rightarrow ^{209}_{82}Pb + \cdots$
2. $^{209}_{82}Pb \rightarrow ^{209}_{83}Bi + \cdots$
3. $^{207}_{83}Bi \rightarrow \cdots + ^{0}_{+1}e$
4. $^{174}_{72}Hf \rightarrow \cdots + ^{4}_{2}He$

Corrigés

1 Il y a émission d'un électron ($^{0}_{-1}e$) lors d'une désintégration β^-, d'un positon ($^{0}_{+1}e$) lors d'une émission β^+ et d'une particule α (noyau d'Hélium $^{4}_{2}He$) lors d'une désintégration α.

1 et 2 sont des émissions β^-, 3 est une émission α et 4 une émission β^+.

2 On applique les lois de conservation du nombre de nucléons et la conservation de la charge données dans le tableau. On obtient :

1. $^{213}_{84}Po \rightarrow ^{209}_{82}Pb + ^{4}_{2}He$ **Radioactivité alpha**
2. $^{209}_{82}Pb \rightarrow ^{209}_{83}Bi + ^{0}_{-1}e$ **Radioactivité beta –**
3. $^{207}_{83}Bi \rightarrow ^{207}_{82}Pb + ^{0}_{+1}e$ **Radioactivité beta +**
4. $^{174}_{72}Hf \rightarrow ^{170}_{70}Yb + ^{4}_{2}He$ **Radioactivité alpha**

Loi de décroissance radioactive

LE COURS

Activité

• **L'activité, notée A, d'une source radioactive** est égale au nombre de désintégrations par seconde. Elle s'exprime en becquerels (Bq). Elle est proportionnelle au nombre de noyaux radioactifs présents.

• **Loi de décroissance radioactive** (loi exponentielle) :

$$N(t) = N(0)\exp\left(\frac{-t}{\tau}\right)$$

τ est une constante homogène à un temps.
N(t) est le nombre de noyaux radioactifs à l'instant t.

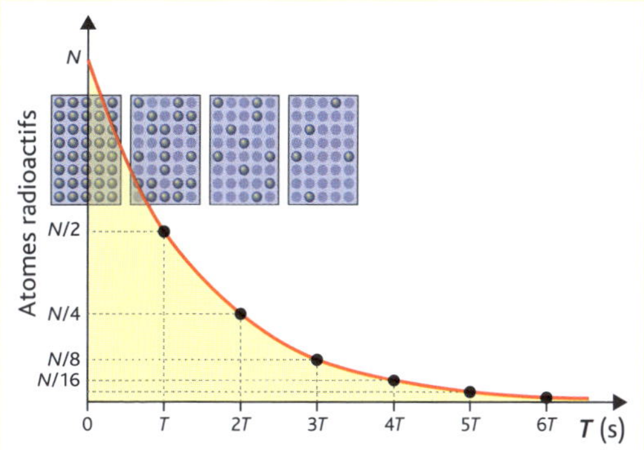

▲ Décroissance radioactive.

Demi-vie de l'élément

La durée au bout de laquelle l'activité d'une source radioactive est divisée par 2 est appelée **demi-vie de l'élément, notée *T***. Comme A est proportionnelle à $N (A = k \cdot N)$, c'est aussi la durée au bout de laquelle le nombre de noyaux radioactifs est divisé par deux.

Notes

EXERCICE TYPE CORRIGÉ

On s'intéresse à la radioactivité du « béryllium 8 » qui se forme lors de la fusion de 2 noyaux d'hélium. Soit $N(t)$ le nombre de noyaux de « béryllium 8 » présents dans l'échantillon à l'instant t, et N_0 celui à l'instant $t_0 = 0$ s.

1. On donne la loi de décroissance radioactive utilisant la constante radioactive λ : $N(t) = N(0)\exp(-\lambda t)$.
La constante radioactive de ce noyau vaut : 1×10^{16} s^{-1}.
Démontrer la relation entre la demi-vie $t_{1/2}$ et la constante radioactive λ : $t_{1/2} = \dfrac{\ln 2}{\lambda}$.

2. Calculer le temps de demi-vie $t_{1/2}$ du « béryllium 8 ».

3. En déduire le rapport $\dfrac{N(t_1)}{N_0}$ à l'instant de date $t_1 = 1{,}4 \times 10^{-16}$ s.

Corrigé

1. Par définition, $N(t_{1/2}) = \dfrac{N_0}{2}$ soit d'après la loi de décroissance radioactive : $N(t_{1/2}) = N_0 \cdot e^{-\lambda \cdot t_{1/2}} = \dfrac{N_0}{2}$.

D'où $e^{-\lambda \times t_{1/2}} = \dfrac{1}{2}$ puis $-\lambda \times t_{1/2} = \ln 1 - \ln 2$ soit $\mathbf{t_{1/2} = \dfrac{\ln 2}{\lambda}}$.

2. $t_{1/2} = \dfrac{0{,}7}{1 \times 10^{16}} = \mathbf{7 \times 10^{-17}}$ **s.**

3. On remarque que $t_1 = 2t_{1/2}$. Au bout d'une durée égale à deux temps de demi-vie, il reste un quart des noyaux initialement présents.

Soit $N(t_1) = \dfrac{N_0}{4}$ donc $\dfrac{N(t_1)}{N_0} = \dfrac{1}{4}$.

On peut retrouver ce résultat à l'aide de la loi de décroissance radioactive ou graphiquement : $\dfrac{N(t_1)}{N_0} = \exp(-\lambda \times t_1)$.

D'après **1.**, $\lambda = \dfrac{\ln 2}{t_{1/2}}$, alors $\dfrac{N(t_1)}{N_0} = \exp\left(\dfrac{-\ln 2}{t_{1/2}} \times t_1\right)$,

comme $t_1 = 2t_{1/2}$, alors $\dfrac{N(t_1)}{N_0} = \exp\left(\dfrac{-\ln 2}{t_{1/2}} \times 2t_{1/2}\right)$

$\dfrac{N(t_1)}{N_0} = \exp(-\ln 2 \times 2)$ or $-\ln 2 = \ln 1 - \ln 2 = \ln\dfrac{1}{2}$

$\dfrac{N(t_1)}{N_0} = \exp\left(2\ln\dfrac{1}{2}\right)$ or $2\ln\dfrac{1}{2} = \ln\left(\dfrac{1}{2}\right)^2$

soit $\dfrac{N(t_1)}{N_0} = \exp\left(\ln\left(\dfrac{1}{2}\right)^2\right)$ d'où $\dfrac{N(t_1)}{N_0} = \left(\dfrac{1}{2}\right)^2 = \mathbf{\dfrac{1}{4}}$.

Réactions nucléaires

LE COURS

- On distingue les réactions de :

FUSION

Deux noyaux légers fusionnent pour donner **un noyau plus lourd** (qui peut se désintégrer à son tour pour donner des fragments différents de 2 noyaux initiaux).
Dans les étoiles par exemple on a :

$$^{2}_{1}H + ^{3}_{1}H \downarrow ^{4}_{2}He + \text{neutron}$$

FISSION

Un noyau lourd et fragile se casse **en noyaux plus légers** après la capture d'un neutron.
Dans un réacteur nucléaire par exemple on a :

$$\text{neutron} + ^{235}_{92}U \downarrow ^{140}_{54}Xe + ^{94}_{38}Sr + 2\ \text{neutrons} + \gamma$$

Lors d'une réaction nucléaire :
- il y a conservation du nombre de nucléons (A) et conservation de la charge (Z)
- **il n'y a pas conservation de la masse** : on constate une **perte de masse Δm** → se traduit par une énergie libérée $E = \Delta m \times c^2$ (d'après la relation d'Einstein)

- **Perte de masse :**

$$\Delta m = \sum \textit{masses initiales} - \sum \textit{masses finales}$$

- **Énergie libérée :**

$$E = \left(\sum \textit{masses initiales} - \sum \textit{masses finales}\right) \times c^2$$

EXERCICES TYPES CORRIGÉS

EXERCICE 1

Calculer l'énergie libérée lors de la réaction de fusion $^{2}_{1}H + ^{3}_{1}H \rightarrow ^{4}_{2}He + n$.

Données

- Masses : $^{2}_{1}H$: 2,014102 u ; $^{3}_{1}H$: 3,016049 u ; $^{4}_{2}He$: 4,002602 u ; n : 1,008665 u.

Notes

- unité atomique (u) 1 u = $1{,}66054 \times 10^{-27}$ kg ; électronvolt (eV) 1eV = $1{,}6 \times 10^{-19}$ J ; 1 MeV = 10^6 eV.

EXERCICE 2

On considère la réaction suivante : $4\,^{1}_{1}H \rightarrow \,^{4}_{2}He + 2\,^{0}_{1}e + 2\gamma$.

Données

- Masses des noyaux, en unité de masse atomique :
- $^{1}_{1}H$: 1,0073 u ; • $^{4}_{2}He$: 4,0026 u ; • $^{0}_{1}e$: 0,0006 u.
- 1 u correspond à une énergie de 935 MeV.

1. Calculer la perte de masse correspondant à cette fusion.
2. En déduire une valeur, en MeV, de l'énergie libérée lors de cette fusion. Puis, en déduire l'énergie libérée par nucléon.
On choisira, parmi les estimations suivantes, la réponse correcte :
0,6 MeV 6 MeV 60 MeV
3. Le soleil transforme, chaque seconde, 720 millions de tonnes d'hydrogène en hélium 4.
Estimer la perte de masse subie, chaque seconde, par le soleil.

Corrigés

1 $E = (2{,}014102 + 3{,}016049 - 4{,}002602 - 1{,}008665) \times 1{,}66054 \times 10^{-27} \times (3 \times 10^8)^2 = 2{,}82 \times 10^{-12}$ J. Soit $\boldsymbol{E}$ = **17,6 MeV**.

2 1. Perte de masse = masse initiale − masse finale

$$= 4\,m(^{1}_{1}H) - m(^{4}_{2}He) - 2\,m(^{0}_{1}e)$$

$\Delta m = 4 \times 1{,}0073 - 4{,}0026 - 2 \times 0{,}0006 =$ **0,0254 u.**

2. Pour la fusion de 4 nucléons (ici 4 protons), il y a une perte de masse de 0,0254 u.
L'énoncé indique « 1 u correspond à une énergie de 935 MeV ».
Les 4 nucléons perdent une énergie : $E = 0{,}0254 \times 935 =$ **23,7 MeV.**
On peut dire que chaque nucléon perd une énergie de $\dfrac{23{,}7}{4} \approx 6$ MeV.

3.

Masse d'hydrogène consommée lors de la fusion de $4\,^{1}_{1}H$: $4 \times m(^{1}_{1}H) = 4 \times 1{,}0073 = 4{,}0292$ u.	Perte de masse lors de cette réaction : 0,0254 u.
Masse d'hydrogène consommée chaque seconde dans le Soleil : 720 millions de tonnes.	Perte de masse chaque seconde dans le Soleil : *M* millions de tonnes.

Par proportionnalité : $M \times 4{,}0292 = 720 \times 0{,}0254$

$$M = \frac{720 \times 0{,}0254}{4{,}0292} = 4{,}54 \times 10^6 \text{ tonnes}$$

$\approx$ 4,5 millions de tonnes = **4 500 000 tonnes.**

Réactions acide-base

LE COURS

Couple acido-basique

- **Acide** : espèce susceptible de **céder** un proton H^+.

Ex. : $CH_3COOH(aq)$ acide éthanoïque.

- **Base** : espèce susceptible de **capter** un proton H^+.

Ex. : $CH_3COO^-(aq)$ ion éthanoate.

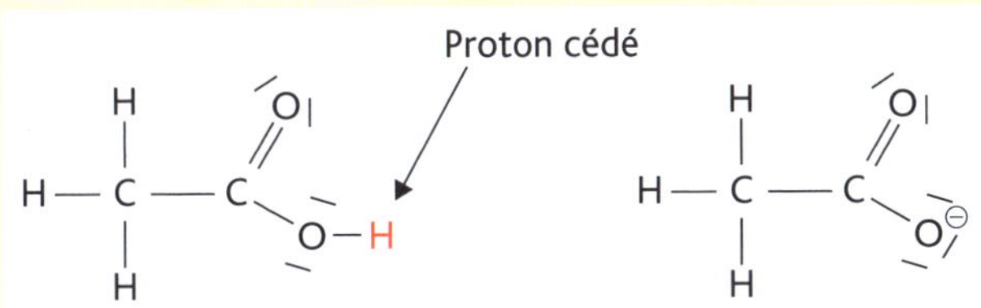

▲ Formules de Lewis de l'acide éthanoïque et de sa base conjuguée.

- $CH_3COOH(aq)$ / $CH_3COO^-(aq)$ est un **couple acide-base conjugué** :

$$CH_3COOH(aq) \rightleftharpoons CH_3COO^-(aq) + H^+$$

acide ⇌ base + proton

Réaction entre un acide et une base

- Lors d'une réaction acido-basique, **un proton H^+ est transféré** de l'acide AH d'un couple vers la base B^- d'un autre couple. On écrit cette réaction : $AH + B^- \rightleftharpoons A^- + BH$.

Ex. :

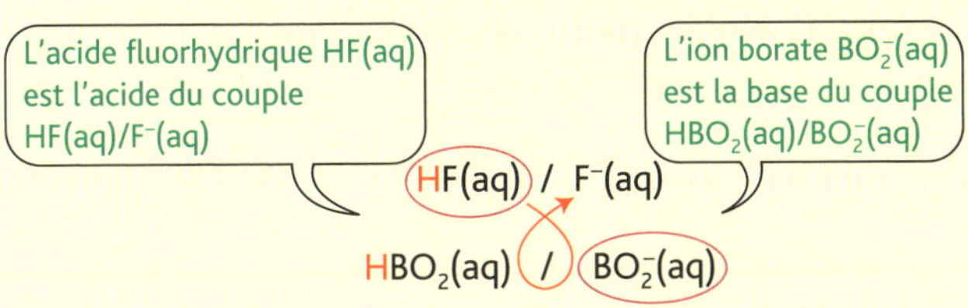

La réaction acido-basique entre l'acide fluorhydrique et l'ion borate s'écrit :

$$HF(aq) + BO_2^-(aq) \rightleftharpoons F^-(aq) + HBO_2(aq)$$

Notes

EXERCICES TYPES CORRIGÉS

EXERCICE 1

1. Classer ces espèces par couple acido-basique, en identifiant l'acide et la base. Écrire les couples sous la forme acide/base. Une même espèce peut appartenir à deux couples.

$NH_3(aq)$; $ClOH(aq)$; $NH_4^+(aq)$; $CO_3^{2-}(aq)$; $H_2CO_3(aq)$; H_2O ;
$HO^-(aq)$; $ClO^-(aq)$; $H_3O^+(aq)$; $HCO_3^-(aq)$

2. Commenter ces exemples : les acides portent-ils toujours une charge ? et les bases ?

EXERCICE 2

Un médicament qualifié « d'antiacide » agit sur le surplus d'acidité de l'estomac afin de maintenir le pH entre 1 et 2. Un tel médicament est généralement constitué d'hydrogénocarbonate de sodium $NaHCO_3$ solide, qui se dissout totalement dans l'eau pour donner les ions sodium et hydrogénocarbonate.

1. L'ion hydrogénocarbonate est une base. Écrire la formule de son acide conjugué.

2. Écrire l'équation de la réaction qui se produit au niveau de l'estomac, entre les ions H_3O^+ et les ions hydrogénocarbonate, permettant d'expliquer l'action du médicament.

Corrigés

1 **1.** $NH_4^+(aq)$ / $NH_3(aq)$; $ClOH(aq)$ / $ClO^-(aq)$; $HCO_3^-(aq)$ / $CO_3^{2-}(aq)$; $H_2CO_3(aq)$ / $HCO_3^-(aq)$; H_2O / $HO^-(aq)$; $H_3O^+(aq)$ / H_2O.

2. Sur ces différents exemples, **les acides peuvent porter une charge positive, une charge négative** ou **ne pas porter de charge du tout, les bases citées ici portent une charge négative ou pas de charge**.

2 **1.** L'ion hydrogénocarbonate est HCO_3^-, son acide conjugué est l'acide carbonique H_2CO_3 : $\mathbf{H_2CO_3(aq) \rightleftharpoons HCO_3^-(aq) + H^+}$.

2. Le couple acide base de l'eau à considérer est $H_3O^+(aq)/H_2O$:

$$H_3O^+(aq) \rightleftharpoons H_2O + H^+$$

La réaction d'échange de H^+ entre la base HCO_3^- et l'acide H_3O^+ s'écrit :

$$\mathbf{HCO_3^-(aq) + H_3O^+(aq) \rightleftharpoons H_2CO_3(aq) + H_2O}$$

La quantité de H_3O^+ dans le milieu diminue, faisant ainsi baisser l'acidité dans l'estomac.

Le pH d'une solution aqueuse

LE COURS

Définition du pH

• Placé dans de l'eau, **un acide peut échanger un proton avec l'eau** considérée comme une base (couple : $H_3O^+(aq)$ / H_2O). La réaction s'écrit, dans le cas d'un acide noté AH(aq) :

$$AH(aq) + H_2O \rightleftharpoons A^-(aq) + H_3O^+(aq).$$

• pH d'une solution aqueuse :

$$pH = -\log([H_3O^+]) \Leftrightarrow [H_3O^+] = 10^{-pH}$$

Ex. : le pH d'un vinaigre est de 2,8. On peut en déduire la concentration en ions oxonium H_3O^+ :

$$[H_3O^+] = 10^{-2,8} = 1,6 \times 10^{-3}\ mol \cdot L^{-1}.$$

• Selon la valeur du pH la solution est dite **acide**, **basique** ou **neutre**.

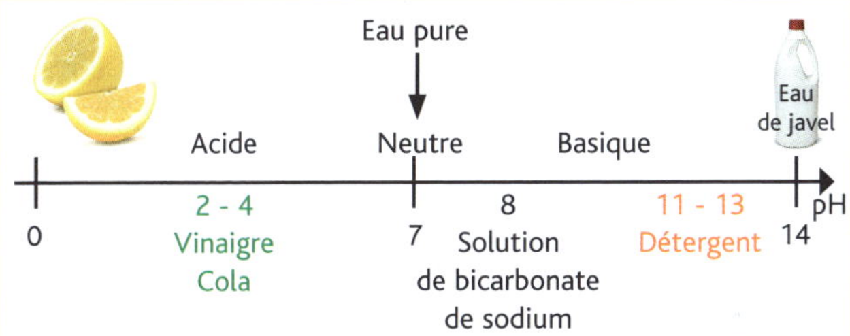

▲ Échelle du pH.

• **Certains acides sont dits forts :** la réaction avec l'eau est **totale**.
Ex. : acide nitrique HNO_3, acide chlorhydrique HCl.

$$HCl + H_2O \rightarrow Cl^-(aq) + H_3O^+(aq).$$

La concentration en ions $H_3O^+(aq)$ dans la solution est égale à la concentration initiale C_i de l'acide fort.

$$[H_3O^+] = C_i.$$

Variation du pH lors d'une dilution d'une solution d'acide fort

• **Comment réaliser la dilution d'une solution mère d'acide fort au laboratoire ?**
On utilise une fiole jaugée et une pipette jaugée (ou graduée selon le matériel disponible). La solution diluée est appelée solution fille.

Notes

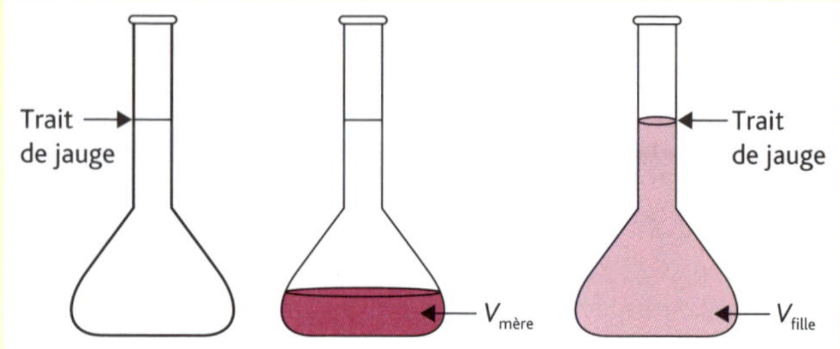

On choisit une fiole jaugée qui pourra contenir le volume V_{fille}.

On introduit le volume $V_{mère}$ mesuré précisément à la pipette jaugée.

On ajoute de l'eau distillée, on agite et on complète au trait de jauge avec l'eau distillée.

▲ Schéma de la dilution.

• **Comment calculer le volume $V_{mère}$ à utiliser ?**
Au cours d'une dilution, il y a **conservation de la quantité de matière** de l'acide fort.

Concentration solution fille (solution finale) → C_{fille}

Concentration solution mère (solution initiale) → $C_{mère}$

$$C_{fille} \times V_{fille} = C_{mère} \times V_{mère}$$

Volume solution fille → V_{fille}

Volume solution mère → $V_{mère}$

Comme la concentration en $H_3O^+(aq)$ diminue par dilution, **le pH augmente par dilution**.

EXERCICE TYPE CORRIGÉ

Calculer le pH d'une solution obtenue en mélangeant 1 mL d'une solution mère d'acide chlorhydrique à 10^{-2} mol·L^{-1} et 24 mL d'eau.

Corrigé

étape **1** On calcule le volume de la solution fille $V_{fille} = 1 + 24 = 25$ mL.

étape **2** On en déduit la concentration de la solution fille

$$C_{fille} = \frac{10^{-2} \times 1}{25} = 4 \times 10^{-4} \text{ mol·L}^{-1}.$$

étape **3** Connaissant la concentration en ions H_3O^+, on calcule le pH :
pH = – log(4 × 10^{-4}) = **3,4**.

Analyse spectrale d'un signal périodique

Fiche 29

Physique-Chimie

LE COURS

Notion d'onde

Une onde est une perturbation qui se propage dans un milieu sans déplacement de matière (à grande échelle). C'est l'un des mécanismes fondamentaux de la physique qui permet le **transport d'énergie**.

Signal périodique

- **Une onde est dite périodique** lorsque la perturbation se reproduit identique à elle-même à intervalles de temps égaux T. T est **la période temporelle**.
- La forme du signal peut être simple (sinusoïdale) ou plus complexe mais dans tous les cas, **un signal périodique peut s'écrire comme une somme de signaux sinusoïdaux et d'un signal continu**.

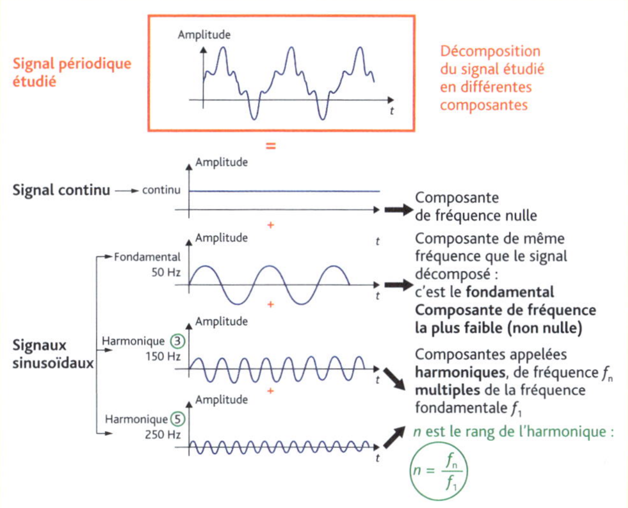

- **Le spectre d'amplitude** d'un signal périodique (ou spectre en fréquence) est la représentation graphique de l'amplitude de chaque composante sinusoïdale en fonction de la fréquence.

EXERCICES TYPES CORRIGÉS

EXERCICE 1

On considère le signal dont l'amplitude en fonction du temps est représentée sur la figure ci-dessous :

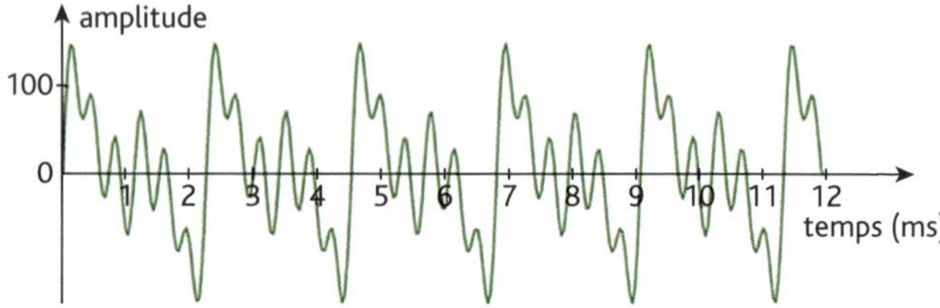

1. Déterminer la fréquence du signal.

2. Ce signal peut-il s'écrire comme une somme de signaux sinusoïdaux ? Justifier.

EXERCICE 2

On donne ci-contre le spectre d'amplitude (en unité arbitraire, u.a.) d'un signal périodique. Donner la valeur absolue de la composante continue de ce signal, la fréquence et l'amplitude du fondamental ainsi que le nombre d'harmoniques.

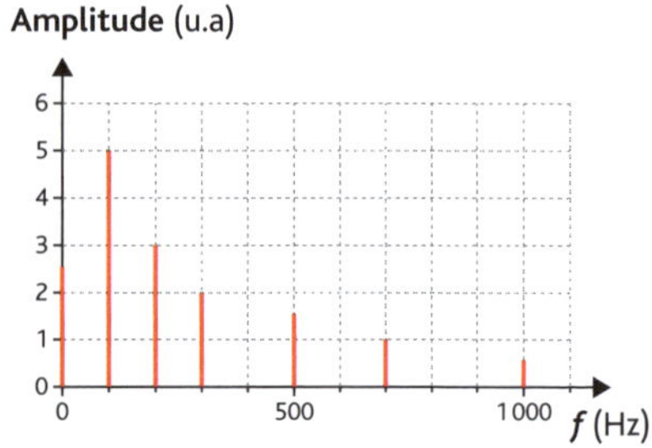

Corrigés

1 **1.** On mesure plusieurs périodes sur le signal. $4T = 9{,}1$ ms soit $T = 2{,}3$ **ms**.

On obtient la fréquence du signal $f = \frac{1}{T} =$ **440 Hz**.

2. **Oui car le signal est périodique.**

2 La composante continue est de fréquence nulle :
on lit **2,5** pour son amplitude.
Le fondamental correspond à la fréquence la plus faible soit 100 Hz avec une amplitude de **5**.
On peut observer **5 harmoniques** (de rangs $n = 2, 3, 5, 7$ et 10).

Onde électromagnétique dans les communications

LE COURS

- **La célérité** des ondes qui se propagent dans le vide vaut :

$$c = 3 \times 10^{8}\ \mathrm{m \cdot s^{-1}}.$$

- Une onde électromagnétique sinusoïdale est caractérisée par sa fréquence. La fréquence f (et son inverse la période T), la vitesse de propagation c et la longueur d'onde λ dans le vide sont liées par la relation :

m $\quad$ $\mathrm{m \cdot s^{-1}}$

$$\lambda = c \times T = \frac{c}{f}$$

s $\quad$ Hz

- En fonction de la valeur de cette fréquence, l'onde électromagnétique appartient à des domaines différents.

Plus la fréquence de l'onde est élevée, plus son énergie est grande.

- En communication, les principales ondes utilisées sont :
– les ondes lumineuses : transmission de l'information à travers une fibre optique ;
– les rayonnements IR : transmission d'information à faible distance (télécommande).
– les ondes radio : transmission d'information pour une grande quantité d'applications :

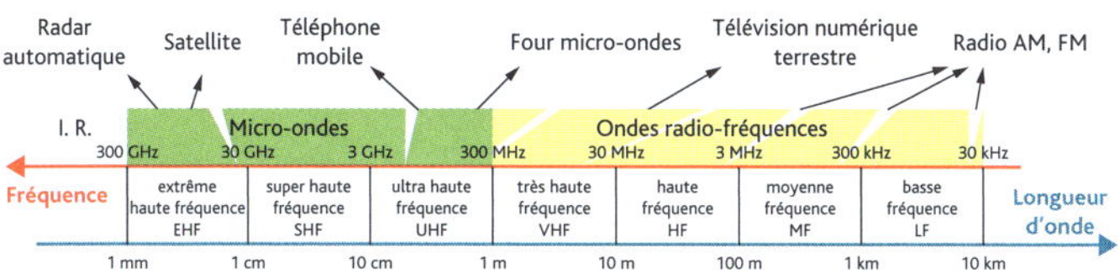

▲ Spectre électromagnétique pour les télécommunications.

Notes

EXERCICES TYPES CORRIGÉS

EXERCICE 1

Une onde électromagnétique de fréquence $f = 90$ MHz est utilisée par une station radio.

Déterminer la longueur d'onde associée ainsi que la période de l'onde. D'après le document ci-dessus, de quel type d'onde électromagnétique s'agit-il ?

EXERCICE 2

1. Rappeler la relation entre la longueur d'onde dans le vide, la célérité de la lumière et la fréquence d'une onde électromagnétique.

2. Le domaine de la lumière visible concerne les ondes électromagnétiques de longueur d'onde comprises entre 400 nm et 800 nm. Déterminer les fréquences correspondantes.

3. Les ondes radio sont des ondes électromagnétiques de fréquence inférieure à 5×10^8 Hz. Déterminer la longueur d'onde correspondant à cette valeur limite. Est-ce une valeur maximale ou minimale ?

Corrigés

1 On a $T = \dfrac{1}{f} = 1{,}1 \times 10^{-8}$ s et $\lambda = \dfrac{3 \times 10^8}{90 \times 10^6} = \mathbf{3{,}3\ m}$.

Il s'agit d'ondes radio-fréquences dans le domaine VHF.

2 **1.** La relation est $\lambda = \dfrac{c}{f}$.

2. On calcule pour chaque longueur d'onde la fréquence correspondante :

$$f = \frac{c}{\lambda} = \frac{3 \times 10^8}{400 \times 10^{-9}} = 7{,}5 \times 10^{14}\ \text{Hz}$$

$$f = \frac{3 \times 10^8}{800 \times 10^{-9}} = \mathbf{3{,}8 \times 10^{14}\ Hz}.$$

3. On calcule la longueur d'onde qui correspond à cette valeur limite des ondes radio :

$$\lambda = \frac{3 \times 10^8}{5 \times 10^8} = 6 \times 10^{-1} = \mathbf{0{,}6\ m}.$$

Il s'agit d'une valeur minimale, les ondes radio ont des longueurs d'onde supérieures à 0,6 m.

Transmission d'information

LE COURS

Transmission d'un signal

Dans un signal périodique, il peut être intéressant de sélectionner seulement une partie des composantes afin de récupérer l'information portée par cette part du signal.

Transmission d'une information

Pour transmettre une information, il faut un **émetteur**, un **canal de transmission** et un **récepteur**.
Le canal de transmission peut avoir un guide physique (fibre optique, câble électrique, ...) ou ne pas en avoir (ondes radio, IR, ...). Ce canal est choisi en fonction de plusieurs paramètres : type d'information, débit, distance...
La modulation d'un signal est très souvent utilisée car elle permet la transmission de plusieurs informations par le même canal sur de longues distances sans trop de bruit (parasitage).
La modulation utilise deux signaux : un de **basse fréquence** (signal modulant) qui contient l'information et **l'autre de haute fréquence** (appelé signal porteur) dont l'un des paramètres varie en fonction du signal modulant.
On utilise la modulation d'amplitude ou la modulation de fréquence.

Taille des antennes

Pour envoyer ou recevoir des informations par ondes radio, il faut utiliser des antennes.
La taille optimale d'une antenne est égale à la longueur d'onde de l'onde envoyée ou reçue. On peut utiliser des sous-multiples de cette longueur mais dans ce cas l'émission/réception est moins efficace.

Notes

EXERCICE TYPE CORRIGÉ

Bande FM/AM

Les radios permettent d'écouter des stations qui émettent soit dans la bande AM, soit dans la bande FM. La transmission d'information s'appuie dans les deux cas sur la modulation d'un signal : la bande AM utilise la Modulation d'Amplitude, la bande FM la Modulation de Fréquence.

1. Attribuer à chacun des signaux modulés ci-après (cas A et cas B) une appartenance à l'une des bandes.

2. La porteuse du signal FM d'une station radio a une fréquence $f = 90$ MHz. Calculer la longueur d'onde de la porteuse. En déduire la taille optimale d'une antenne permettant la réception de la station radio.

3. Cette antenne est-elle adaptée à la réception optimale d'une émission de radio provenant d'une station de la bande AM de fréquence 1 700 kHz de porteuse ?

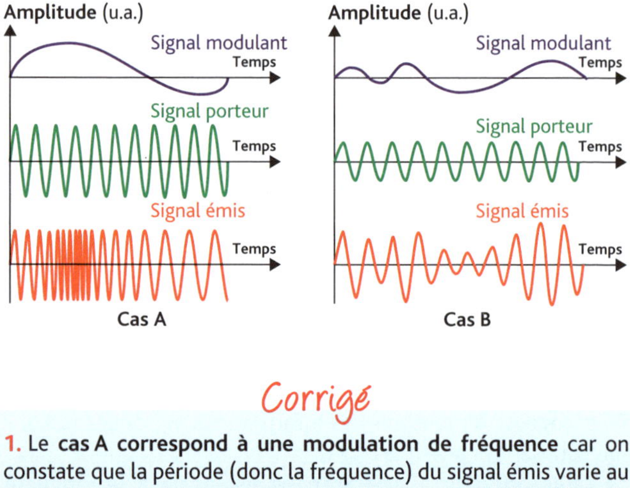

Cas A **Cas B**

Corrigé

1. Le **cas A correspond à une modulation de fréquence** car on constate que la période (donc la fréquence) du signal émis varie au cours du temps. Le **cas B correspond à une modulation d'amplitude**.

2. Pour 90 MHz on obtient pour la porteuse une longueur d'onde de **3,3 m** $\left(\lambda = \dfrac{3 \times 10^8}{90 \times 10^6} = 3{,}3 \text{ m}\right)$. C'est la valeur optimale de la taille d'une antenne permettant la réception de la station de radio.

3. Pour 1 700 kHz on obtient pour la porteuse une longueur d'onde de 176 m. **La réception ne sera donc pas optimale** avec une antenne de 3,3 m...

Ondes sonores

LE COURS

Caractéristiques des ondes sonores

• **Les ondes acoustiques** se propagent dans un milieu matériel, elles ne se propagent pas dans le vide : ce sont des ondes mécaniques.

• **La vitesse de propagation** des ondes sonores dans l'air, à 20 °C, est de 340 $m \cdot s^{-1}$.

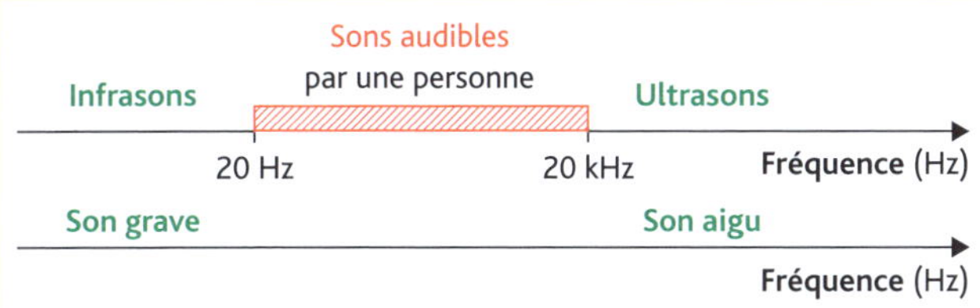

Analyse d'un son

• **Un son pur** est constitué d'une onde sonore sinusoïdale, c'est par exemple le son émis par un diapason.

• **La plupart des sons ne sont pas purs, on les qualifie de complexes** : on peut les analyser et observer leur spectre en fréquence.

La plus faible des fréquences correspond au **fondamental** ou **premier harmonique** f_1 : c'est la fréquence du son. Les autres fréquences correspondent aux **harmoniques** (deuxième harmonique : $2f_1$, troisième harmonique : $3f_1$…).

• Pour une même note (donc une même fréquence f_1) jouée par deux instruments différents, le son diffère car **la répartition en amplitude des différents harmoniques diffère** : c'est le **timbre du son.**

EXERCICES TYPES CORRIGÉS

EXERCICE 1

Les dauphins émettent 2 types de sons : des sifflements brefs qui lui permettent de communiquer dont les fréquences varient en 7 et 15 kHz et des clics qui lui permettent de se localiser. Les ondes sonores utilisées pour les clics ont des fréquences comprises entre 100 et 250 kHz.

1. Classer les 2 types d'ondes sonores dans l'un des domaine suivantes : *infrason*, *sons audibles* pour l'être humain, *ultrason*.

2. Quelle est la longueur d'onde d'un sifflement de fréquence 10 kHz émis par un dauphin et perçu par un observateur sur un bateau ?

EXERCICE 2

On dispose de deux cordes de guitare, une en acier et une en nylon. On enregistre les sons émis par ces cordes. Les analyses spectrales de chacun de ces sons sont données ci-dessous.

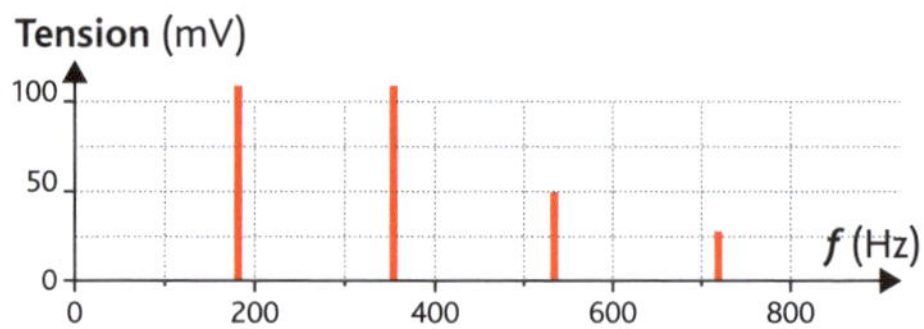

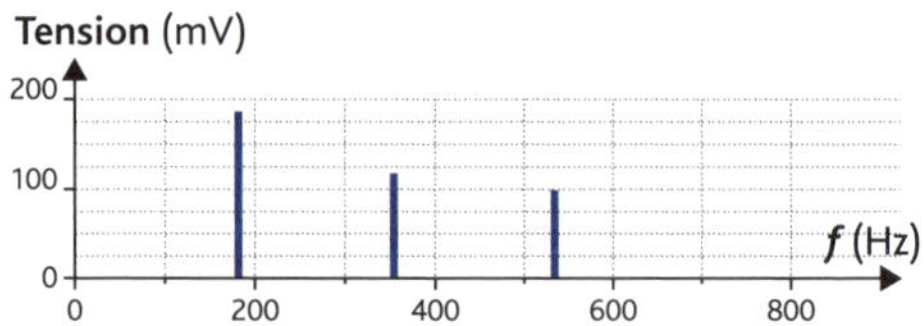

1. Les sons produits correspondent-ils à une même note jouée ?
2. Les sons produits ont-ils le même timbre ?

Corrigés

1 1. Sifflements : **domaine des sons audibles** (assez aigus) ; **clics : ultrasons.**

2. À l'aide de la relation entre longueur d'onde et fréquence en utilisant la vitesse de propagation du son dans l'air, on obtient :

$$\lambda = \frac{c}{f} = \frac{340}{10 \times 10^3} = 3{,}4 \times 10^{-2}\ \text{m} = \mathbf{3{,}4\ cm.}$$

2 1. On constate que **la fréquence fondamentale est la même sur les deux enregistrements** : la note jouée par les deux cordes est donc la même.

2. **Les sons produits n'ont pas le même timbre** car les amplitudes des harmoniques ne sont pas identiques.

Intensité acoustique

LE COURS

• **L'intensité acoustique *I*** (ou intensité sonore) est la **valeur moyenne** temporelle de la **puissance transportée** par l'onde sonore par unité de surface : elle caractérise l'intensité du signal reçu par l'oreille. Elle s'exprime en $W \cdot m^{-2}$.

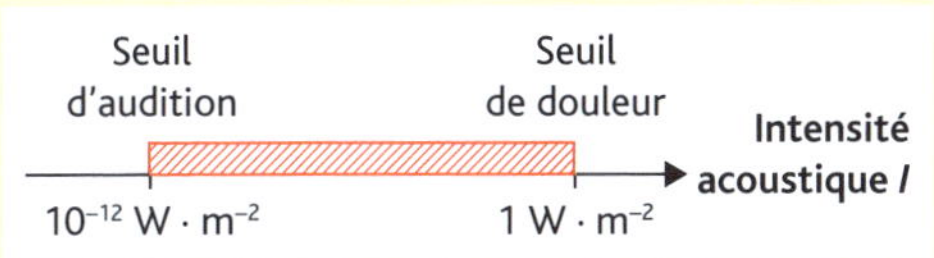

▲ Représentation de l'intensité acoustique.

On utilise également l'échelle de niveau sonore *L* :

$$L = 10\log\left(\frac{I}{I_0}\right)$$

avec L en dB, I en $W \cdot m^{-2}$ et $I_0 = 10^{-12}\ W \cdot m^{-2}$.

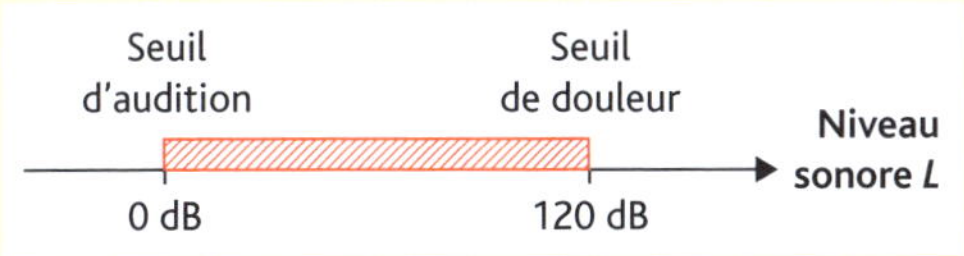

▲ Représentation du niveau sonore

• Lorsque plusieurs sons sont émis simultanément, les intensités sonores s'ajoutent mais les niveaux sonores, eux, ne s'ajoutent pas.

Notes

EXERCICE TYPE CORRIGÉ

Un bureau est équipé d'une imprimante et d'un ventilateur en cas de grosse chaleur. Lorsque l'imprimante fonctionne, on mesure un niveau d'intensité sonore au niveau du poste de travail de 60 dB. Lorsque le ventilateur fonctionne, le niveau sonore mesuré est de 50 dB.

Données

Le niveau d'intensité sonore est défini par :

$$L = 10\log\left(\frac{I}{I_0}\right) \text{ avec } I_0 = 10^{-12}\ \text{W}\cdot\text{m}^{-2}.$$

1. Déterminer l'intensité acoustique correspondant à l'imprimante en fonctionnement.

2. Déterminer l'intensité acoustique correspondant au ventilateur en fonctionnement.

3. En déduire le niveau sonore au niveau du poste de travail lorsque le ventilateur et l'imprimante fonctionnent simultanément.

Corrigé

1. En exploitant la relation qui définit le niveau sonore, on obtient :

$$\frac{I}{I_0} = 10^{L/10}$$

soit $\boldsymbol{I = I_0 10^{L/10}}$.

Pour l'imprimante, on obtient :

$$\begin{aligned} I(\text{imprimante}) &= 10^{-12} \times 10^{6} \\ &= \mathbf{10^{-6}\ W\cdot m^{-2}}. \end{aligned}$$

2. De même pour le ventilateur :

$$\begin{aligned} I(\text{ventilateur}) &= 10^{-12} \times 10^{5} \\ &= \mathbf{10^{-7}\ W\cdot m^{-2}}. \end{aligned}$$

3. Comme les intensités sonores s'ajoutent, l'intensité acoustique résultant du fonctionnement simultané des appareils est :

$$\begin{aligned} I_{tot} &= I(\text{imprimante}) + I(\text{ventilateur}) \\ &= 10^{-6} + 10^{-7} = 1{,}1 \times 10^{-6}\ \text{W}\cdot\text{m}^{-2}. \end{aligned}$$

On peut alors calculer le niveau sonore résultant :

$$L = 10\log\left(\frac{I_{tot}}{I_0}\right) = \mathbf{60{,}4\ dB}.$$

Philosophie

Notes

Présentation de l'épreuve

L'épreuve de philosophie au baccalauréat est constituée d'une épreuve écrite et, le cas échéant, d'une épreuve orale de contrôle.

1 L'épreuve écrite obligatoire

Épreuve écrite	Durée	4 heures
	Coefficient	4

Trois sujets sont proposés au choix des candidats.

A. Deux sujets de dissertation

Deux de ces énoncés, dits « sujets de dissertation », sont, chacun, constitués par une question simple que le candidat doit traiter.

Déroulement de l'épreuve

■ Les sujets de dissertation prennent la forme d'une question directe. Les intitulés de sujet appellent une discussion rigoureuse sur une ou plusieurs notions du programme, et celles-ci sont aisément repérables par les candidats. Ces derniers sont invités, par cette question, à en explorer les enjeux et à examiner de façon critique et ordonnée la ou les réponses qu'elle appelle.

■ Il ne s'agit pas de reproduire un cours ou de plaquer telle ou telle doctrine philosophique. L'objectif est de **dégager les problèmes que pose la question**.

B. Un sujet d'explication de texte

Le troisième énoncé de sujet est constitué par un texte d'une longueur raisonnable, emprunté à un auteur figurant dans la liste des auteurs du programme, qu'il est demandé au candidat d'expliquer. Il se rapporte à une ou plusieurs notions du programme.

Déroulement de l'épreuve

■ Le candidat doit **dégager l'intérêt philosophique du texte en procédant à son étude ordonnée**, c'est-à-dire rendre compte, par sa compréhension précise, du problème dont il est l'expression ou la solution.

■ Le candidat n'est pas tenu de connaître la doctrine de l'auteur, ni son œuvre.

■ Aucune méthode n'est imposée : il suffit que l'étude du texte n'en soit pas la paraphrase et qu'elle soit ordonnée, c'est-à-dire qu'elle soit l'exercice philosophique de la réflexion méthodique et critique.

2 L'épreuve orale de rattrapage

Épreuve orale	Durée	20 minutes
	Temps de préparation	20 minutes

L'épreuve orale est une épreuve de contrôle pour les élèves dont la note moyenne est au moins égale à 8 et inférieure à 10. Elle consiste en une explication de texte présentée par le candidat, suivie d'un entretien avec l'examinateur.

Le texte est choisi dans l'œuvre philosophique ayant fait l'objet, au cours de l'année, d'une étude suivie selon les modalités prévues par le programme.

Déroulement de l'épreuve

■ Le candidat présente à l'examinateur une note écrite ou dactylographiée visée par le chef d'établissement du lycée d'origine, dans laquelle est indiquée l'œuvre philosophique (titre, auteur, édition) dont l'étude, obligatoire, a été conduite en classe au cours de l'année. Cette note peut également comporter l'indication des principaux chapitres ou passages étudiés. Elle fait, par ailleurs, mention des questions auxquelles l'étude de l'œuvre ou de certaines parties de l'œuvre a été associée. Le candidat est porteur d'un exemplaire de l'œuvre étudiée, qu'il présente à l'examinateur. Ce dernier y choisit un extrait d'une longueur raisonnable (20 à 25 lignes au maximum).

■ Le candidat dispose de 20 minutes pour en préparer l'explication. Il présente à l'examinateur un exposé d'une durée maximale de 10 minutes. Un entretien avec l'examinateur d'une durée maximale de 10 minutes permet de compléter et de développer l'explication initiale.

■ L'entretien permet au candidat, sur la base de l'explication qu'il a d'abord proposée, de manifester ses connaissances et ses capacités de réflexion, précisément articulées à la lecture et à l'étude de l'œuvre et des thématiques qui lui ont été associées.

■ Pour le cas où un candidat ne présenterait aucune liste, il est recommandé à l'examinateur de lui présenter 2 ou 3 œuvres d'auteurs du programme. Le candidat choisit l'une d'entre elles, dont il lui est demandé d'expliquer un bref extrait.

La méthode de la dissertation

1 Analyser le sujet

La première exigence est de lire attentivement le sujet et de ne pas le transformer ou d'en oublier une partie.
Il convient de saisir ce qu'il a de particulier, même lorsqu'il peut, en certaines occasions, ressembler à d'autres sujets déjà rencontrés.

L'analyse du sujet passe par différentes opérations :

- Tout d'abord, il convient de comprendre le **sens général** de la question.
- En d'autres termes, il faut déterminer d'emblée l'objet de la question (ce sur quoi elle porte, son thème) et son sens (ce qui est demandé).
- Dans un second temps, il faut dégager les **différents sens** possibles des termes du sujet, afin d'accéder aux différents aspects de la question, les différentes manières dont on peut la comprendre.
- L'objectif de ce premier travail est atteint lorsque la question initiale a été reformulée sous tous les aspects qu'elle implique.
- Les différents aspects ainsi démêlés doivent suggérer des **références** philosophiques (auteurs et textes) qui pourront vous aider à les traiter.
- Toutefois, il faut éviter de multiplier les questions : une sélection doit s'opérer pour être sûr(e) de ne jamais s'écarter du sujet. Toute la difficulté est donc de faire varier la compréhension de la question sans que cette variation soit une dispersion.

2 Élaborer une problématique

Pour éviter la dispersion, qui risque de transformer la dissertation en un ensemble de propos décousus, il faut chercher à articuler les différents sens de la question.

- À cette fin, il est utile et nécessaire d'interroger le sujet :
– que suppose-t-il de connu ?
– que doit-on admettre pour formuler un tel sujet ?
– quels points de vue peut-on adopter sur le sujet ?
– qui pose la question et d'où vient-elle ?

■ Les réponses à cette série d'interrogations peuvent ainsi conduire à rendre **explicite** ce qui n'apparaît pas, au premier abord, dans la formulation du sujet et, par suite, à le rattacher à un ensemble de problèmes étudiés en classe.

■ Ce travail d'interrogation doit permettre également de saisir l'**importance** de la question. On a compris le sujet lorsqu'on en a mesuré la portée, ou encore lorsqu'il apparaît clairement que la réflexion proposée vaut bien quelques heures de peine.

3 Établir un plan

Le plan doit découler des analyses du sujet menées au brouillon. Il ne s'agit donc pas d'adopter, par exemple, des thèses contraires en guise de parties.
L'exigence d'un plan rejoint celle d'un propos cohérent et progressif.

■ D'une part, la dissertation doit présenter une réflexion d'ensemble sur les différents aspects de la question posée. Elle doit donc toujours parler de la même chose mais selon **différents points de vue**. Ainsi, par exemple, les parties de la dissertation peuvent recouper les domaines (politique, moral, épistémologique, etc.) dans lesquels le problème abordé se pose différemment.

■ D'autre part, il s'agit d'adopter une **démarche progressive**. Autrement dit, la dissertation doit présenter des paliers ou des étapes nécessaires à l'élaboration d'une réponse générale à la question. Cette réponse doit donc résulter du parcours suivi et des difficultés surmontées. Elle n'est pas un compromis (la synthèse considérée comme oui et non) mais un **aboutissement**.

■ Tout comme l'introduction doit éclairer le sujet en montrant à quel type de réflexion il invite, la conclusion doit faire état des résultats de la réflexion. Plutôt qu'un résumé, ce doit être un **bilan**.

La méthode de l'explication de texte

1 L'enjeu de l'exercice

■ La nature de l'épreuve incite à éviter les textes les plus fréquemment expliqués en classe et, notamment, les extraits reproduits dans les manuels scolaires.

■ Le texte, emprunté à un auteur figurant dans la liste des auteurs du programme, se rapporte explicitement à une ou plusieurs notions du programme. D'une longueur raisonnable, sa compréhension précise permet au candidat de mettre en évidence le cheminement et les enjeux d'une pensée dont il découvre l'exposé. Le texte est, par conséquent, aussi simple que possible et ne requiert aucune connaissance particulière de la doctrine de l'auteur ou d'une doctrine philosophique déterminée. Il ne comporte pas de termes techniques, ni ne renvoie à des connaissances spécialisées.

2 Le travail préparatoire

■ Vous devez, dans un premier temps, lire attentivement le texte, à deux reprises au moins, et vous demander, après chaque lecture, si vous avez bien compris la **thèse centrale du texte** et si vous êtes capable de la reformuler de manière claire et concise.

■ Tout en relisant à nouveau le texte, distinguez alors clairement ses parties, c'est-à-dire l'**ordre logique** des idées du texte, leur progression, en les reportant sur le brouillon.

■ À chaque fois, vous devez déterminer précisément quel est le lien entre deux passages qui se suivent : lien de cause à effet, conséquence, illustration de l'idée précédente, etc.

■ Vous procédez ensuite au simple **relevé des notions** posant problème, qu'il s'agira de définir lors de l'explication.

■ Après ce premier travail, vous devez répondre à la question suivante, qui est essentielle : pourquoi ce texte a-t-il été écrit ? En d'autres termes, quelle est son idée centrale, celle dont dépendent logiquement toutes les autres idées ?

3 L'introduction

■ Dans l'introduction, évitez de parler de la vie de l'auteur – ce qui est sans intérêt philosophique.

■ Vous ne devez pas non plus « raconter » les thèses majeures de la pensée de l'auteur : si vous les connaissez bien, vous pourrez vous en servir dans le corps du devoir ; mais il s'agit avant tout de montrer le **caractère unique et irremplaçable** du texte proposé.

■ Formulez donc clairement et précisément, dès l'introduction, la question à laquelle le texte apporte une réponse.

■ Enfin, annoncez le plan du texte.

4 Le corps du devoir

■ Les exigences de l'explication de texte sont les mêmes que celles de la dissertation : de même que la dissertation doit identifier le problème posé par le sujet, l'explication doit **identifier le problème posé par le texte, et s'efforcer d'y répondre**. Ainsi, elle doit dégager la thèse affirmée par l'auteur dans le texte et s'interroger sur le sens de cette thèse.

■ Il est également utile de s'interroger sur le type de texte à expliquer : il peut s'agir d'un texte polémique, critique, ou à caractère plus démonstratif. Quoi qu'il en soit, pour comprendre le sens de la thèse, il faut **s'interroger sur les thèses adverses**, c'est-à-dire celles que l'auteur entend réfuter, ou auxquelles il s'oppose. Enfin, on peut se demander si l'auteur part de l'opinion commune, ou bien si, au contraire, il s'en écarte.

■ L'objectif de l'explication de texte est donc, à la fois, d'**expliquer le propos de l'auteur et de mettre en évidence sa force et son originalité**. Elle doit également **faire apparaître la progression du texte**, et la façon dont l'auteur construit, de manière logique et cohérente, ses arguments.

■ Il faut également **éviter la paraphrase**, c'est-à-dire une simple répétition, le plus souvent approximative, de ce que dit l'auteur, et qui ne permet pas de déterminer si vous avez compris le texte.

■ Vous devez **respecter l'ordre** des idées **et expliciter ces idées**, donner les définitions des notions du texte. Vous pouvez citer la phrase que vous vous apprêtez à expliquer : cela permet de suivre le texte.

L'existence humaine et la culture

Perspective 1

Philosophie

L'homme n'est pas un animal comme les autres. Certes, il n'est pas le seul être vivant à posséder une intelligence ou même un langage, et il partage avec les animaux la capacité à ressentir des émotions et à souffrir. Mais l'existence humaine se distingue de celles des autres êtres vivants en ce qu'elle a été transformée par la culture et par l'histoire. **On peut ainsi définir l'homme comme un être de culture.**

1 Nature et culture

A. L'inné* et l'acquis*

L'inné est ce que l'homme possède avant la naissance ; l'acquis est ce qu'il apprend de l'expérience. L'homme naît ainsi avec un certain nombre de caractères héréditaires, qui définissent son identité biologique, mais son comportement apparaît ensuite comme une réaction à son environnement et à son milieu social. Le caractère est donc un mélange d'inné et d'acquis. En un autre sens, l'inné désigne les idées* que l'homme possède avant la naissance, avant toute forme d'apprentissage, et qui sont « *naturellement en nous* » (Descartes), comme les idées du mouvement et des figures, de la douleur, des couleurs et des sons.

B. La culture est une seconde nature

La culture désigne « l'ensemble des activités et productions humaines par lesquelles l'homme transforme la nature ». Si l'homme est un être de culture, il est difficile de trouver en lui ce qui relève encore du naturel, car les phénomènes humains dans leur ensemble relèvent du culturel : si l'apparition de l'homme coïncide avec celle de la culture – en particulier la fabrication d'outils –, comment isoler ce qui, dans l'homme, n'est pas le produit d'un travail ou d'une transformation de la nature ?

2 Nature humaine et condition humaine

A. Le problème de la distinction entre inné et acquis

Il est difficile d'isoler, en l'homme, ce qui relève de l'inné et ce qui relève de l'acquis : l'inné ne se révèle qu'à l'occasion d'une stimulation par le milieu* et l'acquis suppose des capacités ou aptitudes qui rendent possible l'apprentissage des connaissances. En outre, il n'est pas certain que nos idées prétendument innées ne soient pas elles-mêmes le résultat d'un apprentissage : les sens comme l'esprit peuvent s'exercer ou s'aiguiser grâce à l'expérience (Locke).

Notes

Enfin, même les besoins, qui semblent dépendre strictement de la nature, évoluent en fonction des conditions historiques et sociales.

B. Essence* et existence*

Sartre (1905-1980)

L'existence précède l'essence.

Pour savoir ce qu'est l'homme, il faut observer la manière dont il s'est transformé dans l'histoire, et aussi envisager toutes les possibilités qu'il se donne grâce à ses projets. L'homme est perfectible, c'est-à-dire qu'il peut s'améliorer, mais aussi commettre des fautes et des erreurs. Il n'a pas une nature définie, une essence donnée une fois pour toutes, mais une existence qui correspond à une infinité de possibilités : ainsi, pour Sartre, l'homme se définit par ses actes et non par ce qu'il est.

3 La différence entre les hommes vient-elle de leur éducation ?

A. Culture savante, culture populaire

La culture apparaît à la fois comme ce qui unit les hommes et ce qui les distingue : le partage de mœurs et de savoirs communs les rassemble, mais la différence dans l'accès à la culture les sépare. La culture étant un signe de distinction, elle est un enjeu symbolique. Ainsi, le prestige qui entoure les élites culturelles montre le lien qui unit le savoir et la reconnaissance sociale, à tel point que la culture peut apparaître comme un signe d'appartenance à une classe sociale.

B. L'élitisme de la culture

Bourdieu (1930-2002)

La culture est un élément de distinction sociale.

La culture peut contribuer à la reproduction des inégalités sociales, car elle n'est pas un savoir transmis de manière explicite ou méthodique par l'institution mais un ensemble de dispositions et de pratiques, héritées notamment de la famille : « *la pratique culturelle sert à différencier les classes* » (Bourdieu). Mais plutôt que de renoncer à l'idéal humaniste de l'homme cultivé, il apparaît nécessaire d'affirmer l'importance de l'éducation et de la transmission du savoir, selon des modalités qui donnent à chacun la possibilité de former son esprit.

À retenir !

- L'inné est ce que l'homme possède avant la naissance ; l'acquis est ce qu'il apprend de l'expérience.
- Les besoins évoluent en fonction des conditions historiques et sociales.
- L'éducation doit permettre à chacun de former son esprit.

La morale et la politique

Le souci du bien, l'amour du devoir, ou encore la capacité à dénoncer l'injustice et à s'émouvoir de la souffrance d'autrui font de l'homme un être moral. Mais, comme il a au moins autant de vices que de vertus, il semble souvent plus désireux d'enfreindre la loi ou de transgresser l'interdit que de les respecter. Ainsi, **pour vivre ensemble, les hommes ont besoin d'énoncer et de suivre des règles** qui permettent le bon fonctionnement de la communauté et qui définissent le juste et l'injuste, le droit et le tort. Cet espace commun, réglé par des usages, des lois et des valeurs, est le domaine de la politique. Du grec *polis*, qui signifie « Cité », la politique est la science qui s'occupe des affaires publiques et des principes du gouvernement.

1 D'où viennent les distinctions morales ?

A. Existe-t-il un principe inné de justice et de vertu* ?

Toutes les morales ne sont pas identiques, et devenir moral suppose une forme d'apprentissage et d'éducation. Mais on peut observer que les notions de « bien » et de « mal » existent partout et toujours et que nul homme n'ignore cette distinction : toute moralité renvoie à un sentiment* naturel par lequel nous jugeons si une action est bonne ou mauvaise et auquel Rousseau donne le nom de « *conscience* ».

B. La voix de la raison

Kant (1724-1804)

La raison éclaire l'homme sur son devoir.

Le sentiment suffit-il pour autant à définir l'expérience morale ? On admettra aisément qu'il ne suffit pas de se lamenter ou de se mortifier pour faire acte de moralité. C'est la raison plutôt que le sentiment qui peut éclairer l'homme sur son devoir et lui fournir la règle de la moralité. Ainsi, Kant *(Critique de la raison pratique)* réfute l'idée d'un sens moral qui permettrait à l'homme de déterminer la loi morale*.

2 Le domaine de la politique

A. Tout est-il politique ?

On prétend souvent que « tout est politique », suggérant par là que tout est soumis à un calcul d'intérêt et un jeu de pouvoir. Si rien n'échappe au politique, alors toute pratique sincère de la justice est impossible. Cette affirmation faussement lucide et réellement désabusée désigne plutôt une perversion de la politique.

Notes

Elle révèle une incompréhension profonde de la nature du politique, puisqu'elle revient à nier les distinctions et les notions sur lesquelles se fonde la politique, comme le public et le privé, le lien civil, l'institution, la citoyenneté, le bien commun et la liberté.

B. La politique, « *science suprême* »

Parce qu'elle s'interroge sur le sens du bonheur collectif et les moyens d'y parvenir, la politique apparaît comme la discipline, théorique et pratique*, qui intéresse l'homme comme membre d'une communauté. L'homme est par nature un animal politique, selon la célèbre formule d'Aristote : cela signifie que sa nature s'accomplit dans la politique et dans la Cité. La politique traite de ce qui intéresse la communauté dans son ensemble et ne vise pas, en premier lieu, l'enrichissement des individus, mais la paix civile et le bonheur des citoyens. Elle se fonde sur le « *Souverain Bien* ». Pour cette raison, elle est définie par Aristote comme « *la science suprême* ».

Aristote (384-322 av. J.-C.)
La politique est la science suprême.

3 Pourquoi obéit-on ?

A. Autorité et domination

L'une des distinctions essentielles sur lesquelles se fondent la politique et la morale est l'opposition entre autorité et domination. Dominer, c'est exercer sur autrui un pouvoir qui vise à diminuer ses forces et à l'asservir. La domination s'exerce donc au détriment de la liberté. En revanche, l'autorité, si elle suppose une forme d'obéissance, se justifie néanmoins par le fait qu'elle vise le bien de celui qui se trouve assujetti.

B. Mérite et responsabilité

C'est par le péché que l'homme connaît la souffrance ou la déchéance, mais c'est aussi par lui qu'il accède à la possibilité de devenir moral, puisque seul un être libre et perfectible peut prétendre à la moralité. C'est parce qu'il est l'auteur de ses actes que l'homme peut mériter les sanctions positives ou négatives – récompenses ou punitions – qui leur correspondent. La notion de « responsabilité » implique que l'homme, comme être moral et disposant d'un libre arbitre*, soit capable d'assumer les conséquences de ses actes.

À retenir !

- Pour Rousseau, la conscience nous permet de juger naturellement qu'une action est bonne ou mauvaise.
- Selon Kant, la moralité n'est pas un sentiment mais le respect de la loi morale.
- D'après Aristote, l'homme est un animal politique : sa nature s'accomplit dans la Cité.

La connaissance

Connaître une personne ou un objet, ou encore le sens d'un mot, c'est être capable d'en donner une définition et de répondre à la question « Qu'est-ce que c'est ? », ou bien « Qui est-ce ? », ou encore « Qu'est-ce que cela signifie ? ». Pour connaître un objet, il ne suffit donc pas de le désigner, mais il faut savoir quelles sont ses propriétés ou tout simplement comment s'en servir, c'est-à-dire savoir ce que l'on peut faire avec cet objet. **Connaître, ce n'est donc pas seulement définir : c'est aussi observer et décrire**.

1 La connaissance comme résultat

A. Penser, réfléchir, connaître

Penser est un acte qui suppose un sujet*, c'est-à-dire un être capable d'organiser ses idées* de manière cohérente et d'exercer son jugement, en distinguant le vrai du faux. De même, la réflexion suppose un effort volontaire par lequel l'esprit cherche en lui ce qu'il ne sait pas encore : la pensée suppose donc un travail de l'esprit. Mais penser ou réfléchir, ce n'est pas encore connaître, puisque je peux me tromper, ou réfléchir sans trouver la solution du problème qui occupe mon esprit.

B. Connaître, c'est découvrir l'essence* ou la nature d'une chose*

La pensée et la réflexion peuvent donc désigner une étape dans un processus dont la connaissance constitue le résultat. Réfléchir, c'est s'interroger. Connaître, c'est trouver. Ainsi, la connaissance est un savoir certain, qui s'oppose à l'ignorance et à la simple croyance ou opinion. Qu'elle soit le résultat d'une observation, d'une enquête ou d'une démonstration, la connaissance est toujours la découverte de la nature ou de l'identité de ce que l'on cherche à définir. La connaissance est le résultat de l'enquête.

2 La connaissance comme processus

A. La méthode

Il peut, néanmoins, sembler réducteur de considérer la connaissance comme ce qui met un terme à la recherche. Le chemin qui conduit au savoir fait partie du processus de connaissance. En effet, il ne peut y avoir connaissance de quelque chose que parce qu'il y a

Descartes (1596-1650)

La méthode est essentielle à la recherche de la vérité.

Notes

un esprit qui connaît, c'est-à-dire qui est capable de raisonner, de déduire* et de discerner. La méthode qui conduit au vrai est un moment essentiel dans la recherche de la vérité : ce n'est pas la même chose de découvrir la solution par hasard ou en trichant, que d'y parvenir par sa propre réflexion et une méthode rigoureuse. On ne peut réduire la connaissance à un résultat.

B. La connaissance comme processus ininterrompu

En réalité, l'expérience nous montre que nous n'en finissons pas d'apprendre et de découvrir de nouvelles propriétés : la connaissance est un processus ininterrompu. Les limites de notre savoir étant toujours provisoires, l'expérience apprend à ne pas considérer les connaissances établies comme des certitudes définitives. D'où l'intérêt de chercher à réaliser toujours de nouvelles expériences, notamment grâce au développement de la technique et à l'invention de nouveaux instruments. La connaissance progresse avec l'invention.

3 Peut-on se connaître soi-même ?

A. Connais-toi toi-même

Cette injonction peut sembler surprenante, car nous n'ignorons pas qui nous sommes : serions-nous étrangers à nous-mêmes ? L'adage socratique signifie surtout qu'il faut apprendre à connaître ses propres limites. Or, une telle entreprise suppose de la patience et du temps, et la conscience qu'il est toujours possible d'en apprendre sur nous-même, puisque notre identité n'est pas donnée de manière immédiate et définitive.

B. Sagesse et ignorance

Il est préférable, pour parvenir à la connaissance, de ne pas prétendre tout savoir : si le philosophe est un sage ou un savant, c'est au sens où il est capable de se tourner vers le savoir et d'être disposé à apprendre. Il n'est pas un connaisseur ni un expert, mais celui qui aime la sagesse et recherche la vérité. Il doit avoir présent à l'esprit cet autre adage de Socrate, qui nous met sur le chemin de la connaissance : tout ce que je sais, c'est que je ne sais rien.

Socrate (470-399 av. J.-C.)
Se connaître soi-même, c'est connaître ses limites.

À retenir !

- La connaissance est un savoir certain, qui s'oppose à la croyance et à l'opinion.
- Selon Descartes, pour parvenir à la connaissance, il faut conduire son esprit avec méthode.
- Le philosophe recherche la vérité car il aime le savoir et la sagesse.

L'art

L'art est-il une mauvaise copie du monde et de ses apparences ou bien l'expression d'une pensée et de ses concepts* ? Que voulons-nous dire lorsque nous disons qu'une œuvre d'art est belle ? Paradoxalement, l'art est, à la fois, la mise en œuvre de règles et de procédés et ce qui semble échapper aux règles, comme le génie.

1 La critique de l'image

A. Le modèle et la copie (Platon)

Un artiste qui peint un lit copie le lit qui a été fabriqué par l'artisan, qui a lui-même imité un modèle abstrait* de lit, celui de l'« idée » de lit. Comme les apparences et la tromperie, l'art tente de copier le monde : c'est pour cette raison qu'il inspire de la méfiance au philosophe.

B. Le délire de l'inspiration

Platon condamne ainsi l'artiste comme un habile imitateur, qui n'a pas sa place dans la Cité. Pourtant, le poète est digne d'admiration, parce que son enthousiasme et son délire sont inspirés par les dieux, qui l'appellent à se tourner vers le Bien.

Platon (427-347 av. J.-C.)

L'œuvre d'art est une illusion.

2 Le goût et les règles de l'art

A. L'esthétique* et l'autonomie de l'art

Le jugement de goût, ou jugement esthétique, est différent du jugement de connaissance, car, lorsqu'on affirme que quelque chose est « beau », on ne peut pas le démontrer scientifiquement. C'est une affirmation fondée sur un sentiment particulier, et pourtant on considère que tout le monde devrait porter le même jugement (« c'est beau ») : ainsi, « *le beau plaît universellement et sans concept* » (Kant, *Critique de la faculté de juger*).

Kant (1724-1804)

Le beau plaît universellement et sans concept.

Notes

B. Le beau et le joli

On peut opposer le beau, qui renvoie à une harmonie, au joli qui, toujours bien fini, est inférieur au beau. Pour Baudelaire, le beau échappe aux règles, il est toujours bizarre *(Curiosités esthétiques)* : une œuvre d'art n'est pas seulement un objet bien fait ; elle doit surprendre, être suggestive.

C. Le beau dans la nature et le beau dans l'art

Selon Kant, les beautés de la nature sont supérieures à celles créées par l'homme. Alors que, pour apprécier les œuvres d'art, une certaine forme de connaissance ou d'apprentissage est utile, les beautés de la nature ne font appel qu'au jugement de goût, qui est désintéressé : il s'agit simplement de les contempler.

3 L'art et l'esprit

A. L'accord du sensible* et du spirituel

Hegel considère, au contraire, que l'œuvre d'art manifeste la supériorité de l'esprit sur la nature, parce que l'art n'a pas pour but de reproduire ce qui existe déjà dans la nature et que la beauté artistique est née de l'esprit. L'œuvre d'art a un aspect matériel, mais elle a également une dimension spirituelle. L'œuvre d'art réunit le sensible et le spirituel : ainsi, les statues grecques reflètent-elles la découverte de la raison par les Grecs.

Hegel (1770-1831)
L'œuvre d'art manifeste la supériorité de l'esprit sur la nature.

B. L'art véritable n'imite pas mais crée une nouvelle réalité

L'art abstrait explore la possibilité de créer une nouvelle réalité, qui n'est pas une imitation de l'espace en trois dimensions, mais la production d'un nouvel espace : l'impressionnisme a ainsi tenté de recréer dans ses œuvres le mouvement. Quant au cubisme (Apollinaire, *Les Peintres cubistes*), il a construit un cadre indépendant, qui semble affranchi de l'espace et du temps.

À retenir !

- L'art qui se borne à imiter le monde est une tromperie, mais il est admirable lorsqu'il est inspiré par le Bien (Platon).
- Selon Kant, le jugement de goût est, à la fois, un sentiment particulier et un jugement universel.
- Pour Hegel, le beau de l'œuvre d'art, parce qu'il est issu de l'esprit humain, est supérieur au beau naturel.

La justice

La justice est, à la fois, une vertu morale, celle de l'homme juste, et une institution qui détermine ce qui est permis ou défendu dans le cadre de la vie en société.

1 La justice comme vertu individuelle et collective

A. La justice comme vertu*

Platon (427-347 av. J.-C.)

La justice est la vertu de celui qui soumet sa volonté et ses désirs à la raison.

La justice est la vertu de celui qui accorde aux différentes parties de l'âme la place qui doit revenir à chacune, en maintenant entre elles un ordre harmonieux (Platon, *La République*) : la raison doit ainsi commander à la volonté* et aux désirs. *A contrario*, les hommes qui agissent sans réfléchir et uniquement pour satisfaire leurs désirs, comme ceux qui ont condamné à mort Socrate, sont injustes.

B. Justice distributive et justice commutative

Au-delà de la vertu individuelle, la justice ou son opposé, l'injustice, se manifestent d'abord dans les rapports entre les hommes vivant en société (Aristote, *Éthique à Nicomaque*, livre V). Ainsi, l'homme juste ou les lois justes veillent à la répartition des biens et des honneurs en fonction des mérites de chacun (justice distributive), mais également à l'équivalence entre choses échangées, par exemple dans le cadre d'un contrat (justice commutative).

2 L'institution de la justice, résultat d'une convention

A. Pour sortir de l'état de nature*, la nécessité de recourir à un tiers qui dicte la loi

En l'absence d'État et de loi, à l'état de nature, chaque homme cherche à prendre l'avantage sur ses semblables, ce qui conduit, selon Hobbes *(Léviathan)*, à un état de guerre de tous contre tous. Tant qu'un souverain n'a pas prescrit à tous les hommes ce qui est juste et ce qui ne l'est pas, leurs désirs n'auront pas de limite. Aussi est-il nécessaire d'instituer le droit et la loi, afin de pouvoir vivre en sécurité.

Notes

B. Grâce à la loi, la justice sort de la sphère privée et réalise l'égalité entre les citoyens

Rousseau (1712-1778)
La loi instaure l'égalité des citoyens.

Le « contrat social » tacite passé entre les citoyens fait ainsi passer la justice de la sphère privée à la sphère publique : grâce à la loi, qui ne porte pas sur des situations ou des individus particuliers, mais applique des principes d'organisation générale de la société, chacun sait ce qui est permis ou défendu à tous (Rousseau, *Du Contrat social*). Ainsi, pour la loi, il n'y a pas « deux poids, deux mesures ».

3 La justice sociale, de l'égalité devant la loi à l'égalité réelle

A. La loi ne prend pas en compte les inégalités

Dans sa critique du droit, Karl Marx *(Le Capital)* affirmait que la loi était injuste car elle ne prenait pas en compte les inégalités réelles entre les individus de différentes classes sociales, et n'instaurait, de ce fait, qu'une égalité abstraite*. Le socialisme permettrait d'établir la vraie égalité, et donc la justice, avant que le communisme ne crée l'abondance.

B. La justice doit garantir l'égalité des droits et corriger les inégalités économiques

Rawls (1921-2002)
Les principes de justice visent à garantir l'égalité des droits et l'égalité des chances.

Pour John Rawls *(Théorie de la justice)*, le premier principe de justice est bien celui de l'égalité des droits, chaque personne* ayant droit au maximum de libertés (liberté de conscience, liberté d'association, etc.) qui soit compatible avec les libertés d'autrui. Suivant le second principe, les inégalités sociales et économiques doivent être réparties en assurant l'égalité des chances.

À retenir !

- Pour Platon, la vertu de justice consiste à assurer l'harmonie entre la raison, la volonté et les désirs.
- Selon Rousseau, tous les citoyens sont égaux devant la loi.
- Selon Rawls, la justice doit non seulement garantir la liberté mais aussi instaurer l'égalité des chances.

La liberté

La liberté désigne, à la fois, **l'absence de contraintes** et **la capacité de se déterminer soi-même**.

1 La liberté de la volonté

A. Libre arbitre* et liberté

Le « libre arbitre » pour Descartes est la capacité de la volonté à se déterminer elle-même, indépendamment de toute contrainte extérieure *(Méditations métaphysiques)*. Dans son degré le plus bas, le libre arbitre s'exprime dans la « *liberté d'indifférence* » (faire un choix arbitraire*, sans le comprendre). Dans son degré supérieur, il désigne une liberté soumise à la connaissance (choisir le vrai) ou à la morale (choisir le bien).

B. Liberté et nécessité* sont compatibles

Cependant, si nous pouvons avoir l'impression que nous sommes libres lorsque nous désirons accomplir une action, ce désir dépend d'une cause (Hobbes, *Léviathan*, XXI). Tout ce qui advient a nécessairement une cause, et c'est une illusion de croire que notre liberté est absolue et non déterminée.

C. La connaissance des causes, condition de la liberté

Spinoza (1632-1677)
La vraie liberté est la connaissance de la nécessité.

La croyance que notre volonté est libre est une illusion liée au fait que nous ne connaissons pas les causes qui nous ont déterminés à agir. Il n'y a, pour Spinoza, aucune volonté absolument libre (*Éthique*, I, proposition 32), la vraie liberté ne pouvant être que la connaissance de la nécessité qui nous a poussés à telle ou telle action. La servitude est, en fait, l'état de celui qui se croit libre, hors de toute nécessité : ignorant les causes qui le déterminent, il vit dans l'illusion qu'il a le choix.

2 Liberté et moralité

A. La volonté libre est l'auteure de la loi qu'elle suit

La volonté n'est pas libre si elle est soumise à nos désirs et à nos envies et ne vise qu'à leur satisfaction. Pour être libre, la volonté doit obéir à des lois qu'elle s'est elle-même données, et non être l'esclave des appétits ou des instincts (Rousseau, *Du Contrat social*).

Notes

B. L'autonomie de la volonté, condition de la moralité

L'autonomie désigne le fait d'obéir à des lois que l'on s'est données à soi-même. Faire quelque chose parce qu'on y est contraint ou parce qu'on y a intérêt n'est pas en soi moral, car notre volonté a été déterminée par autre chose que la morale. Un acte n'est moral que si la volonté a choisi librement de l'accomplir, en vertu de la loi morale* et non en vertu d'un intérêt particulier ou de la crainte d'un châtiment (Kant, *Fondements de la métaphysique des mœurs*).

Kant (1724-1804)
La volonté libre est autonome.

3 La liberté politique

A. La liberté civile

Pour Rousseau, l'homme ne doit pas abandonner une partie de sa liberté en sortant de l'état de nature* : il doit être aussi libre en société qu'avant de s'associer à d'autres hommes. En effet, il ne forme la société que parce que sa volonté est identique à ce qu'il nomme la « volonté générale », qui vise l'intérêt de la société. Cette volonté n'est pas la somme de volontés individuelles, mais est une volonté collective unique et identique pour tous, celle du corps social guidé par la raison vers l'intérêt de tous.

Rousseau (1712-1778)
La volonté générale n'est pas la somme des volontés particulières.

B. Liberté des Anciens, liberté des Modernes

Suivant Benjamin Constant *(Discours à l'Athénée)*, il faut distinguer la liberté des Anciens, qui ne consiste que dans la participation du citoyen aux activités de la Cité, de la liberté des Modernes, qui est une liberté d'être indifférent à la chose politique et de se consacrer à sa vie privée et aux échanges économiques : cela ne signifie pas que les Modernes ont abandonné toute liberté politique, mais plutôt que les deux libertés coexistent désormais.

À retenir !

- Selon Spinoza, ce qui définit la liberté n'est pas l'absence de causes, mais la connaissance des causes qui nous déterminent à agir.
- Pour Kant, la morale suppose la liberté de la volonté.
- D'après Rousseau, la volonté générale est une volonté collective qui vise l'intérêt de la société.

La nature

La nature désigne, par opposition à la culture ou à la technique, **ce qui n'a pas été modifié par l'homme**. Est naturel* ce qui est à l'état brut et non domestiqué. Mais, en un sens plus large, la nature désigne aussi **le monde et l'univers**, ou encore l'ensemble des **propriétés qui définissent un être** (la nature humaine).

1 Faut-il opposer nature et culture ?

A. La nature est-elle sauvage ?

Merleau-Ponty (1908-1961)

Tout est fabriqué et tout est naturel chez l'homme.

Ce qui est naturel s'oppose à ce qui est artificiel* ou acquis*, factice ou maniéré. Le naturel désigne donc à la fois ce qui n'a pas été transformé par le travail ou l'éducation et ce qui est sincère ou authentique. Le mot *natura*, en latin, est formé à partir du verbe *nascor* (« naître »). Il désigne le fait de la naissance, l'état naturel d'une chose*, mais aussi le monde physique. La nature s'oppose donc à la culture, qui suppose une transformation, un apprentissage. Mais, comme le remarque Merleau-Ponty, ce qui semble naturel chez l'homme est, en réalité, institué : ainsi, il est « *conventionnel de crier dans la colère ou d'embrasser dans l'amour* ».

B. L'état de nature*

Pourtant, on peut distinguer en l'homme ce qui relève des mouvements spontanés*, comme les passions, et ce qui relève de l'institution proprement dit. Pour ce faire, certains philosophes ont imaginé un « état de nature » : celui-ci n'a jamais existé en tant que tel, mais il permet de rendre compte du comportement des hommes en dehors de l'institution, sans discipline et sans instruction. Ainsi, pour Kant *(Traité de pédagogie)*, « *l'état sauvage est l'indépendance envers les lois* ».

2 Les lois de la nature

A. L'objet de la physique

L'idée d'une nature sauvage (celle des instincts et des pulsions*), sans ordre ni discipline, doit pourtant être distinguée de la nature (*physis* en grec) étudiée par le physicien : qu'il s'agisse de la loi universelle de la gravitation découverte par Newton, ou du principe thermodynamique de la conservation de l'énergie, la science nous montre que la nature n'est pas un chaos, mais qu'elle est soumise à des lois, même dans ses manifestations les plus spectaculaires (orages, tremblements de terre, raz-de-marée).

B. Un livre écrit en langage mathématique

Pour Galilée, il est possible d'étudier les phénomènes scientifiquement et d'en donner une formulation mathématique. Ainsi, la force d'attraction, phénomène* que chacun peut constater en lançant un objet au sol, peut également être exprimée par la loi d'attraction sous la forme d'une équation mathématique. D'ailleurs, pour Spinoza, qui considère que l'homme est une partie de la nature, il est aussi possible d'étudier ses passions* comme s'il s'agissait de figures géométriques, car les passions ont des propriétés et obéissent à des lois.

Galilée (1564-1642)
La nature est un livre écrit en langage mathématique.

3 Faut-il prendre la nature pour modèle ?

A. Préserver la nature

Le retour à la nature a alimenté bien des rêves de l'homme moderne, en particulier depuis qu'il a pris conscience de l'épuisement des ressources naturelles et de l'impact de la dégradation de l'environnement sur sa santé, ainsi que de l'extinction progressive des espèces animales. Il ne s'agit plus seulement de comprendre la nature ou de la maîtriser, mais également de la préserver.

B. Ressources naturelles et environnement

Le retour à une nature non modifiée par l'homme est certainement impossible. Paradoxalement, la préservation et la création de nouveaux espaces naturels dépendent de l'action humaine, et de sa capacité à faire coexister progrès technique et respect de l'environnement, en favorisant la croissance verte.

À retenir !

- Selon Merleau-Ponty, il est impossible de séparer en l'homme ce qui est naturel et ce qui est acquis.
- Pour Spinoza, l'homme est une partie de la nature.
- Pour Galilée, les mathématiques permettent d'exprimer les lois scientifiques de la nature.

La religion

La religion désigne « la relation de l'homme au divin ». Elle se caractérise par des dogmes, des institutions, mais aussi par une foi, un sentiment religieux.

1 Origines, formes et fonctions de la religion

A. Donner une explication du monde

Les théogonies, récits mythiques qui racontent la formation du monde, tentent d'éclairer l'homme sur ses origines et de lui rendre l'univers familier, notamment en créant des divinités anthropomorphiques. Ces récits sont fondateurs d'une communauté et d'une culture.

B. Le sacré

Le sacré est une dimension essentielle de toute religion. Il se caractérise par l'affirmation d'un domaine séparé, opposé au profane, qui fait l'objet d'une vénération et d'un respect absolus. Le domaine du sacré repose sur un ensemble d'interdits ou de « tabous », et il suscite, à la fois, de la crainte et du respect. Comme l'explique Freud dans *Totem et Tabou*, est « tabou » ce qui inspire une terreur sacrée.

C. Foi, croyance et institutions

On peut distinguer, avec Henri Bergson, deux types de religions : la religion dynamique, c'est-à-dire le sentiment religieux (la foi), dont la forme la plus accomplie est le mysticisme, et le culte statique* des dieux primitifs, lié à la morale sociale et à l'habitude, qui a une fonction d'organisation au niveau collectif.

Bergson (1859-1941)

La religion dynamique est un élan d'amour qui transporte l'âme.

2 Religion, raison et aliénation

A. La philosophie, servante de la religion

La philosophie a longtemps été considérée comme la servante de la religion, l'autorité de l'Écriture ayant plus de valeur que celle de la raison. La lumière naturelle* de la raison était alors subordonnée aux lumières surnaturelles de la Révélation et de la foi.

Notes

B. La critique philosophique du dogme religieux

Le siècle des Lumières, en particulier à travers les encyclopédistes, critique la religion comme source d'obscurantisme, mais il s'agit surtout d'une critique du dogme et du fanatisme. Pour Kant, la pratique de la foi et l'existence de la raison sont compatibles *(La Religion dans les limites de la simple raison)*.

C. La critique de la religion comme aliénation*

La religion entretient les illusions et les mystifications. En projetant dans l'au-delà la possibilité du bonheur, elle rend impossible l'idée d'un bonheur ici-bas (Feuerbach). La religion console l'homme de sa misère sociale, mais elle entretient son aliénation : « *la religion [...] est l'opium du peuple* » (Marx).

3 Qu'est-ce que « *la mort de Dieu* » ?

A. Le sens historique de « *la mort de Dieu* »

Au Moyen Âge, la religion était un lien social et spirituel entre les croyants, unis par la foi, des valeurs communes et un texte (la *Bible* pour les juifs et les chrétiens, le *Coran* pour les musulmans). Avec la dissolution des structures traditionnelles de la société et la montée de l'individualisme, la religion voit son rôle affaibli.

B. Le sens philosophique de « *la mort de Dieu* »

La célèbre formule de Nietzsche désigne non seulement la perte de la croyance en un être transcendant*, mais également l'exigence, pour la libre pensée, de se débarrasser de l'adoration des idoles et de toutes les valeurs qui dévalorisent la vie (ascétisme*, abnégation, croyance dans les arrières-mondes*).

Nietzsche (1844-1900)
Dieu est mort, et c'est nous qui l'avons tué.

C. La philosophie conserve-t-elle des aspects religieux ?

La question qui est alors posée est de savoir si toute croyance en un idéal supérieur ne peut pas elle-même être soupçonnée de religiosité. Aimer la vérité comme le croyant a aimé Dieu, voilà ce à quoi doit renoncer une philosophie authentiquement athée (Nietzsche).

À retenir !

- Bergson distingue la religion dynamique (la foi) et le culte statique (lié à la morale sociale).
- Pour Kant, la foi et la raison sont compatibles.
- Nietzsche est le philosophe de « *la mort de Dieu* ».

La technique

Notion 6

Philosophie

La technique désigne l'ensemble des procédés par lesquels l'homme transforme la nature pour répondre à ses besoins. Du grec *tekhnè* (« habileté »), elle comprend tous les procédés mis en œuvre pour la fabrication d'un objet*, dans l'art ou dans l'industrie.

1 Qu'est-ce qu'un objet technique ?

A. Un objet fabriqué par l'homme

Par opposition aux objets naturels, qui n'ont pas subi de transformation, les objets techniques sont fabriqués par l'homme pour répondre à ses besoins. L'objet technique suppose une transformation de la matière première. Cette transformation peut s'entendre en deux sens : soit en façonnant la matière pour lui donner une nouvelle forme (***ex. :*** un clou), soit en donnant à l'objet un usage qu'il n'avait pas dans la nature (***ex. :*** se servir d'un bâton pour frapper ou pour attraper des cerises en haut d'un arbre).

B. Outil, machine, automate

Les objets techniques sont plus ou moins complexes. On peut distinguer les simples outils, instruments de travail ou ustensiles dont se sert l'artisan, et les machines, qui sont capables de transformer une forme d'énergie pour produire du mouvement (***ex. :*** la machine à vapeur). Enfin, les automates sont des machines capables d'exécuter un programme, c'est-à-dire un ensemble d'opérations déterminées qui peuvent imiter les mouvements d'un être vivant et intelligent (***ex. :*** une poupée mécanique, une horloge ou un ordinateur).

2 Les caractères de la technique

A. Corps et instruments

Aristote fait de la main l'attribut de l'intelligence, la qualifiant d'« *instrument d'instruments* », dans la mesure où elle est capable de tout saisir et de tout tenir, selon une polyvalence inconnue de l'animal. La main est un préalable à la technique, à la fabrication et à la manipulation d'outils.

Aristote (384-322 av. J.-C.)

Polyvalente, la main est un « *instrument d'instruments* ».

B. La technique sans instruments

Comme le remarque Marcel Mauss *(Sociologie et Anthropologie)*, il est possible de perfectionner les techniques du corps comme la marche ou la nage, sans l'aide d'aucun outil. Ainsi, l'absence d'instruments n'est pas l'absence de technique.

3 L'homme technique

A. Le machinisme

Marx (1818-1883)

Le perfectionnement des machines diminue l'habileté technique du travailleur.

Apparu au milieu du XIXe siècle, à la fin de la Révolution industrielle, le machinisme désigne l'importance croissante des machines dans la vie des hommes et le monde du travail. La mécanisation est bien un progrès technique, mais elle n'est pas un progrès social : loin de libérer les travailleurs, elle les asservit. Marx dénonce ainsi la « machinerie » industrielle qui a imposé le mode de production capitaliste. Les machines sont la négation historique de la forme du métier, c'est-à-dire du savoir-faire (*tekhnè*, en grec), qui repose sur l'habileté pratique. Le perfectionnement des machines permet d'augmenter la productivité du travail, mais les ouvriers habiles sont remplacés par des ouvriers peu qualifiés ou par des enfants.

B. L'homme dans la technique

Non seulement la technique n'est pas un instrument dans la main de l'homme, mais encore il n'en maîtrise ni le développement ni la puissance car il est parfois dépassé par ses propres inventions. L'*« essence de la technique »*, pour reprendre l'expression de Heidegger *(La Question de la technique)*, n'est donc pas d'être au service de l'homme. L'homme technique contraint la nature à se présenter sous sa forme exploitable, mais il ne le fait pas librement car il devient dépendant des objets techniques.

À retenir !

- Contrairement aux objets naturels, les objets techniques sont fabriqués par l'homme et répondent à une ou plusieurs fonctions bien précises.
- Pour Aristote, la main est un préalable à la technique et à la manipulation d'outils.
- Pour Marx, l'essor du machinisme engendre une diminution des compétences techniques du travailleur.

La vérité

Notion 7

Philosophie

La vérité est la qualité qui fait que les choses apparaissent telles qu'elles sont. Elle s'oppose à l'erreur, au mensonge et à l'illusion.

1 Les critères de la vérité

A. Sortir du monde des apparences*

L'homme doit s'efforcer, suivant Platon, de se défaire des opinions, illusions et désirs déréglés qui l'empêchent d'apercevoir la vérité, but ultime de la vie humaine. L'allégorie* de la Caverne *(La République, VII)*, où des prisonniers ne voient du monde extérieur que des ombres sur un mur, révèle qu'il est nécessaire de sortir du monde des apparences, lesquelles nous tiennent éloignés de la vérité.

Platon (427-347 av. J.-C.)
Il faut quitter le monde des apparences pour contempler la vérité.

B. L'idée vraie

L'idée vraie n'est pas seulement une image qui ressemble à la chose : avoir à l'esprit l'idée d'un triangle, ce n'est pas seulement se représenter mentalement un triangle, mais avoir l'idée d'une figure à trois côtés. Avoir une idée vraie du triangle, c'est donc savoir ce qu'est un triangle.

C. L'idée claire et distincte

Pour Descartes, les critères de la vérité *(Discours de la méthode)* sont la clarté (une idée claire est manifeste à un esprit attentif) et la distinction (une idée est distincte quand on ne peut pas la confondre avec une autre idée).

2 Les sources de l'erreur

A. L'erreur est-elle volontaire ?

Pour Platon, l'erreur est une forme d'ignorance : personne ne se trompe volontairement, car la vérité conduit au bonheur et personne ne souhaite son propre malheur. Cependant, en étudiant les mécanismes de l'erreur, Descartes montre que c'est la volonté* qui est à l'origine de l'erreur. Plus exactement, c'est la disproportion entre le pouvoir infini de ma volonté et le pouvoir fini de mon entendement* qui est source de l'erreur. Ainsi, comme il l'écrit dans ses *Méditations métaphysiques*, ma volonté « *s'égare fort aisément, et choisit le mal pour le bien, ou le faux pour le vrai. Ce qui fait que je me trompe et que je pèche* ».

Descartes (1596-1650)

Notre volonté est infinie, mais notre entendement est borné.

B. Illusion et erreur de perception

Pour Descartes, le projet d'une connaissance vraie doit commencer par douter des sens, sources d'illusions fréquentes. Les sens en eux-mêmes ne sont pas trompeurs : la perception seule est trompeuse, en ce qu'elle comporte un jugement sur l'objet de la perception. Ainsi, un bâton à moitié immergé dans l'eau a l'air brisé : c'est ce qu'on appelle une « illusion d'optique ». Mais la sensation* est vraie, puisque c'est effectivement ce que nous voyons. L'erreur serait d'affirmer que le bâton est réellement brisé.

3 Faut-il opposer la vérité à l'illusion ?

A. La raison, productrice d'illusions

Le projet de débarrasser la raison humaine de toute illusion est, selon Kant, impossible : la raison est elle-même productrice d'illusions. Notre entendement* est victime d'une illusion lorsqu'il pense pouvoir connaître la chose en elle-même. « *C'est là une illusion qu'il ne nous est pas possible d'éviter, pas plus que nous ne saurions faire que la mer ne nous paraisse plus élevée à l'horizon qu'auprès du rivage* » (*Critique de la raison pure*).

B. Le désir, producteur d'illusions

Dans *L'Avenir d'une illusion*, Freud s'intéresse à la genèse de l'illusion religieuse. La religion répond aux désirs les plus anciens, les plus fondamentaux de l'humanité. Elle apaise les craintes de l'homme face aux questions fondamentales sur la mort et l'origine de l'humanité, notamment. L'illusion n'est donc pas nécessairement fausse ; elle est une croyance qui nous permet de vivre et d'agir.

À retenir !

- L'allégorie de la Caverne de Platon montre qu'il est nécessaire de se défaire des illusions.
- Pour Descartes, les critères de la vérité sont la clarté et la distinction. C'est la volonté qui est à l'origine de l'erreur.
- D'après Freud, l'illusion est une croyance qui nous permet de vivre et d'agir.

Les repères

Absolu / relatif *(voir notion 5)*

■ Pour les grammairiens, un terme est absolu lorsqu'il désigne une notion n'impliquant pas de rapports avec d'autres termes : par exemple, « homme » est un terme absolu, tandis que « père » est un terme relatif. De même, un superlatif est « absolu » (par exemple, « il est très grand ») lorsqu'il n'est pas relatif à un groupe ou à un semblable : le superlatif relatif serait « le plus grand **de tous** » ou « le plus grand **des deux** ».

■ Est donc « absolu » ce qui existe en dehors de toute relation, sans limite ; ainsi, le pouvoir est absolu lorsqu'il n'a aucune restriction dans un champ donné. En revanche, est « relatif » ce qui existe « en relation », relativement à d'autres termes.

■ Lorsqu'on l'emploie comme un nom, l'absolu désigne ce qui ne dépend d'aucune condition, ce qui ne dépend de rien. En général, ce nom désigne un principe dont tout dépend et qui ne dépend de rien, et est un synonyme de Dieu.

Abstrait* / concret *(voir perspectives 1 et 3)*

■ Ce qui est « concret » exprime quelque chose de matériel, de perceptible par les sens, et non pas une qualité. Ainsi, parler d'« un homme », c'est parler d'un être concret, tandis que parler de « l'humanité », c'est employer un terme abstrait.

■ Dans la philosophie scolastique*, c'est-à-dire la philosophie enseignée au Moyen Âge dans les universités, on qualifiait d'« abstraite » la notion d'une qualité conçue indépendamment des sujets* et « concrète » la notion de ces sujets eux-mêmes : ainsi la notion de « grandeur » est abstraite en ce qu'elle peut être conçue en dehors des sujets « grands », tandis que la grandeur d'un homme particulier, en ce que sa taille est perceptible, désigne la grandeur concrète d'un sujet donné.

■ L'une des questions centrales de la philosophie consiste à tenter de comprendre quels rapports entretiennent la notion « abstraite » (la grandeur, par exemple) et la qualité « concrète » (cet homme est « grand »).

En acte / en puissance

■ Dans le langage philosophique, on qualifie d'« actuel » ou « en acte » non pas d'abord ce qui est « présent », par opposition à ce qui est « passé », mais ce qui est effectivement, par opposition à ce qui n'est pas ou ce qui est seulement possible. L'« actualité » ne désigne donc pas une qualité temporelle, mais le fait même d'être « en acte », par opposition au virtuel, qui n'est pas encore mais pourra se réaliser et être « en acte ». Ainsi, ce qui est en puissance apparaît comme une préfiguration de ce que pourrait être l'actuel, sans que le virtuel se réalise toujours nécessairement.

■ En un sens faible, ce qui est en puissance désigne ce qui est simplement possible, comme le bloc de marbre qui est en puissance ou virtuellement une sculpture de table ou de Socrate. En un sens fort, est en puissance ce qui est amené à devenir actuel. Gilles Deleuze, dans *Logique du sens*, explique clairement comment le sens du possible est essentiellement dans notre perception du monde. On comprend que le possible n'est pas une catégorie abstraite mais désigne quelque chose qui n'existe pas actuellement et que je ne vois pas encore.

Analyse / synthèse *(voir perspective 3)*

■ L'analyse et la synthèse désignent des méthodes de la connaissance. Tandis que l'analyse décompose son objet d'étude en plusieurs parties, la synthèse vise à une reconstruction de cet objet en élaborant ses articulations.

■ Le « jugement analytique » est désigné par Kant comme un jugement dont le prédicat* « appartient au sujet* comme quelque chose qui y est contenu [implicitement] ». Par exemple, les moines sont des hommes. Le jugement analytique ne comporte aucun accroissement de la connaissance mais consiste à expliquer un concept* en le décomposant en ses qualités intrinsèques.

■ En revanche, dans un jugement synthétique, le prédicat se situe « entièrement en dehors du concept », bien qu'il soit en rapport avec lui : par exemple, « tous les corps* sont pesants ».

■ Alors que les jugements analytiques ne font qu'expliciter un concept, les jugements synthétiques ajoutent quelque chose à la connaissance du concept qui n'est pas déjà implicitement dans ce concept.

Concept / image* / métaphore *(voir notion 1)*

■ Le concept est une idée générale et abstraite, alors que l'image est une représentation d'origine sensible. Ainsi, le concept de triangle, en général, est celui d'une figure géométrique à trois côtés : pour savoir et comprendre ce qu'est un triangle, je n'ai pas besoin d'en avoir une image. Il me suffit de le concevoir, c'est-à-dire d'en avoir un concept. Le concept de triangle n'est pas l'image de tel ou tel triangle, mais l'idée du triangle en général, quel qu'il soit, alors que l'image d'un triangle est toujours l'image d'un triangle en particulier, qui a telle forme et telle dimension.

■ La métaphore se situe entre l'image et le concept : elle est plus abstraite que l'image, mais plus concrète que le concept. Par exemple, si j'emploie le terme de « renard » pour désigner un homme rusé, je ne parle pas du renard au sens propre, c'est-à-dire du renard concret et existant, mais de l'une de ses qualités principales : la ruse. La métaphore est donc plus abstraite que l'image, puisque la métaphore du renard désigne, en réalité, l'idée de la ruse. Mais en disant de l'homme rusé qu'il est un renard, je parle de manière moins abstraite et plus imagée que si j'évoquais simplement l'idée de la ruse. Lorsque je dis d'un homme qu'il est un renard, c'est l'image du renard comme animal incarnant ou représentant la ruse qui me vient à l'esprit.

Contingent / nécessaire

■ Ce qui est nécessaire doit advenir « nécessairement » : deux plus deux font nécessairement quatre. En revanche, ce qui est contingent peut arriver, mais peut aussi bien ne pas arriver : est contingent tout ce qui advient sans être nécessaire. Le contingent aurait aussi bien pu ne pas être actuellement, c'est simplement un possible qui est advenu sans que cela soit nécessaire.

■ Pourtant, dans un univers déterminé par des relations causales, l'existence du contingent, c'est-à-dire du hasard, est problématique : ne désigne-t-on pas par le terme « contingent » ce que l'on ne sait simplement pas expliquer en vertu d'une nécessité ? En ce sens, la contingence désignerait plutôt un défaut de notre capacité à connaître le monde, tandis que le monde, lui, serait tout entier déterminé par la nécessité.

■ Enfin, il faut distinguer la nécessité hypothétique *(si... alors)* et la nécessité absolue. Ainsi, si je jette en l'air un corps pesant, il est nécessaire qu'il retombe, mais l'événement en lui-même reste contingent, puisqu'il dépend d'un acte volontaire. En outre, on peut imaginer qu'un autre événement vienne interrompre la chute (par exemple, que quelqu'un d'autre rattrape l'objet avant qu'il touche le sol). La nécessité renvoie ainsi à celle de la loi (la chute des corps), et non à une fatalité ou à un destin. Les événements peuvent donc être contingents et obéir pourtant à des lois.

Croire / savoir *(voir notion 5)*

■ Croire n'est pas savoir : autant je puis **croire** que Dieu existe, autant je ne **sais** pas s'il existe tant que je n'ai pas de preuve de son existence. Distinguer ce qui est du domaine de la croyance de ce qui est du domaine du savoir est la tâche des philosophes autant que des théologiens. Prendre sa croyance pour un savoir, voilà qui relève de l'obscurantisme ou de la superstition, deux grands maux combattus par la philosophie.

■ En revanche, critiquer son savoir au point d'y voir une croyance, percevoir ce qu'il y a de croyance au sein même du savoir, c'est la démarche critique du philosophe, notamment depuis Hume. Je puis croire qu'un événement soit causé par un autre événement, mais je n'ai pas de perception de ce lien de causalité, et il relève plus de la croyance que de la science. La science devient alors la connaissance des phénomènes* réguliers ; elle recherche les lois, et non plus les causes.

Essentiel / accidentel *(voir perspective 1)*

■ Est essentiel ce qui relève de l'essence* même de quelque chose, d'un sujet*, tandis que l'accidentel peut être tel ou tel, sans que cela fasse partie de son essence. Ainsi, si l'on définit l'homme comme un « être de langage », on pourra dire que le langage lui est essentiel, tandis que le fait qu'il soit brun ou blond, grand ou petit est accidentel, pourvu qu'il dispose d'un langage.

■ Pour Aristote, il n'y a de science que de ce qui est nécessaire ou du moins de ce qui se produit avec une certaine fréquence et une certaine régularité : il n'y a pas de science de l'accidentel ou de l'individuel, mais seulement de l'essentiel, c'est-à-dire ce qui entre dans la définition même d'une chose et qu'on ne saurait omettre dans cette définition. Par exemple, dans l'affirmation « Les chiens sont des mammifères. », la qualité « mammifère » fait partie de l'essence du chien.

Exemple / preuve

■ L'exemple et la preuve peuvent, tous les deux, désigner des faits qui attestent de la vérité d'une chose. Ainsi, l'expression « par exemple » s'emploie pour expliquer ou confirmer ce que l'on veut dire : ce qui est donné en exemple a le statut d'un fait qui prouve ce qui est dit. Si j'affirme qu'il existe des moutons à cinq pattes, il suffira de donner un exemple pour prouver que cette affirmation est vraie. Un seul exemple (un spécimen) suffit à donner une preuve, à condition, bien entendu, qu'il provienne d'une source fiable : l'expérience, un témoignage crédible ou un livre de science. En outre, par son étymologie, la preuve s'apparente à l'exemple : du latin *proba*, elle désigne un essai, mais aussi un échantillon.

■ Néanmoins, l'exemple ne constitue pas nécessairement une preuve, surtout si l'affirmation énonce une vérité universelle. Si je dis « Tous les cygnes sont blancs. », il ne suffira pas de donner quelques exemples pour prouver que c'est vrai. Il suffira, en revanche, de trouver un cygne noir pour montrer que l'affirmation est fausse. Il convient donc de savoir comme utiliser correctement les exemples pour éviter les mauvais raisonnements.

■ On remarquera que la preuve repose souvent sur un certain usage de l'exemple. Ainsi, une affirmation comme « Tous les hommes sont mortels. », bien qu'elle énonce une proposition universelle, signifie que tous les exemples d'hommes qui existent et ont existé sont mortels. Cette affirmation ne peut être démontrée *a priori*, c'est-à-dire sans passer par l'expérience. Elle n'est pas du même type qu'un énoncé comme « Tous les triangles ont trois côtés. », puisque l'idée d'un triangle qui n'aurait pas trois côtés est contradictoire.

■ La preuve semble pourtant se rapprocher de la démonstration plutôt que de l'exemple. On pourrait ainsi penser qu'un certain type de preuves ne repose pas sur l'exemple, mais sur la cohérence du raisonnement : si Pierre était à Marseille le jour où un crime a été commis à Paris, il ne peut être l'auteur de ce crime. Mais pour prouver son innocence, encore faut-il que Pierre prouve qu'il était à Marseille ce jour-là. La preuve de son innocence repose donc sur un fait ou un ensemble de faits qui doivent être solidement établis et confirmés, en d'autres termes sur un exemple qui montre que ce qu'il dit est vrai.

Expliquer / comprendre *(voir notion 7)*

■ Comprendre un texte signifie pénétrer la psychologie de son auteur, c'est-à-dire refaire à l'envers l'acte qui a présidé à la composition de ce texte ; l'expliquer, c'est en décrire le fonctionnement interne. Tandis que la compréhension semble supposer la reconstruction d'un sujet ou d'un auteur avec lequel le lecteur va en quelque sorte s'identifier, l'explication analyse son objet indépendamment de la subjectivité tant de l'auteur que du lecteur.

■ La compréhension a alors été revendiquée comme une méthode propre aux activités impliquant un certain degré d'identification entre le sujet et l'objet de la connaissance, comme l'histoire, la philosophie, ou l'étude de textes littéraires. Ces domaines, en effet, ne trouvent leur réalisation que dans l'individuel, que ce soit l'événement ponctuel ou l'acte créateur inimitable, tandis que les autres sciences doivent pouvoir modéliser et reproduire les phénomènes* qu'elles étudient en laboratoire. L'explication a cependant son utilité, complémentaire de la compréhension, en ce qu'elle permet de rendre compte d'un fonctionnement, alors que la compréhension permettrait de comprendre une intention.

En fait / en droit *(voir notion 2)*

■ La distinction « En fait/en droit » recouvre différents aspects : par exemple, ce qui est autorisé ou interdit désigne ce que l'on est en droit de faire ou de ne pas faire et se distingue de la possibilité matérielle ou de la capacité. Néanmoins, on peut remarquer que l'interdit (par exemple : défense de fumer ou de marcher sur la pelouse) suppose la possibilité matérielle, puisqu'il est inutile d'interdire l'inaccessible.

■ On peut également penser à la distinction entre « possession ou occupation » et « propriété » : ce n'est pas parce que j'ai un objet en ma possession qu'il m'appartient. Si tel était le cas, il suffirait de voler les objets pour en devenir propriétaire. Mais il est vrai qu'une possession ancienne ou le fait d'être le premier occupant peut transformer le fait en droit et que certaines coutumes peuvent être sources de droit (c'est la notion de « droit coutumier »).

■ Enfin, on peut penser à la notion de « droit du plus fort », dans laquelle un auteur comme Rousseau voit une confusion entre le fait de la force et le droit.

■ De manière générale, le fait semble relever du monde physique, alors que ce qui est en droit relève de l'éthique* ou du juridique : le fait est un phénomène* constatable et mesurable ; ce qui est en droit est une « tâche » qu'il faut toujours appliquer dans nos actions. Cependant, Kant a pu considérer que la loi morale* était un « fait » de la raison, une donnée en quelque sorte, tandis que les positivistes juridiques ont considéré la norme éthique comme relevant des pratiques « factuellement » en vigueur dans une société donnée.

Formel / matériel

■ La forme désigne au premier chef l'aspect extérieur d'une chose*, tandis que la matière est ce qui la constitue. Ainsi, un navire a une forme oblongue, obtenue à partir d'un dessin et d'une modélisation géométrique (sa forme), et il est fait de bois (sa matière). Le formel* et le matériel concourent à définir un objet ou un individu : cette forme-ci et cette matière-là font que ce navire est ce navire, ou que cet homme est cet homme, et qu'il a une identité propre. La définition de l'individu comme composé de matière et de forme est un aspect essentiel de la philosophie aristotélicienne. Pourtant, on voit bien que cette identité, définie comme une forme et une matière, pose problème : si l'on remplace toutes les planches de ce navire-ci, n'est-ce pas toujours le même navire ? De même, si le navire, sous l'effet du poids et de l'âge, change de forme, n'est-ce pas encore le même navire ?

■ La distinction du formel et du matériel peut également s'entendre en un sens subjectif : ainsi, dans la *Critique de la raison pure*, Kant distingue la matière et la forme du phénomène*. La matière est « ce qui correspond à la sensation* », alors que la forme est « ce par quoi le multiple du phénomène peut être ordonné ». En d'autres termes, la matière correspond à ce qui est donné empiriquement*, et la forme correspond à la manière dont tout objet se présente nécessairement à nous selon l'espace et le temps, que Kant définit comme des formes *a priori* de la sensibilité*.

Genre / espèce / individu

■ Le genre est un terme indiquant une catégorie d'objets qui ont en commun des propriétés essentielles, et qui divergent sur des propriétés non essentielles. Suivant Aristote, est « genre ce qui est attribué en leur essence* à plusieurs choses spécifiquement différentes ». Ainsi, le genre représente la première composante d'une définition. Par exemple, dans la définition de l'homme comme animal rationnel*, le terme « animal » exprime le genre, tandis que le terme « rationnel » désigne la différence spécifique.

■ L'individu, quant à lui, est celui qui appartient à une espèce et ultimement à un genre, comme Socrate appartient à l'espèce « animal rationnel » et au genre « animal ». Le genre contient des espèces ; l'espèce contient des individus.

Hypothèse / conséquence / conclusion

■ Une hypothèse est une supposition qui pourra être confirmée ou non par l'expérience, et qui permettra de déduire une conséquence ou de tirer une conclusion. Dans certains cas, l'hypothèse permet simplement de réaliser un test. Ainsi, on sait que l'or authentique n'est pas attiré par l'aimant. Pour vérifier qu'un bijou est en or, il suffit de le placer devant un aimant. **Si** le bijou est en or (hypothèse), **alors** il ne sera pas attiré par l'aimant (conséquence). Or, le bijou est attiré par l'aimant. **Donc**, ce n'est pas de l'or (conclusion).

■ Les termes « conséquence » et « conclusion » sont, en réalité, assez proches. La conclusion est, de manière générale, la dernière étape du raisonnement ; elle est directement liée à ce pour quoi on a fait l'expérience. Dans l'exemple choisi, la conclusion, d'un point de vue pratique, est qu'il ne faut pas acheter le bijou plaqué or, s'il est vendu au prix de l'or massif. Il faut, par ailleurs, être rigoureux dans le raisonnement si l'on veut que le test soit valable, car si le bijou n'est pas attiré par l'aimant, on ne pourra pas en déduire de manière certaine qu'il est en or, car d'autres métaux que l'or ne sont pas non plus attirés par l'aimant.

Idéal / réel

■ Ce qui est idéal relève de l'idée*, tandis que ce qui est réel désigne ce qui est effectivement dans le monde. Cela ne signifie pas que l'idée ne soit pas réelle : en effet, nos idées, en ce que nous y pensons, ont une certaine réalité. De même, en un certain sens, on peut dire de la réalité qu'elle est « idéale » en ce qu'elle apparaît, dans une certaine mesure, façonnée par des idées, comme l'idée d'égalité entre les hommes.

■ Un sens plus courant du terme « idéal » fait de l'idéal un monde « parfait », et du monde « réel » une « dure réalité ». Cependant, ces acceptions ne sont pas courantes dans la langue philosophique, où l'on distinguera plutôt ce qui est idéel de ce qui est réel, c'est-à-dire ce dont l'existence consiste en une idée, de ce qui a une existence effective hors de l'idée, dans une réalisation concrète.

Identité / égalité / différence

■ Le terme « identité » s'applique à un individu ou à un substrat* : l'identité est le caractère de ce qui est identique et d'abord identique à soi. Un individu, en ce qu'il est identique à soi, a une identité : il est identique à lui-même, en un instant t et à l'instant suivant. La constance semble définir l'identité : elle est constance de certains traits qui définissent l'individu. Ainsi, on peut dire que l'individu « a » une identité, à la manière d'une pièce d'identité qu'il présente, mais également qu'il « est » cette identité, car les attributs* de cette identité sont ce qui nous permet de le décrire.

■ La différence est ce que l'on constate entre deux individus : ils peuvent se ressembler, être identiques par certains traits, mais ils ont des différences, ne serait-ce que parce qu'ils n'occupent pas le même espace et sont deux corps* différents. Mais la différence peut également se retrouver au sein d'un même individu : cet individu peut changer, être différent de lui-même en un instant t et à l'instant suivant. L'identité est souvent définie par ce qui est différent, ce que l'on pourrait nommer « une définition négative de l'identité », en ce qu'elle procède par ce qui « n'est pas » elle. Pour Hegel, l'identité véritable, celle de la conscience ou de l'esprit, n'est pas une identité immédiate, naturelle*, mais une capacité de se construire dans le changement.

■ De manière positive, l'égalité renvoie à la possibilité ou l'exigence d'être traité de la même manière et selon les mêmes règles ou critères. Ainsi, l'égalité devant la loi définit un impératif de justice qui s'applique à tous les individus quels qu'ils soient et malgré leurs différences. De ce point de vue, « l'égalité » (entre les races, les sexes ou les classes sociales) est un concept* politique qui n'a d'intérêt que s'il s'applique à des individus différents. Enfin, c'est sur ce concept d'« égalité » que repose la fameuse règle d'or de la Bible, qui commande de faire ce que l'on voudrait qu'on nous fît et d'aimer son prochain comme soi-même. Il ne faut pas confondre « identité » et « égalité » : ainsi, l'égalité naturelle peut désigner une égalité de forces entre des individus qui, par ailleurs, diffèrent.

Impossible / possible

■ Le possible s'oppose, à la fois, à l'impossible et au réel. De ce point de vue, il a un statut intermédiaire, entre l'impossible et le réel, entre l'inexistence et l'existence. Selon la manière dont on envisage le possible, on insistera sur sa dimension positive ou négative. Ainsi, dire que le possible n'existe pas, mais pourrait exister, c'est considérer que ce qui est possible est faisable ou réalisable. En revanche, dire que le possible pourrait exister mais n'existe pas, c'est considérer que le possible n'est pas réalisé. On peut donc dire qu'une chose est possible pour encourager à la réaliser, ou bien, au contraire, pour dire qu'elle n'est ni certaine ni nécessaire.

■ L'opposition du possible et de l'impossible peut se concevoir comme une différence de nature ou bien de degré. En effet, une chose impossible peut désigner une chose dont on ne peut concevoir l'existence (un cercle carré) ou bien simplement une chose qui n'a aucune chance ou peu de chances de se réaliser (gagner au loto et au tiercé le même jour, ou encore guérir d'une maladie incurable). Dans le premier cas, l'impossible est inconcevable, dans le second il est hautement improbable. Quoi qu'il en soit, il est souvent difficile de distinguer ce qui est absolument impossible et ce qui ne l'est pas, puisque ce qui était impossible cesse parfois de l'être, à force de persévérance ou de progrès technique.

■ Enfin, parce que le possible constitue l'horizon de l'existence humaine, au sens où il oriente nos désirs et nos espérances, nos projets et nos réalisations, le réel apparaît comme le possible qui a pu se réaliser. Ainsi, selon Leibniz, le monde réel est le meilleur des mondes possibles : il n'est pas parfait, mais il est le seul qui, parmi l'infinité des mondes possibles, soit parvenu à l'existence. En même temps, le réel met fin à toutes les autres possibilités, et ce qui était possible devient alors impossible : une fois que le dé est jeté, il ne reste qu'un seul chiffre qui, pour celui qui lance le dé, n'est pas toujours le meilleur. Mais qu'il s'agisse du meilleur ou du pire, le réel **achève** le possible, à la fois parce qu'il le réalise et parce qu'il y met un terme.

Intuitif / discursif

■ L'intuition désigne un mode de connaissance directe, sans passer par le biais de l'expérimentation ou du discours : elle permettrait d'accéder directement à la vérité intime* d'une chose*, sans détours. La connaissance discursive, elle, recourt au langage (la langue naturelle ou le langage mathématique, par exemple). Là où la connaissance intuitive semblerait nous donner un accès direct à la vérité, à la chose telle qu'elle est en elle-même, immédiatement, le discours désigne une utilisation du langage propre à atteindre cette vérité, notamment par le biais d'une méthode.
■ L'intuition est, pour Descartes, une vision de l'esprit, qui naît de la lumière de la raison. Néanmoins, la connaissance intuitive est souvent restreinte par les philosophes à la connaissance par les sens : Kant définit l'intuition comme la connaissance des phénomènes* sensibles*. Bergson voit également dans la connaissance « intuitive » un accès aux choses ou à la vérité, mais la définition qu'il en donne est toute différente : l'intuition ne saurait être confondue avec la connaissance sensible. Elle est le résultat d'une critique de la connaissance traditionnelle qui, par exemple, réduit la durée à l'espace et à sa mesure (la ligne temporelle) au lieu d'y voir une réalité à part entière. L'intuition, plus qu'un accès direct aux choses*, est une méthode qui critique la connaissance discursive traditionnelle.

Légal / légitime *(voir notion 2)*

■ La légalité désigne la simple conformité aux lois, tandis que la légitimité désigne la conformité à des principes politiques.
■ Par exemple, le vol est illégal, parce qu'il est condamné par la loi. Un gouvernement peut être illégitime, en ce qu'il est parvenu au pouvoir par la corruption ou l'usurpation, au mépris de la Constitution par exemple. On peut dire que le renversement d'un ordre politique est illégitime en vertu de ce qui était jusqu'alors légitime, mais établit néanmoins une nouvelle légitimité : ainsi, le gouvernement usurpateur n'est illégitime qu'au regard de la légitimité du gouvernement passé. Toutefois, la légitimité d'un gouvernement suppose que son peuple reconnaisse son autorité, et, de ce point de vue, la légitimité ne peut se réduire à la légalité. La notion de « légitimité » est essentielle en démocratie.

Médiat / immédiat

■ Est médiat ce qui passe par une médiation : par exemple, la connaissance scientifique du monde passe par la médiation du langage mathématique et est, à ce titre, médiate. L'immédiateté désignerait au contraire une connaissance sans médiation, notamment sans la médiation du langage. L'intuition*, en particulier telle que la définit Descartes, peut ainsi être considérée comme une connaissance immédiate : contrairement au raisonnement et en particulier au syllogisme*, l'évidence intuitive ne suppose pas plusieurs étapes intermédiaires pour arriver à une conclusion *(voir le repère Intuitif/discursif)*.

■ Le concept* de « médiation » joue un rôle très important dans la philosophie hégélienne : la dialectique* suppose un ensemble de médiations. Le vrai est le résultat d'un travail de l'esprit, d'un processus.

Objectif / subjectif / intersubjectif*

■ Ce qui est objectif nous rapporte à l'objet, tandis que le subjectif nous rapporte au sujet* : on parlera d'une connaissance objective lorsque c'est une connaissance fidèle de l'objet, qui ne varie pas en fonction des goûts et du caractère du sujet. Ce qui est subjectif nous donne autant de renseignements sur le sujet* que sur l'objet : il faut alors y démêler ce qui relève de l'un ou de l'autre.

■ Toutefois, il faut préciser que la subjectivité ne désigne pas nécessairement ce qui est relatif à un individu particulier. Ainsi, Kant utilise l'expression de « *subjectivité transcendantale* » pour désigner la manière dont un objet est nécessairement perçu par un sujet, c'est-à-dire à travers l'espace et le temps, formes *a priori* de la sensibilité*. La subjectivité transcendantale apparaît ainsi comme la condition de toute expérience possible, et non comme ce qui est relatif aux différentes expériences individuelles.

■ Le terme « intersubjectif » désigne ce qui concerne les relations de personne à personne. La parole ou le dialogue permettent, par exemple, une relation intersubjective. Ce terme peut également renvoyer aux croyances collectives ou aux sentiments partagés par une communauté.

Obligation / contrainte

■ L'obligation est la prescription de la loi ou de la morale : nous sommes obligés de nous y conformer, mais pas contraints. Être contraint à faire quelque chose, c'est devoir le faire en vertu de la force qu'on nous oppose ; être obligé de faire quelque chose, c'est y être tenu, soit en vertu de la loi, soit en vertu de la morale.

■ En ce sens, l'obligation n'est pas contraire à la liberté, puisque je puis être libre dans le respect de la loi, tandis que la contrainte désigne toujours une limitation à ma liberté, en ce qu'on y oppose une force à laquelle je dois me soumettre. Tandis que la contrainte vise à la soumission, l'obligation vise à l'obéissance aux lois, qui n'est pas l'état de l'esclave mais celui du citoyen.

Origine / fondement *(voir notion 2)*

■ L'idée d'origine suppose nécessairement celle d'un commencement dans le temps et d'un développement historique et chronologique. L'origine peut désigner les premiers moments d'un phénomène* ou d'une civilisation, avant son apogée ou sa décadence. La détermination de l'origine suppose donc l'analyse d'une progression et la continuité d'un processus, ainsi que son articulation en différentes phases ou périodes. La recherche de l'origine correspond ainsi à une recherche d'explication.

■ Le terme « fondement » a, tout d'abord, un sens en architecture. Métaphoriquement, il désigne ce sur quoi repose un système ou un ensemble de principes. Par extension, le fondement est ce qui justifie un jugement ou une affirmation. La recherche des fondements correspond ainsi à une entreprise de justification et de légitimation.

■ Cependant, la distinction entre **origine** et **fondement** est moins évidente qu'elle n'y paraît, car l'origine peut avoir valeur de fondement : l'origine de Rome a constitué pour les historiens romains non seulement un commencement dans le temps, mais une légitimation de la civilisation et de l'identité de Rome. De même, lorsqu'une pratique n'a d'autre légitimation que l'ancienneté de son usage, on peut considérer que l'origine tient lieu de fondement. La distinction de l'origine et du fondement pose ainsi les mêmes problèmes que la distinction du fait et du droit.

Persuader / convaincre

■ La conviction est à l'origine un terme juridique, qui suppose que l'on reconnaît quelque chose pour vrai sur la base de preuves ou de témoignages. On parle ainsi de « pièce à conviction ». En un sens plus général, la conviction est une certitude suffisante pour l'action, mais qui repose seulement sur une très grande probabilité et ne peut donc apparaître comme une certitude rigoureuse.

■ À la différence de la conviction, la persuasion ne requiert pas nécessairement des arguments rationnels* ou des preuves. En ce sens, la persuasion semble se rapprocher davantage de la croyance, alors que la conviction est une forme de certitude (du moins de certitude morale).

■ L'opposition entre **persuader** et **convaincre** tient donc essentiellement à la différence dans la manière de former son opinion ou son jugement : c'est en agissant sur la raison que l'on peut convaincre, en vue de la vérité, alors que c'est à l'imagination que l'on s'adresse pour persuader. L'art de persuader appartient donc au rhéteur*, plus qu'au philosophe.

Principe / cause / fin

■ Le principe désigne un commencement ou un point de départ, mais ce terme n'a pas simplement un sens temporel. Le principe n'est pas un commencement dans le temps, mais un commencement dans un ordre idéal ou un ordre logique. Ainsi, un état initial ne peut être considéré comme principe que s'il apparaît comme la cause ayant produit les états suivants.

■ De façon plus générale, le principe d'une chose* est ce qui la fait agir ou ce qui permet d'en comprendre les caractéristiques essentielles. Le principe peut avoir le sens d'un commencement au sens fort ; c'est que la suite ou le développement dépendent de ce qui a été admis ou posé en premier.

■ La cause se distingue du principe, car elle est avant tout une relation entre des événements, et pas seulement une relation logique entre idées. Ainsi, le coup du marteau enfonce le clou : le marteau est la cause, le mouvement du clou est l'effet. Le rapport de cause à effet est établi par mon esprit entre ces deux événements, mais comme l'explique Hume, je ne peux déduire l'effet de la cause : pour savoir que certaines causes produisent certains effets, je dois passer par l'expérience, c'est-à-dire observer ce qui se produit. Hume affirme que *« tout effet est ainsi un événement distinct de sa cause » (Enquête sur l'entendement humain)*.

■ Il faut distinguer la cause et la fin : une cause produit un effet, mais il n'y a pas nécessairement dans la relation de cause à effet un but ou une intention. Ainsi, l'eau peut servir à éteindre le feu, mais ce n'est là qu'un usage que je fais de la propriété de certains corps. La fin est « ce en vue de quoi » existe une chose : or, l'eau n'existe pas pour éteindre le feu. Mais il est vrai que *« la nature ne fait rien en vain »*, comme l'affirme Aristote : si les causes produisent certains effets, c'est pour atteindre un certain but et remplir une certaine fonction. Ainsi, la morsure du cobra ou de la vipère provoque la mort, parce que le venin qui se trouve dans les crocs sert à se défendre ou à tuer la proie ou l'agresseur.

Public / privé *(voir perspective 2 et notion 2)*

■ La distinction du public et du privé rejoint en partie l'opposition de l'individuel et du collectif. Ainsi, les intérêts privés sont les intérêts de plusieurs individus, et s'ils ne sont pas unis par une même cause ou un souci du bien commun, ce sont des intérêts particuliers.

■ Mais l'opposition du privé et du public, essentielle dans les démocraties libérales modernes, renvoie aussi à la différence entre l'individu et le citoyen, entre le foyer familial et la Cité. De ce point de vue, la sphère privée ne désigne pas seulement le domaine des intérêts individuels ou égoïstes, mais un domaine qui doit être protégé, un espace de liberté, en particulier la liberté de croyances, ou encore la sphère de l'intime. Il ne suffit donc pas d'opposer le privé à la sphère publique et politique ou aux affaires de la Cité : le respect de la vie privée est aussi une conquête politique, et doit être garanti par les institutions démocratiques. La disparition de la sphère privée est d'ailleurs l'une des caractéristiques des régimes totalitaires.

Ressemblance / analogie

■ Deux objets se ressemblent s'ils possèdent certains caractères en commun et si ces caractères sont remarquables ou intéressants, au point que l'on pourra les associer mentalement, voire les confondre involontairement. Ainsi, pour que deux individus se ressemblent, il ne suffit pas qu'ils aient la même taille et la même couleur de cheveux, car ces caractéristiques communes ne sont pas assez significatives. En revanche, si les traits ou l'expression de leur visage font qu'en voyant l'un on peut penser à l'autre, alors on pourra dire qu'il y a entre ces deux individus une forme de ressemblance.

■ Il est important, malgré une apparente proximité de sens, de distinguer la ressemblance et l'analogie : contrairement au premier, le second terme désigne, non pas une ressemblance directe entre deux objets ou individus, mais une égalité de rapports ou de proportions. Ainsi, Platon, dans le *Gorgias*, fait une analogie entre rhétorique* et cuisine : la rhétorique est à la science ce que la cuisine est à la médecine. De même que la cuisine est une contrefaçon de la médecine, la rhétorique est une contrefaçon de la science ; comme la cuisine, la rhétorique recherche le plaisir, et non le bien ou le vrai. Ainsi, grâce à un élément plus connu ou familier (la cuisine), on peut éclairer la nature d'un élément moins connu (la rhétorique) : l'analogie a une fonction pédagogique.

Théorie* / pratique

■ Lorsque les deux mots sont utilisés dans une même phrase, c'est souvent pour les opposer. Ainsi, ce qui est vrai ou possible en théorie pourrait ne pas l'être en pratique, comme si la théorie, telle une utopie, ne résistait pas à l'épreuve de la pratique ou de l'expérience. Pourtant, l'usage courant qui consiste à opposer ces deux termes révèle une mauvaise compréhension des rapports entre théorie et pratique.

■ En effet, l'expérimentation est précisément le moyen de vérifier ou de réfuter certaines théories qui, tant qu'elles n'ont pas été mises à l'épreuve, ne sont que des hypothèses. Dans le domaine de la physique et des sciences expérimentales, c'est l'expérimentation elle-même qui permet d'énoncer la loi ou la formule. Par ailleurs, comme l'a montré Kant, cette expérience ou expérimentation est elle-même organisée par la raison et correspond à une pratique qui est appelée par la théorie elle-même plutôt qu'elle ne constitue un critère extérieur à elle.

■ Cela ne signifie pas qu'il faut nier tout écart entre théorie et pratique : il suffit, par exemple, de jeter plusieurs fois un même dé ou encore de penser aux multiples prédictions des experts en tout genre pour constater que le résultat diffère sensiblement de ce qu'énoncent les lois de la probabilité. La théorie définit ainsi des lois ou un cadre général, sans pour autant nier la part de contingence* qui caractérise toute pratique.

Transcendant*/ immanent* *(voir notion 5)*

■ Est transcendant ce qui se tient au-dessus ou au-delà d'une catégorie ou d'un ordre de réalité. Le terme est également synonyme de « supérieur », au sens où est supérieur ce qui dépasse un niveau moyen. Au contraire, est immanent à un être ou un ensemble d'êtres ce qui est compris en eux et ne résulte pas d'une action extérieure. Ainsi, la justice immanente résulte du cours naturel des choses, et non d'un agent ou de l'action extérieure et supérieure d'un Dieu.

■ On associe souvent Dieu à la transcendance*, en vertu de Sa supériorité et de Son excellence. Cependant, on peut également considérer un Dieu immanent, qui ne se tient pas au-dessus de la nature mais s'identifie à elle. Ainsi, dans le panthéisme*, Dieu est immanent au monde. C'est l'idée d'un Dieu immanent qu'exprime la célèbre formule de Spinoza : « *Deus sive natura* » (« Dieu, c'est-à-dire la nature »). Il peut également y avoir une expérience de la transcendance : l'expérience mystique.

Universel / général / particulier / singulier

■ En logique, le terme « universel » désigne ce qui s'étend à tous les individus d'une classe ou à tous les objets considérés. En un sens plus général, est universel ce qui concerne la totalité des hommes. Une vérité universelle est vraie en tout temps et en tout lieu ; elle est en cela une vérité nécessaire et se distingue des vérités générales, qui sont vraies le plus souvent mais peuvent admettre certaines exceptions.

■ On oppose le particulier au général et à l'universel : est particulier ce qui n'appartient pas à tous les individus d'une espèce considérée, mais à quelques-uns d'entre eux seulement, ou même à un seul. Le terme « particulier » peut avoir un sens légèrement différent, lorsqu'on dit, par exemple, que quelqu'un a fait l'objet d'une attention particulière. Le terme n'a pas seulement le sens neutre de ce qui s'applique à un individu, mais il signifie également « exceptionnel, remarquable ». Il rejoint alors le sens de « singulier ».

■ Bien que les termes « singulier » et « particulier » soient proches, le singulier considère l'individu non pas comme un élément de l'espèce, mais comme un élément unique. Est singulier ce qui ne ressemble à rien d'autre qu'à lui-même.

Vrai / probable / certain *(voir notions 5 et 7)*

■ Si l'on considère comme vrai ce qui est avéré et incontestable, le vrai et le certain apparaissent comme de très proches synonymes, puisque l'un et l'autre désignent ce qui est évident et indiscutable ou incontestable, c'est-à-dire ce dont on ne peut douter. En revanche, le probable n'exclut pas la possibilité d'une autre opinion : il est raisonnable* de donner son assentiment à ce qui est probable, mais il n'est pas impossible ni même déraisonnable d'en douter. Pour qu'une opinion soit probable, il suffit qu'elle soit fondée sur des raisons sérieuses, c'est-à-dire qu'il suffit d'avoir de bonnes raisons d'y croire, parce qu'elle est vraisemblable, c'est-à-dire qu'elle a toutes les apparences du vrai.

■ Mais une opinion probable peut être vraie, de même que l'on peut être certain de quelque chose qui s'avère être une erreur ou un mensonge. Ainsi, le probable et le certain ne désignent pas la nature de la chose, qui peut être vraie ou fausse, mais plutôt la forme du jugement : si j'affirme qu'il est probable qu'il pleuvra demain, j'exprime une croyance, fondée sur quelques raisons, mais si j'affirme que je suis certain que 2 + 2 = 4, j'exprime un savoir et non une simple croyance. Remarquons néanmoins que la certitude peut aussi désigner une forme supérieure de probabilité. Ainsi, si j'affirme que je suis certain qu'il fera beau demain, je ne fais qu'exprimer une croyance fondée sur des raisons très certaines.

Lexique

A

Abstrait : ce qui ne désigne pas un objet particulier.

Acquis : ce qui vient de l'expérience et de l'apprentissage.

Aliénation : asservissement de l'être humain, dû à des contraintes extérieures, et qui conduit à la dépossession de soi.

Allégorie : expression d'une idée par une image, un tableau, un récit.

Apparence : peut désigner la forme ou l'aspect d'une chose, mais aussi l'image trompeuse que l'on en perçoit.

Arbitraire : dépendant du libre choix, de la seule volonté personnelle, ou de la convention.

Arrière-monde : ensemble des mondes fictifs qui dévalorisent le monde tel qu'il est.

Artificiel : ce qui est produit par le travail de l'homme.

Ascétisme : méthode morale consistant à ne tenir aucun compte du plaisir, ni de la douleur.

Attribut : ce qui qualifie un sujet.

C

Chose : désigne tout ce qui est inanimé.

Concept : idée conçue ou acquise par l'esprit, permettant d'organiser les perceptions et les connaissances.

Corps : objet matériel.

Culte statique : désigne un culte fondé sur l'habitude et l'autorité de l'institution, par opposition à la **religion dynamique** qui repose sur la foi.

D

Déduction : raisonnement consistant à tirer, de façon nécessaire, une conclusion particulière à partir de propositions universelles ou générales. Le syllogisme en est un exemple.

Dialectique : art de raisonner ou progrès de la pensée par le dépassement des contradictions.

E

Empirique : se dit de ce qui procède uniquement de l'observation de l'expérience.

Empirisme : courant philosophique selon lequel l'expérience est la donnée première et la source de la connaissance. Pour les empiristes, nos idées viennent de l'expérience. S'oppose à **innéisme**.

Entendement : faculté de comprendre. Le terme est parfois pris comme synonyme d'« intelligence ».

Essence : désigne l'être ou la nature d'une chose.

Esthétique : ce qui a rapport au sentiment du beau et à sa perception ; discipline qui étudie le beau dans les productions de la nature ou de l'art.

État de nature : fiction ou hypothèse dans laquelle on suppose que les hommes ne sont pas encore entrés dans l'état de société.

Lexique

Éthique : souvent synonyme de « morale », terme désignant des règles de morales concrètes.

Être transcendant : ce qui est extérieur, supérieur ou éminent.

Existence : fait d'exister, c'est-à-dire d'avoir une réalité et une durée, mais également une valeur.

F

Formel : qui concerne la forme, et non la matière ou le contenu, et porte sur les relations entre les éléments plutôt que sur ces éléments eux-mêmes ou sur ce qu'ils désignent.

I

Idée : désigne, chez Platon, une forme intelligible, un modèle (s'écrit alors avec une majuscule). Au sens large, toute représentation élaborée par la pensée.

Image : représentation mentale d'origine sensible.

Immanence : s'oppose à **transcendance**. « *Qui existe, agit à l'intérieur d'un être et ne résulte pas d'une action extérieure* » (Dictionnaire Hachette).

Inné : s'oppose à acquis et désigne ce que l'on possède en naissant ou ce qui est inhérent à l'esprit. L'innéisme est un courant de pensée affirmant qu'il existe des idées innées.

Intersubjectivité : ce terme désigne les rapports entre plusieurs sujets, essentiellement la communication avec autrui.

Intime : est intime ce qui est connu par le sujet seul ou ce qui tient à l'essence même d'un être. Le sens intime est synonyme de « conscience ».

Intuition : forme de connaissance immédiate, qui ne recourt pas au raisonnement.

L – M

Libre arbitre : capacité de délibérer par sa volonté et de choisir indépendamment de toute contrainte extérieure.

Lumière naturelle : désigne, au XVIIe siècle, et principalement chez Descartes, la lumière de l'entendement qui se trouve en chaque homme, quels que soient sa condition et son degré d'instruction.

Métaphysique : partie de la philosophie qui étudie des objets inaccessibles à l'expérience (Dieu, l'âme) ; recherche rationnelle ayant pour objet les premiers principes de la connaissance.

Milieu : espace dans lequel un être vivant se trouve placé ; ensemble des conditions dans lesquelles il vit et se développe.

Morale (loi –) : chez Kant, la morale est liée à l'idée de « loi », car elle suppose une nécessité et une universalité, et non un simple sentiment.

N

Naturel : ce qui n'a pas été modifié par l'homme.

Nécessité : est nécessaire ce qui est l'effet d'un lien logique et se produit donc immanquablement.

O – P

Objet : ce qui peut être perçu par les sens ou conçu par l'esprit.

Panthéisme : doctrine qui identifie Dieu à l'univers, c'est-à-dire à l'ensemble de ce qui existe.

Passion : état affectif intense.

Personne : individu responsable de ses actes et auquel on reconnaît la capacité d'être sujet de droit.

Phénomène : tout ce qui se manifeste à la conscience (du grec *phainesthai*, « apparaître »).

Phénoménologie : étude des phénomènes ou, chez Hegel, étude de la conscience comme « phénomène de l'esprit ».

Pratique : ce qui a trait à l'action (*praxis*, en grec). S'oppose à la **théorie**.

Prédicat : ce qui, dans un énoncé, est affirmé d'un sujet : « L'homme (sujet) est (relation) mortel (prédicat). »

Pulsion : terme freudien qui désigne une poussée faisant tendre l'organisme vers un but qui n'est pas biologiquement déterminé, contrairement à l'instinct.

R

Raisonnable : caractère de ce qui est mesuré et conforme ainsi à la raison, en tant qu'on l'oppose aux passions, désirs illimités des hommes.

Rationnel : ce qui est intelligible, ce qui correspond aux normes logiques de la raison.

Rhéteur : homme de discours, qui sait user des moyens propres au langage pour la persuasion.

Rhétorique : ensemble des règles qui définissent l'art de parler ou l'art du discours.

S

Scolastique : du latin *schola* (« école »), la scolastique désigne la philosophie enseignée au Moyen Âge dans les universités. Elle cherche à concilier l'enseignement d'Aristote et le christianisme. La scolastique est critiquée à partir de la Renaissance, parce qu'elle ne laisse pas assez de place à l'esprit de libre examen et à l'observation de la nature et se contente d'un savoir formel et abstrait.

Sensation : impression ou effet produit par les sens.

Sensibilité : recouvre les conditions de la perception sensible et de l'affectivité. S'oppose à l'**intellect**.

Sensible : capacité d'éprouver des sensations ou des sentiments.

Sentiment : du côté du cœur plutôt que de la raison, tendance affective propre à nous émouvoir, principe d'action ou de croyance.

Spontané : ce qui se fait de soi-même, sans avoir été provoqué par une cause extérieure.

Substrat : partie matérielle de la substance, qui est un composé de matière et de forme (Aristote).

Sujet : désigne l'être humain capable de langage et d'action.

Syllogisme : raisonnement en trois propositions. Des deux premières propositions (prémisses), on en tire une troisième (conclusion). *Exemple :* « Tous les hommes sont mortels ; or, Socrate est un homme ; donc Socrate est mortel. »

T

Théorie : ensemble de concepts organisés, qui permet de connaître et d'expliquer un phénomène.

Transcendant : qui fait référence à un ordre extérieur et supérieur à l'homme ou à la nature.

V

Vertu : disposition ou habitude de bien agir et de se conduire conformément à la raison. S'oppose à **vice,** qui est une disposition contraire.

Volonté : faculté de déterminer librement ses actes.

Le Grand Oral

Le déroulement de l'épreuve

1 La place de l'épreuve

L'épreuve du Grand Oral a lieu fin juin-début juillet. Elle fait partie des quatre épreuves finales de Terminale avec les épreuves des deux enseignements de spécialité et l'épreuve de Philosophie. Le Grand Oral est rattaché, par le choix des sujets, au programme de Terminale.

	Coefficient
Séries technologiques	**14**, très proche de celui des spécialités (16)

2 Les finalités de l'épreuve

L'épreuve donne au candidat l'occasion « de montrer sa capacité à prendre la parole en public de façon claire et convaincante ». Il prouvera aussi qu'il est capable de mettre les savoirs acquis au service d'une argumentation et d'une réflexion construite et argumentée.

3 Les deux questions

- Durant l'année de Terminale, le candidat formule et prépare deux questions.
- Pour la voie technologique, ces questions s'appuient sur l'enseignement de spécialité pour lequel le programme prévoit la réalisation d'une étude approfondie.
- Ces deux questions sont problématisées, ce qui les différencie d'une question de cours que le candidat se contenterait de réciter. Outre une maîtrise de l'oral, le jury attend une réflexion et une argumentation.
- Le candidat choisit ses deux questions en fonction de ses centres d'intérêt personnels et des projets menés en classe. Au cours de l'épreuve, il devra expliquer le choix de ses questions.
- Le jury choisit une des deux questions. Seul un des membres du jury enseigne la spécialité correspondant au sujet ; le candidat devra donc veiller à ce que l'autre professeur comprenne aussi son exposé.

Notes

4 Le jury

Deux professeurs de disciplines différentes constituent le jury qui évalue le candidat. L'un d'eux au moins représente un des enseignements de spécialité de Terminale choisis par le candidat.

5 Les étapes de l'épreuve

Préparation : 20 min
Exposé : 10 min
Échange sur l'exposé : 10 min

■ Choix de la question par le jury parmi les deux sujets préparés durant l'année par le candidat.

■ Préparation : 20 minutes
Le candidat dispose de vingt minutes pour rassembler ses idées et se remémorer le contenu de son exposé. Il a des feuilles de brouillon à sa disposition afin de noter ce qu'il va développer durant la première partie de son oral. Il pourra s'aider de ce support lors de sa présentation ; il pourra aussi le montrer au jury, par exemple pour commenter un schéma ou un tableau de chiffres.
Ce document ne fera pas l'objet d'une évaluation. Il n'est pas obligatoire.

■ Première partie de l'épreuve : un exposé de 10 minutes
Le candidat commence par expliquer pourquoi il a choisi la question retenue par le jury et en quoi elle soulève un problème. Puis il développe sa réponse à cette question avec des arguments et des exemples. Le candidat se tient debout, sauf aménagement spécifique pour raisons médicales, et montre sa maîtrise de l'expression orale.

■ Deuxième partie de l'épreuve : un échange de 10 minutes avec le candidat dans le prolongement de l'exposé
Le jury revient sur l'exposé, demande des précisions, des justifications, aborde éventuellement de nouvelles perspectives. Il vérifie la solidité des connaissances, la capacité à argumenter et la réactivité à l'oral.

Les compétences évaluées

Fiche 2

Le jury valorise la solidité des connaissances du candidat, sa capacité à argumenter et à relier les savoirs, son esprit critique, la précision de son expression, la clarté de son propos, son engagement dans sa parole, sa force de conviction.
Cette épreuve vous donne l'occasion de vous exprimer sur un des sujets que vous avez choisis et de montrer le sérieux de votre travail.

1 Les connaissances et compétences disciplinaires

■ Les deux questions sont rattachées au programme de Terminale de votre enseignement de spécialité. Durant l'exposé, vous serez amené à mobiliser les connaissances et compétences spécifiques acquises dans une ou plusieurs disciplines.

■ La première partie de l'entretien prolonge l'exposé et le jury revient sur les notions que vous avez convoquées. Il vérifie que vos connaissances sont solides et que les méthodes pratiquées (démonstrations, conclusions d'expériences…) sont maîtrisées.

■ Il ne s'agit pas simplement ici de restituer (réciter un cours ou décrire une expérience) mais d'utiliser vos connaissances. Si vous avez du mal à dépasser le stade de la restitution, le jury pourra vous guider lors de l'entretien. Il évaluera ainsi précisément votre degré d'autonomie, d'adaptation (à votre sujet, à la question d'un professeur) et de réactivité.

Grille d'évaluation
Examinez la fiche officielle d'évaluation (disponible sur Internet), pour comprendre dans le détail ce que l'on attend de vous.

2 La capacité à argumenter

■ Vous devez avoir choisi des questions problématisées et le jury vérifiera que vous avez cerné ces questions qui méritent une réflexion approfondie et peuvent parfois faire débat. Où se situe le problème de votre sujet ? Quels sont les domaines impliqués ? Quelles réponses apparaissent ?
En soignant votre introduction (présentation de votre question et justification de ce choix ; annonce du plan), vous pourrez montrer que vous dominez les enjeux de la question et que vous avez su dégager les grandes perspectives qui y répondent.

Notes

■ Le jury attend des arguments fondés sur des connaissances et étayés par des exemples pertinents. Vous ne pourrez sans doute pas multiplier les arguments et les exemples durant les dix minutes affectées à l'exposé mais la première partie de l'entretien vous donnera l'occasion de développer certains points.

■ Votre réflexion doit être cohérente et structurée. Évitez les plans décousus, les listes d'arguments ou d'exemples sans lien. Soyez clair en vous rappelant qu'un des deux professeurs n'enseigne pas la discipline concernée.

■ Le jury appréciera particulièrement votre implication personnelle dans la réflexion.

3 La maîtrise de l'oral durant l'exposé

■ Vous vous tenez, debout face au jury.

■ Vous devrez faire preuve des qualités d'un orateur :
- élocution claire, voix posée, rythme et niveau sonore adaptés ;
- correction de la langue et pertinence du lexique employé, maîtrise de la rhétorique au service de la persuasion ;
- maîtrise de la gestuelle, du regard, des codes de l'examen oral.

Citation

« Il n'y a pas moins d'éloquence dans le ton de la voix, dans les yeux et dans l'air de la personne, que dans le choix des paroles. »

François de La Rochefoucauld

4 La maîtrise de l'oral durant l'entretien

■ Vous choisissez de rester debout ou bien vous vous asseyez face au jury.

■ Le jury attend de vous :
- une qualité d'écoute et une attitude respectueuse ;
- une implication personnelle et une spontanéité contrôlée ;
- de la réactivité aux questions ;
- une facilité à développer les réponses en argumentant ;
- la capacité à rebondir sur les questions pour maintenir une position ou la nuancer.

La préparation de l'exposé et de l'entretien durant l'année

L'exposé et l'entretien sont précédés d'un temps de préparation de vingt minutes mais il va de soi que tout doit être anticipé durant l'année de Terminale, en lien avec l'enseignement de spécialité.

1 Pour réussir l'exposé : ce qu'il faut faire durant l'année

■ **Le choix des deux thèmes sur lesquels vous comptez travailler**
Le plus tôt possible, en écoutant les conseils de vos professeurs et de vos proches, arrêtez le choix des deux thèmes en fonction de vos intérêts personnels et des projets conduits dans le cadre de votre spécialité. Ne fixez pas encore la formulation des questions.

■ **Les recherches**
Seul, ou en groupe si vous partagez un thème avec des camarades, de façon méthodique et rigoureuse, rassemblez, classez, analysez les informations qui vont nourrir non seulement votre exposé mais aussi les réponses aux questions du jury **(voir fiche 6)**.

■ **La formulation des questions et l'organisation des exposés**
Les informations réunies auront peut-être modifié vos perspectives initiales ; vous éprouverez peut-être le besoin de redéfinir l'un ou l'autre de vos sujets.
Prenez le temps de réfléchir à la formulation de vos questions tout en bâtissant le plan de vos deux exposés. Différents types de plans sont possibles à condition qu'ils soient cohérents et progressifs. Pour chaque sujet, le plan doit être une réponse (ou plusieurs bien entendu) à une question problématisée **(voir fiche 5)**.

■ **Les arguments et les exemples**
En resserrant votre réflexion pour tenir compte des dix minutes prévues, sélectionnez, approfondissez vos arguments et précisez vos exemples : expérience réalisée en classe, rencontre d'un professionnel, article, livre, etc. **(voir fiches 6 et 7)**.

■ **L'introduction et la conclusion**
Préparez en même temps l'introduction et la conclusion de façon à ce que cette dernière réponde à la question posée au départ.

■ **La rédaction de l'exposé**
Il ne s'agira surtout pas le jour J de réciter un discours. Mais, comme on attend de vous une maîtrise de la langue et si possible de la rhétorique, il est préférable de rédiger au préalable vos deux

Notes

exposés afin de disposer d'un support pour vos entraînements. Soignez la correction de la langue et la précision du lexique. Pensez à utiliser des figures de style que l'oral mettra en relief, sans toutefois en abuser.

■ L'entraînement
Lisez à voix haute votre exposé pour en évaluer la longueur afin de l'ajuster au temps imparti. Mémorisez-le et entraînez-vous à le présenter sans pour autant donner l'impression de le réciter **(voir fiche 8)**.

2 Pour réussir l'entretien : ce qu'il faut faire durant l'année

■ L'entretien qui prolonge l'exposé
Mettez de côté des connaissances que vous réserverez à l'entretien, de nouveaux arguments, des exemples que vous n'avez pas présentés.
Imaginez les questions que le jury peut vous poser et préparez les réponses **(voir fiche 10)**.

■ L'entretien à propos des choix d'étude
Comme pour la première partie de l'entretien, imaginez les questions et préparez les réponses. Réfléchissez au lien entre vos sujets et vos perspectives d'orientation, à la façon dont vous pouvez personnaliser la présentation de vos choix d'étude **(voir fiche 11)**.

■ L'entraînement : pratiquez en classe ou avec des camarades en jouant à tour de rôle un membre du jury.

3 Pour bien utiliser le temps de préparation : ce qu'il faut faire durant l'année

■ Ne comptez pas sur le temps de préparation pour composer votre exposé car le jury attend une présentation fluide et convaincante. Réfléchissez par avance à la façon dont vous utiliserez ce moment.

■ Vous disposerez de feuilles durant le temps de préparation. Notez les grandes lignes de votre plan pour vous guider pendant la présentation. **(voir fiche 9)**.

Choisir ses deux sujets

À la différence des autres épreuves du baccalauréat, le Grand Oral vous offre la possibilité de **choisir vous-même vos sujets.**
Pour être convaincant et réussir cet oral, il est donc essentiel de saisir cette chance et de choisir des **thèmes qui vous intéressent et vous stimulent.**

1 La recherche des deux sujets : ne pas attendre

■ L'oral de Terminale se déroulant en juin, vous serez sans doute tenté de repousser le choix de vos sujets. Il est pourtant préférable de rechercher vos thèmes dès le début de l'année et d'arrêter assez tôt (mais avec discernement !) vos questions.

■ Vous disposerez ainsi de temps pour effectuer les recherches nécessaires, préparer et composer votre exposé, vous entraîner efficacement.

2 Les critères de choix

■ Chacun de vos sujets devra se rattacher à la spécialité de Terminale pour laquelle le programme prévoit la réalisation d'une étude approfondie.

■ Deux possibilités s'offrent donc à vous :
- vous choisissez deux sujets bien distincts, chacun d'eux se rapportant à un aspect particulier de la spécialité ;
- ou bien vous choisissez deux sujets voisins car vous avez un projet personnel d'études déjà bien défini et vous préférez approfondir deux perspectives complémentaires.

■ Quoi qu'il en soit, chacun des sujets que vous choisirez devra éclairer un des enjeux du programme de Terminale.

3 La démarche

■ Le plus simple est sans doute de commencer par choisir les domaines dans lesquels vos sujets vont s'inscrire :
– Avez-vous déjà un projet professionnel abouti qui pourrait justifier l'intérêt que vous portez à la question choisie?

■ Vous devrez vous montrer convaincant. Pour éveiller la curiosité de votre jury, votre sujet doit commencer par vous intéresser vous-même.

Notes

– Quels sont vos centres d'intérêt ?
– Quels sont vos loisirs ? Dans quelle mesure croisent-ils les spécialités que vous avez choisies ?
– À quelles causes, à quels engagements êtes-vous sensible ?

■ Vous pouvez aussi partager vos centres d'intérêt avec vos camarades de façon à effectuer ensuite des recherches en commun. Mais soyez prudent : ce travail en équipe ne doit pas conduire à un exposé partagé car le jury valorise une réflexion personnelle.

■ Demandez conseil à vos professeurs, à vos amis, à votre famille. Soumettez-leur vos idées et écoutez leurs propositions.

■ Rencontrez des professionnels et, en leur présentant votre programme de Terminale, écoutez leurs suggestions.

■ Vous pourrez affiner au fil des semaines et en fonction de vos recherches vos problématiques et la formulation de vos questions mais pour éviter tout stress inutile, ne revenez pas sur les thèmes choisis au départ.

ENTRAÎNEMENT

1 Choisissez trois domaines qui vous intéressent et dégagez les liens possibles avec vos spécialités de Terminale.
Suggestions : cinéma, médias, tensions et relations internationales, éducation, e-commerce, neurosciences, écologie, architecture, innovations technologiques, transports, voyages, génétique, théâtre, jazz, laïcité, délocalisation/relocalisation, mode, urbanisme, crise sanitaire, construction européenne, solidarité, protection des animaux, design...

2 En deux minutes, présentez deux ou trois sujets possibles à vos amis ou à votre famille.
Cherchez à les convaincre de l'intérêt de votre thème. Si vous avez du mal à défendre votre sujet, c'est sans doute qu'il ne vous convient pas vraiment.

Formuler les deux questions

Une fois que vous avez déterminé le thème sur lequel vous comptez travailler, il vous faut énoncer votre sujet sous la forme d'une question. Comme votre présentation doit prendre la forme d'une réponse à cette question, il est important de bien formuler le problème au départ.

1 Les types de question

■ Vous pouvez proposer une interrogation totale qui vous permettra de bâtir un plan dialectique (un plan qui confronte des perspectives différentes, voire opposées) et de varier les points de vue durant votre exposé.

Rappel

Une interrogation **totale** admet deux réponses possibles (oui/non) alors qu'une interrogation **partielle**, introduite par un mot interrogatif (*pourquoi, comment, de quelle manière, qui*…), peut avoir de nombreuses réponses.

Ex. : Les recherches sur l'embryon sont-elles l'avenir de la médecine ?

■ Vous pouvez aussi choisir un mot interrogatif et proposer une interrogation partielle : *en quoi, dans quelle mesure…*

Ex. : Dans quelle mesure les marques doivent-elle investir dans le e-commerce ?

2 Deux questions qui vous concernent

■ Il vous faut, au début de votre présentation puis peut-être durant l'entretien, justifier votre choix. Le problème que vous soulevez doit donc vous concerner : une curiosité intellectuelle, une vocation professionnelle, un engagement citoyen…

Problème et problématique

Faites la distinction entre le **problème** que soulève votre sujet et la **problématique**. Le mot *problématique* désigne l'art de poser un problème, de le situer dans un contexte, de le rattacher à ce qui vous touche.

■ Pour formuler vos sujets, inscrivez-les dans une problématique en lien avec le monde d'aujourd'hui et la place que vous pensez y occuper. Pour cela, interrogez-vous sur les liens entre chacun de vos sujets et les grandes interrogations du XXIe siècle. Vous pouvez explorer les pistes suivantes :

– Quel événement contemporain ou récent a un lien avec le domaine qui vous intéresse ?
– En quoi le sujet que vous avez retenu peut-il éclairer votre mode de vie, vos réflexions, votre avenir, vos engagements ?

Notes

Ex. : La question « Comment fonctionne un panneau photovoltaïque ? » ne convient pas. Sur ce thème, préférez : « Quel avenir pour les panneaux photovoltaïques ? ». Cette question vous donnera l'occasion d'expliquer le fonctionnement et les évolutions techniques de ces panneaux tout en les reliant à votre engagement en faveur des énergies renouvelables.

3 Une question en accord avec le plan choisi

■ Comme votre plan proposera une réponse à la question que vous aurez posée, réfléchissez à la progression de votre exposé pour formuler de façon pertinente votre question.

■ Évitez les questions qui, appelant une démarche trop descriptive, ne vous permettront pas de bâtir une progression dynamique.

4 Une question qui facilite l'entretien

■ Privilégiez les questions larges qui offrent des perspectives que l'entretien pourra approfondir.

■ Écartez les formulations trop ambitieuses ; elles risqueraient de vous mettre en danger lors de l'échange avec le jury.

Conseils

N'hésitez pas à consulter vos professeurs ou des spécialistes du thème choisi.

Attendez d'avoir effectué vos recherches et bâti les grandes lignes de votre plan pour fixer définitivement la formulation de votre question.

ENTRAÎNEMENT

1 Parmi les qualités suivantes, cochez celles qui caractérisent votre formulation. Examinez celles qui manquent pour améliorer la rédaction de votre interrogation.

– Un lien avec le métier que vous aimeriez exercer. ☐
– Une question ouverte (plusieurs pistes de réponses). ☐
– Une formulation grammaticalement correcte. ☐
– Un vocabulaire clair et exact. ☐
– Des termes percutants sans être trop racoleurs. ☐
– Une question qui appelle un plan que vous pourrez adopter. ☐

2 Réunissez-vous à plusieurs et examinez ensemble vos questions. Proposez plusieurs formulations si vous hésitez et réfléchissez à celles qui vous semblent les plus intéressantes et percutantes.

Bien utiliser les sources d'information

Fiche 6

Rassembler des documents est une étape indispensable qui mérite toute votre rigueur car la fiabilité de votre travail en dépend. Ne perdez pas de vue que, dans l'intérêt de tous, **l'utilisation des sources obéit à des règles strictes**.

1 La fiabilité des sources

■ Certains livres, certains articles et surtout certains sites, ne constituent pas des sources fiables et vous devez être prudent. Par négligence ou malveillance, des données erronées, des faits inexacts apparaissent dans certains documents. Vous devez vous assurer de la fiabilité des informations recueillies.

■ Lorsque vous effectuez des recherches sur Internet, croisez les sources. Entrez dans votre moteur de recherche l'information relevée sur un site et assurez-vous qu'elle apparaît sur d'autres sites fiables.

■ Sur Internet, consultez les sites d'organismes officiels, les articles universitaires. Quand les syllabes « ac- », « gouv », « édu », « cndp » figurent dans l'adresse d'un site, il est en général sérieux. Consultez les sites des journaux, revues, chaînes de télévision reconnus.

■ Méfiez-vous des blogs et des sites personnels.

■ Effectuez des recherches sur l'organisme qui a publié le document. Une industrie – un laboratoire pharmaceutique par exemple – risque de vous proposer une analyse intéressante mais peut être orientée.

> **Évaluer la fiabilité d'un site**
>
> Utilisez les sites qui vous aideront à détecter les fausses informations. Nous vous suggérons, celui du journal *Le Monde*, le Décodex (www.lemonde.fr/verification/) : en entrant l'adresse d'une page Web, vous pouvez être informé de sa fiabilité.

■ Qu'il s'agisse d'un livre, d'un article ou d'un site, prenez en compte la date de publication.

■ Interrogez vos professeurs ou des spécialistes.

2 L'utilisation des documents : le plagiat à proscrire

■ Consulter des documents et s'en nourrir ne veut pas dire les recopier (le « copier-coller »), c'est-à-dire tout simplement les voler. Le plagiat, qui désigne le fait de s'approprier le travail de quelqu'un d'autre, est une infraction punie par la loi.

Notes

■ De plus le plagiat, s'il peut vous sembler pratique et discret, est en réalité contre-productif car vous ne pourrez à l'oral défendre une analyse qui n'est pas la vôtre. Cette attitude malhonnête ne manquera pas de vous mettre en difficulté durant l'entretien.

■ De même, si vous confiez une partie de votre présentation à l'I.A., vous ne serez pas à l'aise à l'oral car les mots employés ne seront pas les vôtres. Il vous sera sans doute difficile d'expliquer votre démarche lors de l'entretien.

3 La précision des références

■ Lorsque vous vous appuyez sur un article ou sur un ouvrage ou bien lorsque vous proposez une citation, donnez les références avec précision. Vous pouvez vous contenter de donner le nom de l'auteur dans votre exposé pour ne pas l'alourdir. Mais tenez-vous prêt à apporter des précisions lors de l'échange.

■ Quand vous répondrez aux questions que l'on vous pose, donnez des références précises. Votre jury saura apprécier le sérieux de votre travail et votre rigueur intellectuelle.

4 La sélection des informations : l'exposé et l'entretien

Votre présentation devra être précise et synthétique à la fois. Pour cette raison, laissez de côté certaines informations et exemples secondaires. Vous pourrez vous y référer si nécessaire durant l'entretien.

ENTRAÎNEMENT

Préparez une fiche pour un article qui concerne votre sujet en complétant le tableau.

Titre de la revue, du site...	....
Titre de l'article	....
Auteur : nom et qualifications	....
Date de publication	....
Idée directrice	....
Perspectives utiles pour mon sujet (avec citations ou numéros de lignes)	....

Illustrer son propos avec des exemples

Fiche 7

Pour ancrer votre propos dans la réalité et pour étayer vos arguments, vous devez vous appuyer sur des exemples. Bien choisis et variés, **vos exemples rendront plus accessibles votre raisonnement** ; ils joueront un rôle argumentatif et/ou toucheront votre auditoire.

1 La recherche des exemples

■ N'attendez pas d'avoir réuni vos arguments et bâti une progression logique pour chercher des exemples. Dans les documents des spécialistes (ouvrages, revues, sites) que vous consultez, relevez les faits qui éclairent votre réflexion. Diversifiez autant que possible les sources mais n'inventez rien.

L'expérience partagée

Élargissez votre recherche en rencontrant des techniciens, des ingénieurs, des praticiens qui pourront partager leur expérience et vous fournir des exemples.

■ Pensez aussi aux romans et aux films qui peuvent illustrer votre réflexion, à condition que ceux-ci soient dignes d'intérêt bien entendu. Ce sont les seuls exemples fictifs sur lesquels vous pourrez vous appuyer et vous n'en abuserez pas sauf pour un sujet littéraire.

Ex. : Pour traiter le thème problématique du clonage, vous pouvez notamment utiliser les exemples suivants.

- Dolly : en 1996, deux chercheurs écossais, Ian Wilmut et Keith Campbell, effectuent une manipulation génétique à partir de cellules issues d'une glande mammaire d'une brebis adulte, pour donner naissance à Dolly, une brebis viable mais qui vieillira très vite.
- *Auprès de moi toujours* (2005), le roman du prix Nobel de littérature britannique 2017, Kasuo Ishiguro, évoque les dangers du clonage humain. Le réalisateur Mark Romanek a adapté ce roman en 2010.

2 Le choix des exemples : une bonne compréhension de leur rôle

■ Lorsque vous choisissez un exemple, interrogez-vous sur son efficacité, sur son rôle dans votre démonstration et variez les visées.

■ Une visée argumentative : l'exemple a force d'argument ; il prouve par l'expérience ou par une référence à une personnalité reconnue (argument d'autorité) que votre argumentation est solide.

Notes

■ Une visée pédagogique : l'exemple rend accessible, concret, votre propos. Pensez que les membres de votre jury ne connaissent pas nécessairement le thème que vous traitez.

■ Une visée émotionnelle : suscitant le rire, l'empathie ou la compassion, un exemple peut faciliter l'adhésion de votre auditoire. Attention toutefois à ne pas exagérer car un oral d'examen n'est pas un spectacle.

3 Le choix des exemples : pertinence et diversité

■ Vous ne présenterez pas dans votre exposé tous les exemples que vous avez pu réunir car, ils risqueraient de noyer votre argumentation. Sélectionnez-les avec soin en gardant de côté certains d'entre eux pour nourrir si nécessaire l'entretien.

■ Les questions qui suivent peuvent guider votre choix.

- Mon exemple est-il pertinent ? Vient-il bien soutenir mon argument ?
- Est-il simple et clair, percutant ?
- Ai-je bien précisé (références, données chiffrées…) la situation ?
- Comment vais-je analyser mon exemple ? Quelle(s) conclusion(s) en tirer ?
- Ai-je suffisamment varié mes exemples (visée, domaine, époque…) ?
- Ai-je bien équilibré la place accordée au développement de l'argument et celle consacrée à l'exemple ?
- Ai-je bien réparti mes exemples au fil de mon propos ?

Attention

- Si un exemple nécessite de longues explications ou une contextualisation délicate, il est préférable de l'écarter.
- Il vaut mieux retenir quelques faits significatifs pour les analyser plutôt que de dresser une liste de cas particuliers sans les commenter.

ENTRAÎNEMENT

1 Choisissez un des exemples suivants et imaginez le thème ou l'argument qu'il pourrait illustrer.

- Le 4 août 2019, Franky Zapata, « l'homme volant », traverse la Manche sur son flyboard.
- La jeune Pakistanaise Malala Yousafzai obtient le prix Nobel de la paix en 2014. Elle a 17 ans.
- En 2019, en Inde, une femme de 74 ans donne naissance à des jumelles grâce à une fécondation *in vitro*.

2 Notez trois exemples variés pour illustrer un des sujets que vous avez choisis pour votre oral. Documentez-vous et expliquez à haute voix à l'un de vos camarades quels aspects de votre étude ils peuvent illustrer.

Mémoriser l'exposé

Fiche 8

Le Grand Oral

Votre exposé est solidement construit et clairement rédigé. **Entraînez-vous à le présenter à l'oral en travaillant la posture, la gestuelle.** Cet entraînement donnera toute son efficacité à l'étape essentielle de la mémorisation.

Conseil

Pour réussir vos exposés, nous vous conseillons de les rédiger durant l'année en soignant la syntaxe et le vocabulaire.

En vous entraînant à l'oral, vous pourrez améliorer la rédaction.

1 Que faut-il mémoriser ?

■ Dans le temps de préparation (20 minutes), vous avez rassemblé vos idées et restitué l'architecture de votre exposé. Vous devrez parler de façon fluide. La mémorisation préalable de l'ensemble de votre exposé sera pour vous une aide précieuse.

■ Dans un premier temps, vous mémoriserez l'introduction de l'exposé puis le plan et les titres de chaque partie, enfin la conclusion.

À savoir

Ce schéma d'ensemble pourra figurer sur le document que vous pouvez composer durant le temps de préparation.

■ Vous retiendrez ensuite la ligne directrice de chaque partie et les grandes idées qui les nourrissent.

■ Vous vous attacherez enfin au développement détaillé de l'argumentation en tentant de le restituer de manière expressive. Retenez les mots de liaison qui marquent les étapes du raisonnement et facilitent la fluidité du discours. Soyez attentif à la parfaite restitution des citations.

■ En présentant votre exposé, il vous faudra absolument éviter de donner l'impression d'une récitation. Pour se libérer d'un discours oral appris par cœur, il convient de travailler la voix, les attitudes, la mélodie de l'élocution.

2 Comment y parvenir ?

■ Pour mémoriser votre exposé, retenez différents procédés plus simples. L'utilisation combinée de plusieurs de ces méthodes est bien sûr possible et souvent très utile !

À savoir

Pour se remémorer des discours souvent fort longs à prononcer devant le Sénat, les orateurs romains pratiquaient la méthode des *loci memoriae* (lieux de mémoire). Ils créaient le parcours mental d'une maison, déposant dans chaque pièce les images qu'ils voulaient retenir.

Notes

■ La mémoire visuelle

La répétition reste le principe de base. Il faut lire et relire, réviser plusieurs fois la même fiche.

Vos fiches seront claires et aérées. Les supports visuels doivent être réalisés avec soin. Utilisez les couleurs, les surligneurs. Vous pouvez aussi entourer, encadrer, faire des schémas, autant de moyens mnémotechniques visuels efficaces.

■ La mémoire auditive

Lisez votre texte à voix haute. Vous assimilerez les données en les écoutant et les réécoutant. C'est ainsi que s'entraîne un candidat dans le film *À voix haute*. Il est utile de s'enregistrer ou de se filmer afin d'écouter plusieurs fois l'exposé et mieux l'intégrer.

■ La mémoire scripturale

Cette méthode préconise d'écrire plusieurs fois le texte pour l'apprendre, en le scindant, en s'attachant aux passages les plus délicats à retenir.

Deux films à voir

- *À Voix haute*, un documentaire de Stéphane Freitas et Ladj Ly (2016) : l'université de Saint-Denis propose à ses étudiants une préparation au concours Eloquentia.
- *Le Brio*, film d'Yvan Attal avec Camélia Jordana et Daniel Auteuil (2017) : dans la prestigieuse université de Panthéon-Assas, un professeur aigri se voit dans l'obligation de préparer une jeune étudiante originaire de Créteil à un concours d'éloquence.

■ Une approche kinesthésique

Certains ont besoin de marcher pour apprendre, de mettre en scène leur discours. Attention : vous éviterez d'arpenter la salle lors de votre exposé le jour J.

ENTRAÎNEMENT

Le meilleur entraînement consiste sans aucun doute à présenter votre exposé devant un public varié (amis, famille). L'exercice vous permettra de consolider la mémorisation et de bénéficier de conseils sur votre prestation.

Prévoir l'utilisation du temps de préparation

Le temps de préparation vous permet de réactiver votre exposé. Vous avez aussi la possibilité de montrer au jury, sur une feuille qui vous sera fournie, un document que vous aurez préparé durant les vingt minutes qui précèdent votre exposé. **Ce n'est pas une obligation et ce document ne sera pas noté.**

1 Réactiver l'exposé

■ Notez les grandes lignes de votre plan pour avoir une vision d'ensemble de votre progression.

■ Écrivez les premières phrases de votre exposé pour surmonter le stress des premiers instants.

Conseil

Utilisez de façon efficace les feuilles à votre disposition : n'écrivez que sur le recto, numérotez les pages, soignez l'écriture et employez différentes couleurs.

Entraînez-vous auparavant à la maison.

■ Écrivez votre conclusion car celle-ci sera ce que votre jury entendra en dernier et vous devez réussir à convaincre. Pensez aussi que cette conclusion pourra être le point de départ de l'entretien.

■ Notez les chiffres ou dates que vous avez prévu de mentionner.

2 Document présenté au jury

■ Vous pouvez, si vous le souhaitez, préparer un document à présenter au jury. Les possibilités sont nombreuses mais l'important est d'être clair de façon à soutenir efficacement votre présentation orale. Vous trouverez page suivante un exemple qui pourra vous donner des idées.

■ Rappelez-vous aussi que vous avez durant votre oral un tableau à votre disposition mais ne passez votre temps à y noter ce que vous êtes en train d'expliquer. Réfléchissez durant l'année à cette possibilité et entraînez-vous de façon à ne pas nuire à la fluidité de votre exposé.

Notes

3 La présentation soignée du document

Écrivez lisiblement et utilisez des couleurs. Pensez que cette feuille sera sous les yeux du jury durant la durée de l'oral.

Conseil

Indiquer précisément la spécialité et les notions concernées permet de montrer que vous avez pris en compte les contraintes de l'épreuve. Cette précision pourra appeler, lors de l'entretien, des questions sur cette (ou ces) partie(s) du programme.

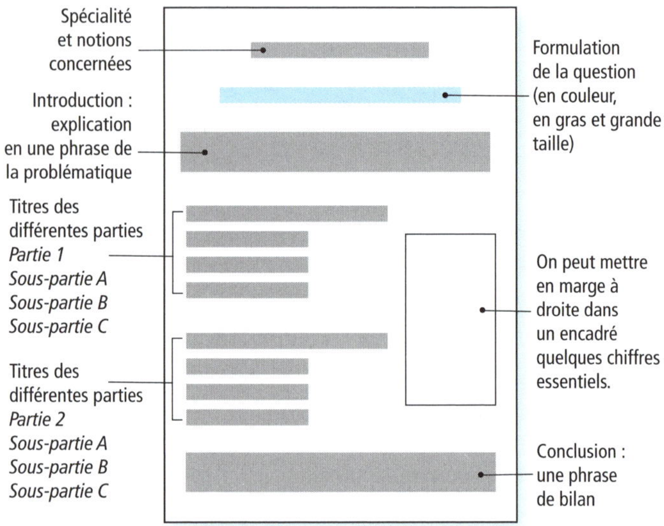

■ Suggestion : le plan peut aussi prendre la forme d'une carte mentale ; la question sera placée au centre de la feuille et les titres tout autour.

Se préparer aux questions du jury

Votre exposé est suivi d'un échange avec le jury. Vous devez donc vous préparer à répondre à des questions vous invitant à **enrichir ou rectifier votre prise de position**.

1 Les différents types de questions

■ **Un approfondissement.** Il s'agit d'une invitation à creuser certaines perspectives : vous n'avez pas suffisamment insisté sur tel ou tel point, ou des lacunes se sont même glissées dans votre exposé. Ces questions, loin de vous dérouter, doivent être perçues comme une chance qui vous est donnée.

Ex. : **1.** Vous avez montré que l'ubérisation du travail était une des grandes caractéristiques de notre monde actuel. J'aimerais que vous nous présentiez maintenant les conséquences de ce phénomène sur le monde du travail.

2. Vous avez employé le terme d'« empowerment », pourriez-vous le définir précisément et nous expliquer en quoi cette notion est importante ?

■ **Un élargissement.** En conclusion, vous n'avez pas choisi d'élargir le sujet. Il peut d'ailleurs être judicieux de ne pas tout dire et de garder quelques idées « en réserve » !

Ex. : En étudiant l'implantation des éoliennes en France, vous n'avez pas abordé la question en Europe. Pouvez-vous nous en dire quelques mots ?

■ **Une rectification.** Un chiffre avancé semble contestable, un rejet trop catégorique. Vous serez invité à nuancer ou rectifier vos propos par une question du type : « Êtes-vous certain que… ? ».

Votre prise de position peut sembler contestable au professeur (ce qui est rare). Il vous demandera alors de changer de cap.

Ex. : **1.** Votre chiffre tient-il compte du sondage réalisé le mois dernier ?

2. L'Inde vous semble-t-elle vraiment sur la bonne voie écologique ?

■ **Des précisions sur votre cheminement personnel :** on souhaite un retour sur vos choix, votre méthodologie, le lien entre les questions retenues et votre projet professionnel.

Ex. : Vous avez choisi un sujet sur le financement des micro-entreprises et vous nous annoncez que vous allez débuter une formation en ébénisterie. Pouvez-vous nous dire s'il y a un lien entre votre sujet et votre projet professionnel ? Expliquez-nous votre démarche.

Notes

2 La préparation de l'entretien durant l'année

■ Vous pouvez anticiper une partie des questions qui vont vous être posées : dressez-en la liste et préparez les réponses.

■ Retenez les références des articles ou sites auxquels vous vous référez durant votre exposé afin de justifier précisément votre analyse si nécessaire.

■ Effectuez des recherches sur les auteurs que vous mentionnez. Cherchez la définition exacte des termes techniques que vous employez. On pourra vous la demander.

■ Assurez-vous de bien maîtriser les notions au programme, notamment celles qui sont en jeu dans votre sujet. Un des membres de votre jury est un professeur de la spécialité concernée et pourra souhaiter vérifier votre bonne connaissance du programme.

■ Lorsque vous collectez des informations pour traiter votre thème, gardez de côté certaines d'entre elles pour l'entretien. Elles vous permettront d'approfondir ou d'illustrer votre propos. L'exposé est bref alors que votre sujet est sans doute vaste : il est bon de disposer d'autres arguments ou exemples pour répondre aux questions.

■ À partir de votre sujet, imaginez les perspectives voisines qui peuvent être abordées ; effectuez des recherches sans vous perdre dans les détails et en veillant à garder un lien avec votre question.

ENTRAÎNEMENT

1 **En préparant votre exposé, exercez-vous à répondre à des questions susceptibles de vous être posées. Profitez-en pour enrichir vos connaissances et votre culture générale.**

2 **Vous pouvez aussi solliciter votre entourage et procéder à plusieurs à un jeu de questions-réponses.**

Prendre confiance en soi

Fiche 11

La **confiance en soi** apparaît comme un atout à l'oral. Mais cette évidence mérite d'être examinée, approfondie et nuancée.

1 La place de la confiance dans l'épreuve orale

■ Avoir confiance en soi permet en effet d'aborder l'exposé avec conviction puis de ne pas se laisser dérouter par les questions lors de l'entretien. Au contraire, un manque d'assurance pourrait vous amener à croire que cet oral est insurmontable, ce qui n'est pas le cas.

> **Citation**
>
> « Ce n'est pas parce que les choses sont difficiles que nous n'osons pas, c'est parce que nous n'osons pas qu'elles sont difficiles. »
>
> Sénèque

■ Certains d'entre vous montrent plus d'assurance que d'autres et cela tient au caractère, au mode de vie, au passé de chacun. Mais rappelez-vous que :

- parfois, la confiance dissimule une certaine fragilité. Il est possible, avec de l'entraînement, de maîtriser sa timidité pour adopter une position plus assurée ;
- l'adolescence est une période de changements. La quête d'identité qui la définit explique la fragilité, la baisse de la confiance en soi. Le jury n'attend pas de vous l'aplomb d'un homme politique aguerri ou d'un ténor du barreau ;
- une trop grande assurance est un handicap plus qu'un atout : elle indispose l'auditoire qui risque de trouver l'orateur prétentieux ;
- savoir douter et se remettre en question est aussi une qualité précieuse car elle seule permet de progresser.

■ Faites aussi confiance aux professeurs qui vous écoutent. Ils mesurent la difficulté de l'épreuve et se montreront bienveillants. Ils verront le travail que vous avez fourni et n'attendront pas de vous des prouesses mais sauront apprécier vos efforts et votre investissement. Ils sauront également démasquer ceux qui penseraient pallier des connaissances insuffisantes avec une mise en scène et des mots bien choisis. À l'oral, le travail est toujours récompensé.

> **À voir**
>
> Regardez les films *Le Brio* et *À voix haute* : repérez le peu d'aisance des adolescents au début de leur entraînement et leur assurance à la fin, lors d'un concours d'éloquence beaucoup plus ambitieux que l'Oral de Terminale. Les progrès sont possibles à condition de s'entraîner.

Notes

2 Prendre confiance : mieux se connaître

Pour prendre confiance, il ne suffit pas de se répéter des phrases positives telles que « je vais réussir » ou « je suis sûr de moi et de mes multiples talents ». Il faut d'abord apprendre à se connaître. Pour cela, dressez la liste de vos points faibles et de vos points forts. La vraie confiance en soi suppose que l'on ait mesuré ses limites et que l'on ait adopté des stratégies pour surmonter les difficultés.

3 Prendre confiance : avoir une juste représentation de l'épreuve

Une des causes du manque d'assurance est souvent une mauvaise représentation de l'examen. Cet oral, exigeant mais accessible, est pour vous l'occasion d'avoir une bonne note si vous avez travaillé. Vous aurez le plaisir de parler de ce qui vous intéresse et de montrer de quoi vous êtes capable. C'est en effet vous qui choisissez le sujet ; de plus, vous le préparez à l'avance avec toute l'aide (livres, sites, professeurs…) nécessaire. Quant à l'entretien qui vous inquiète, il vise simplement à éclairer votre réflexion et vos choix.

Citation

« Une des clés du succès est la confiance en soi. Une des clés de la confiance en soi est la préparation. »

Arthur Ashe (champion de tennis américain).

4 Prendre confiance : travailler et s'entraîner

Cette épreuve n'est pas une surprise et vous disposez de temps durant l'année pour vous y préparer. Si c'est l'organisation de l'exposé qui pose problème, cherchez le meilleur plan et soumettez vos hésitations à vos professeurs. S'il s'agit de l'oral lui-même, c'est en vous entraînant avec constance que vous parviendrez au résultat souhaité.

ENTRAÎNEMENT

1 **Notez ce qui vous semble difficile dans l'épreuve et, point après point, avec l'aide d'un camarade ou d'un adulte de votre entourage, trouvez une solution pour pallier votre fragilité.**

2 **Notez tout ce qui fait que vous allez réussir cette épreuve orale.**

Maîtriser les codes d'un examen oral

Fiche 12

Un examen suppose des codes liés à différents domaines. Face aux deux professeurs qui vous interrogent lors du Grand Oral, vous devez naturellement respecter ces codes.

1 Les codes vestimentaires

■ Quelle tenue adopter ? Si la question peut sembler anecdotique, elle a son importance. Avant d'être écouté, vous êtes vu et votre apparence ne doit pas surprendre. La première impression compte beaucoup. Privilégiez une tenue correcte et soignée, des vêtements de couleur sobre dans lesquels vous vous sentez à l'aise.

■ Évitez les coiffures excentriques, le maquillage excessif, les effets de mode (jeans troués, tee-shirts imprimés, ongles multicolores…) qui détournent l'attention de l'examinateur et risquent de brouiller le message. Gardez les cheveux attachés, ce qui découvre le visage.

■ Optez pour la discrétion !

2 Les codes de politesse

■ Vous vous adressez à des professeurs. Un comportement respectueux et la maîtrise des codes de politesse sont donc attendus. Si l'éloquence est l'art de bien parler, c'est aussi l'art de se conduire avec courtoisie.

Citation

« Avec de la politesse, de l'égalité d'humeur, de la douceur et de la modestie, on réussit infailliblement dans le monde. »

Jean de La Bruyère, *Les Caractères*, « De la société », 1688.

■ En entrant dans la salle d'examen, n'oubliez pas, sous le coup de l'émotion, la formule de politesse élémentaire : « *Bonjour Madame, bonjour Monsieur / Bonjour Mesdames / Bonjour Messieurs* ». Le « *Bonjour m'sieurs-dames* » est naturellement à éviter !

■ En sortant de la salle, saluez de la même manière, sobrement, sans ajouter de remarques inutiles ou obséquieuses : « *Au revoir Madame, au revoir Monsieur / Au revoir Mesdames / Au revoir Messieurs* ». Vous répondrez ainsi à la courtoisie que l'on aura certainement manifestée à votre égard.

■ Ne commencez votre exposé que quand on vous y aura invité.

Notes

■ Au cours de l'entretien, vous écouterez attentivement les questions posées, les remarques formulées, en vous gardant d'interrompre l'examinateur, de présenter des moues désapprobatrices. Vous éviterez de laisser transparaître des émotions négatives et ne manifesterez aucun signe d'impatience, aucune mimique laissant supposer un rejet des propos écoutés. La parole et l'argumentation sont les seuls instruments de la réfutation.

3 Les codes de l'échange

■ En entrant, vous adopterez d'emblée une démarche assurée, une attitude avenante suggérant un désir d'ouverture, un accueil de la pensée de l'autre.

■ Au lieu de précipiter la prise de parole, vous prendrez le temps de regarder chacun des examinateurs. Un regard direct et franc instaure d'emblée des liens et invite à l'échange.

> **Citation**
> L'orateur romain Cicéron est le premier à évoquer le regard, essentiel à la communication :
> « Si le visage est le miroir de l'âme, les yeux en sont les interprètes. »
> *De Oratore*, III, Ier s. av. J.-C.

■ Maîtrisant votre stress, vous esquisserez un sourire, nouvelle marque d'ouverture. Un visage souriant et expressif est préférable à un visage lisse et neutre. La gamme des sourires est large. Proscrivez le sourire crispé, séducteur, ironique. Restez naturel !

■ Lors de l'exposé et de l'entretien, vous soutiendrez le regard, ne baisserez pas les yeux en regardant le sol. Il s'agit au contraire de prendre en compte l'auditoire, d'aller au-devant de lui avec confiance, avec un regard vif et un visage ouvert.

> **N'oubliez pas !**
> Un dernier conseil : restez vous-même !

■ Dominant votre timidité et vous interdisant toute arrogance, ayez confiance en vous, en vos capacités, au cours de l'échange que vous aurez sérieusement préparé.

Adopter la bonne posture

Selon Cicéron, après en avoir choisi la matière (*inventio*), l'avoir organisée (*dispositio*), avoir arrangé les mots pour l'exprimer (*elocutio*) et éventuellement avoir mémorisé le tout (*memoria*), l'orateur doit présenter son discours à l'aide de sa voix et de ses gestes (*actio*).

Maîtriser le langage non verbal, c'est adopter la bonne posture. **Au lieu de vous encombrer, le corps doit être un allié.**

Citation

« L'action *(actio)* est ce qui atteint le plus profondément les cœurs. »

Cicéron, *Brutus*,
Ier siècle av. J.-C.

1 La gestuelle

■ Évitez les gestes parasites. De même qu'il existe des tics de langage (« *euh* », « *voilà* »), il existe des gestes parasites. Souvent réalisés de manière inconsciente, ils perturbent votre discours et entravent l'attention de ceux qui vous écoutent.

Conseil

Le langage corporel doit être cohérent avec la parole. Les gestes renforcent la puissance des mots.

Ex. : – se balancer de droite à gauche ou d'avant en arrière ;
– jouer avec son stylo, son collier, ses bagues (mieux vaut donc éviter les bijoux ce jour-là !) ;
– toucher ses cheveux, relever une mèche ;
– se tordre les mains, signe de nervosité ;
– tapoter la table.

■ Maîtrisez vos mouvements. Pour ne pas indisposer votre jury avec des gestes exagérés, vous veillerez à :
- restreindre vos mouvements à l'intérieur d'un cercle imaginaire ;
- éviter l'abondance de gestes, les gestes déictiques qui montrent du doigt, les gestes métaphoriques qui accompagnent certaines expressions (« faire table rase du passé »).

■ Les mains informent sur la spontanéité du discours et aident à la transmission d'un message. Vous pouvez souligner l'importance de telle ou telle assertion par quelques gestes. Attention à ne pas en abuser : vous n'êtes ni un acteur, ni un avocat recourant aux « effets de manche ».

■ Debout, ne vous présentez pas les mains dans les poches, attitude désinvolte. Assis, ne cachez pas vos mains. Ne les joignez pas. Posez-les plutôt sur la table, écartées ou l'une sur l'autre.

Notes

2 La posture

Première partie de l'oral (10 min)	Vous êtes debout, face au jury.
Deuxième partie de l'épreuve (10 min)	Vous choisissez entre la position assise et la position debout.

■ Vous êtes debout

- Veillez à vous tenir droit, la tête haute, les jambes ancrées au sol, gage de stabilité.
- Évitez tout mouvement pendulaire d'un pied sur l'autre, tout déplacement intempestif. Le déplacement doit être significatif et limité.
- Gardez les épaules descendues et ouvertes, les bras plutôt ouverts en signe d'accueil de la discussion.

■ Vous êtes assis

- La position assise peut aider certains d'entre vous à se concentrer.
- Ne vous asseyez pas sur le bord de la chaise, mais sur sa première moitié. Il convient de s'installer sur le siège sans être avachi, le buste droit, légèrement penché vers votre interlocuteur, prêt à communiquer avec lui.
- Ne croisez pas les jambes, mais tenez-les bien posées au sol.
- Ne ramenez pas les pieds sous la chaise.
- Ne croisez pas les bras, autre attitude de repli.
- Vous pouvez appuyer vos avant-bras sur le bord de la table.
- Maintenez la posture bien droite, évitez de vous recroqueviller au fil de l'entretien !

ENTRAÎNEMENT

1 **Travaillez votre posture au quotidien, entre amis, au lycée.**

2 **Debout, devant un miroir ou devant un ami, racontez le dernier film que vous avez vu. Observez et commentez vos gestes.**

3 **Consultez en ligne les vidéos suivantes :**

- « Décryptez les gestes des politiques », Archive INA (ina.fr) ou YouTube ;
- « Les politiques en gestes », 18/06/2016, Public Sénat ou YouTube.

Maîtriser son stress et acquérir une élocution fluide

Pour intéresser votre jury, vous devez être immédiatement compréhensible. Il est donc essentiel de maîtriser votre stress et de veiller à la qualité de votre élocution.

1 Maîtriser le stress

■ Rares sont ceux qui n'ont pas peur de parler en public. Plutôt que d'essayer (en vain) de chasser cette peur, il vaut mieux l'accepter comme faisant partie de l'épreuve elle-même ; vous pourrez même tirer profit de son effet stimulant. Pour dominer le stress, vous devez d'abord en identifier les causes : peur du regard des autres ? manque de confiance ?...

■ Pour répondre à ce qui vous angoisse, dites-vous que :
- cet oral est l'occasion de montrer ce que vous êtes capable de faire car vous avez travaillé sur un sujet qui vous tient à cœur ;
- le jury est bienveillant et vous pouvez demander à ce qu'une question soit reformulée si elle ne vous a pas semblé claire ;
- si vous n'aimez pas parler en public, pensez que vos camarades ou vos proches, qui peuvent vous impressionner lorsque vous vous exprimez à voix haute, n'assisteront pas à votre oral.

■ En anticipant, c'est-à-dire en vous représentant cette épreuve à l'avance, vous pourrez réduire la part d'imprévu. Pour cela, vous devez :
- choisir un thème dont vous parlerez avec plaisir ;
- maîtriser votre sujet et bien préparer votre exposé ;
- imaginer les questions qui pourront vous être posées et préparer les réponses ;
- vous entraîner durant l'année en classe et chez vous ;
- réunir à l'avance ce dont vous aurez besoin (convocation, pièce d'identité, stylos, montre…) le jour J ;
- repérer les lieux, établir votre trajet en prévoyant d'arriver tôt pour ne pas risquer un incident qui aggraverait votre stress.

Téléphone interdit
Vous ne pourrez pas disposer de votre téléphone durant l'examen et toutes les salles ne sont pas équipées d'une horloge. Il est donc indispensable de penser à apporter une montre pour mesurer votre temps de préparation ainsi que la durée de votre exposé.

■ Pour apprivoiser – et non chasser – votre stress avant l'épreuve, respirez profondément. L'apport d'oxygène favorise la détente et, en fixant votre attention sur le va-et-vient de l'air, vous ne serez pas la proie de pensées anxiogènes.

Notes

■ Vous pouvez aussi imaginer des situations amusantes ou heureuses : vous prendrez ainsi du recul et relativiserez l'enjeu de l'examen.

■ Buvez de l'eau durant votre temps de préparation.

■ Quand vous prenez la parole au début de l'exposé, efforcez-vous de parler lentement pour garder ensuite un rythme tranquille.

2 Éviter les tics de langage

■ En vous enregistrant, vous repérerez aisément vos tics de langage (« *bon, bien, alors, voilà, euh…* ») et il suffit souvent d'en avoir conscience pour parvenir à les éliminer.

■ Pour vous en débarrasser, introduisez consciemment des silences dans votre propos. Vous verrez qu'ils remplaceront avantageusement les onomatopées inutiles.

■ Entraînez-vous avec de très courtes présentations pour commencer.

3 Soigner le rythme et l'articulation

■ La tendance actuelle est à l'accélération, y compris dans le débit de la parole. Le stress, que vous ne pourrez écarter, risque aussi de presser le mouvement. S'entraîner à adopter un rythme posé, ni trop rapide ni trop lent, vous aidera à maîtriser votre stress. Vos arguments seront plus audibles et compréhensibles.

Un enregistrement utile

Enregistrez-vous en train de lire un discours, puis renouvelez l'opération en vous appliquant à le lire plus lentement. Comparez les deux lectures et tirez-en les conclusions.

■ La tendance actuelle à l'accélération se double d'une articulation négligée. Les échanges entre jeunes de votre âge, rapides et peu articulés, sont parfois difficiles à saisir pour les générations qui vous précèdent. Travaillez donc l'articulation !

■ Pour bien vous faire comprendre et montrer votre maîtrise du français, n'oubliez pas les liaisons.

***Ex.* :** nous‿avons entendu ; vous‿avez assuré.

ENTRAÎNEMENT

Entraînez-vous à articuler en répétant les formules suivantes.

Papier, panier, piano
Sachez, mon cher Sasha, que Natasha n'attacha pas son chat !
Didon, dîna dit-on, du dos dodu d'un dodu dindon.
Tata, ta tarte tatin tenta Tonton.
Je veux et j'exige du juge d'exquises excuses.

T^le STI2D – 2I2D (ITEC)

Thématique : La mobilité

étape 1 Poser la problématique sociétale

Je me questionne sur ce qui impacte les personnes dans la société (mobilité, santé, confort, sécurité, etc.) pour choisir et rédiger ma question.

Exemples : Comment prolonger la durée de vie des biens de consommation ? Comment lutter contre l'obsolescence programmée ?

étape 2 Choisir un support et identifier les éléments scientifiques et techniques à étudier

Je choisis un objet à étudier ; j'identifie les éléments scientifiques et techniques à présenter. Je prends en compte les aspects concernant le développement durable (DD) sur les matières, les énergies et les informations (MEI) de mon objet.

Exemples sur la durée de vie d'une trottinette électrique :

Choix 1	Choix 2
La rupture du levier ou le coincement du mécanisme de pliage par excès de serrage.	Les risques de crevaison en choisissant des pneus pleins ou sans chambre à air.

étape 3 Concevoir et expérimenter des solutions constructives

Je développe et conçois mon projet. J'utilise différents bancs de tests disponibles. Je fais les mesures pertinentes pour étayer mes hypothèses de départ.

Exemples de problèmes possibles à présenter à l'épreuve :

Problème 1	Problème 2
Comment choisir les formes de levier les plus adaptées afin d'éviter sa casse ?	Pour éviter les problèmes de crevaison, peut-on utiliser des pneus pleins ou des pneus « pleine matière » ajourés ?

étape 4 Présenter et valoriser les résultats obtenus

10 min de présentation + 10 min de réponses aux questions des examinateurs.

Le jour J, je présente les résultats que j'ai obtenus. Mes conclusions sont fondées sur des données fiables issues du projet et analysées de manière critique.

Exemples de points pouvant être développés pour chaque problématique :

- **Expliquer et justifier** le choix des protocoles de mesure.
- **Expliquer et montrer** que les résultats confirment (ou infirment) les hypothèses posées.
- **Explorer d'autres pistes** : protéger le moteur, qui est proche du sol, des projections d'eau qui peuvent provoquer la corrosion du câblage électrique ou des roulements. Il faut améliorer l'étanchéité du boîtier tout en évitant la surchauffe du moteur.

T^le STI2D – 2I2D (SIN)

Thématique : La mobilité

étape 1 Poser la problématique sociétale

Je me questionne sur ce qui impacte les personnes dans la société (mobilité, santé, confort, sécurité, etc.) pour choisir et rédiger ma question.

Exemples : Comment prolonger la durée de vie des biens de consommation ? Comment lutter contre l'obsolescence programmée ?

étape 2 Choisir un support et identifier les éléments scientifiques et techniques à étudier

Je choisis l'objet que je souhaite étudier et j'identifie les éléments scientifiques et techniques à présenter. Je prends en compte les aspects concernant le développement durable (DD) sur les matières, les énergies et les informations (MEI) de mon objet.

Exemples pour une trottinette électrique, je peux choisir de m'intéresser à l'augmentation de la durée de vie de la batterie :

Choix 1	Choix 2
L'augmentation de la durée de vie de la batterie en contrôlant sa température.	L'augmentation de la durée de vie de la batterie en limitant la décharge.

étape 3 Concevoir et expérimenter des solutions constructives

Je développe et conçois mon projet. J'utilise différents bancs de tests disponibles. Je fais les mesures pertinentes pour étayer mes hypothèses de départ.

Exemples de problèmes possibles à présenter à l'épreuve :

Problème 1	Problème 2
Comment gérer la température de la batterie ?	Comment limiter la décharge à 20% ?

étape 4 Présenter et valoriser les résultats obtenus

10 min de présentation + 10 min de réponses aux questions des examinateurs.

Le jour J, je présente les résultats que j'ai obtenus. Mes conclusions sont fondées sur des données fiables issues du projet et analysées de manière critique.

Exemples de points pouvant être développés pour chaque problématique :

- **Expliquer et justifier** le choix des protocoles de mesure.
- **Expliquer et montrer** que les résultats confirment (ou infirment) les hypothèses posées.
- **Explorer d'autres pistes** comme l'implantation d'un intégrateur électronique dans la chaîne d'énergie, par exemple, afin de limiter les appels de courant et ainsi augmenter la durée de vie de la batterie.